정동채의 종교순례
봉정암에서 바티칸까지

정동채의 종교순례
봉정암에서 바티칸까지

2007년 국내 종교 지도자들과 정부 관계자가 모였다. 맨 왼쪽부터 당시 문화관광부 이보경 종무실장, 원불교 이혜정 교정원장, 대한불교 조계종 법장 총무원장, 문화관광부 장관 정동채, 한국기독교 총연합회 최성규 대표회장, 한국천주교 중앙협의회 조규만 사무총장, 천도교 한광도 교령, 성균관 최근덕 관장, 한국민족종교협의회 한양원 회장

서문

## 하늘은 무심하다고?

　노자老子의 《도덕경》(상편 5장)에 나오는 '천지불인 이만물위추구天地不仁 以萬物爲芻狗'는 섬뜩한 구절이다. 천지는 어질지 않아, 만물을 짚으로 만든 개처럼 여긴다니……. 짚으로 만든 개(芻狗)는 제사를 지낼 때 제단을 장식하여 액을 쫓거나 복을 빌 때 쓰는 상징물인데, 제사가 끝나면 버려지거나 불태워진다. 필요에 따라 귀하게 쓰이다가 필요가 없어지면 내팽개쳐지는 것이다. 노자가 무위자연無爲自然을 강조한 것에 비추어보면 하늘과 땅은 모든 조화를 자연에 맡길 뿐이지, 인간의 욕망에는 아랑곳없다고 해석할 수 있을 것이다.
　2011년 3월, 일본의 대재앙과 방사능 누출, 뉴질랜드의 대지진을 비롯한 지구촌의 연이은 참사를 지켜보면서 인간과 자연, 인간과 환경의 상관관계를 골똘히 생각하게 된다. 일부 성직자들은 이를 두고 하나님의 경고, 불신의 죄 등을 운운한다. 그러나 구약성경 욥기 1장 21절에서는 "벌거벗고 세상에 태어난 몸, 알몸으로 돌아가리라. 야훼께서 주셨던 것, 야훼께서 도로 가져가시니 다만 야훼의 이름을 찬양할지라"라고 말한다. 신앙심 깊은 욥은 이루 형언할 수 없는 고난을 당하지만, 자신과 주위의 대재앙을 하늘의 뜻으로 알고 견디어낸다. 고난과 마주하는 신앙인의 참모습을 보여준 것이다. 이러하므로 인간의 고난과 환경의 재앙을 두고 섣부른 판단을 하는 것은 오히려 하늘의 뜻과는 배치되는 것이 아닐까 싶기도 하다.

인간이 자연을 거슬러 지구를 뜯어 고치고 땜질하는 작위作爲 행태를 계속하면 지구는 스스로 몸살을 일으켜 땅을 흔든다. 이른바 스스로 조절하는 지구(가이아 이론)인 것이다. 지구가 존재하는 한 인간에 의한 재앙은 천재지변의 자연현상처럼 끊임없이 일어날 것이다. 또한 세계의 모든 나라가 일본의 참사 등에서 교훈을 얻지 않으면 재앙의 규모는 언제나 상상을 초월하게 될 터이다. 그러나 국가와 자본의 각축과 이해관계의 틈바구니에서는 재앙의 경고음을 듣기가 쉽지 않다. 바로 여기에 종교의 중요한 역할이 있을 것이다. 지구촌은 하나로 연결되어 있으며, 인류 모두가 한 형제자매임을 일깨우는 일은 종교의 위대한 사명이 되어야 한다. 만약 그러한 사랑과 자비가 없다면 종교가 아닐 터이므로, 종교는 인류가 공멸의 나락으로 빠져드는 것을 막아야 한다.

자기 존재에 대한 인간의 모호한 불안감이 종교를 만들었다고 한다. 그러므로 종교는 영혼의 산물이라 할 수 있으며, 영혼을 다루는 제도와 방식은 부족이나 민족에 따라 각자의 고유성을 지니고 있다. 결국 지구상의 다양한 종교는 각 민족이나 집단, 지역에 고유한 영혼을 다루는 방식의 제도적 반영이라고도 할 수 있을 것이다. 종교의 성립은 집단화와 제도화를 전제로 하며, 토착화된 종교는 필연적으로 외부로의 세력 확장을 도모한다. 강고한 종교적 집단성이 외부를 지향해왔음은 역사가 명백히 증명한다.

 사랑과 자비를 내걸지 않는 종교란 없다. 그러나 역사적으로 종교는 인간성을 말살하는 폭력과 전쟁, 편견과 아집, 분열조장에 휩쓸려왔다. 많은 종교가 전도, 포교라는 이름으로 다른 지역과 민족들에게 자신의 이념이나 교리를 강제해왔으며, 폭력과 살육은 신의 이름으로 거리낌 없이 자행됐다. 포교사와 대포와 총칼은 한 묶음이다. 총칼이 여의치 않으면 문화를 앞세웠으며, 포교와 침략은 동전의 양면이었다. 문화충돌의 배경에는 종교가 있음을 부인할 수 없다.

 이러한 종교전쟁은 오늘날에도 이어지고 있다. 종교와 이념이 혼재됨으로써 사소한 갈등이라도 이해와 관용이 들어설 자리가 없는 것이다. 종교 간 평화가 가장 모범적이라는 우리나라도 최근 들어 심상치 않은 불상사가 빈번하다. 지도적 인사들이 조심하지 않는 탓도 있고 일부 극소수 편향된 종교인들의 몰지각한 행위가 불씨가 되기도 한다.

 나는 가톨릭 집안에서 성장했으나 신앙의 깊이는 보잘것없다. 나의 종교가 중요한 만큼 다른 종교도 존중받아야 한다고 늘 생각하며 지내오고 있다. 따라서 그리스도교(신·구교 포함), 불교, 유대교, 이슬람 등에 대해서 어느 정도 기본 교리나 신앙 행위를 알아야 하겠다는 생각에서 틈틈이 필요한 서적이나 자료들을 수집해왔다. 해외여행을 할 기회가 있을 때는 짬을 내서 종교 유적지나 종교 단체들을 찾아보았다. 우리나라의 민족종교에 대한 호기심은 물론 당연한 것이다. 특히 동양 사상으로 일컬어지는 유교와 도교, 불교는 기본적으로 수양修養을 포함한 마음공부를 이루어 인간 중심적인 사고와 태도에서 벗어나 주위 사람들은 물론 동·식물에 이르는 생명 존재, 나아가 우주 만물과의 조화와 어울림을 가르친다. 오늘날 유럽을 비롯한 서양 사회에서 이러한 동양 사상이 새롭게 조명되고 각광받는 이유가 여기에 있다 하겠다.

참여정부에서 2년여 동안 문화관광부 장관으로 일할 때에는 우리나라 7대 종단(개신교, 불교, 천주교, 원불교, 유교, 천도교, 민족종교) 지도자들과 자주 대화를 나누었다. 나는 이 시절에 우리나라 종교 지도자들의 높은 식견과 지혜에 크게 감명을 받았다. 또한 우리나라의 종교 간 평화가 그저 깃든 게 아니라는 것을 이들의 모습을 보고 깨달았다. 외국 종교 지도자들의 방문을 받을 때마다 그들은 한국의 종교 간 평화를 칭송해마지 않았다. 지난 2010년 12월에는 우리나라 7대 종단 대표자들이 이웃 종교 체험을 위한 성지 순례에 나서, 바티칸을 방문하여 교황 베네딕트 16세를 접견했다. 마음속에서 무엇인가 뭉클 솟아오르는 진한 감동이 느껴졌다. 훌륭한 일을 하신 것이 아니겠는가?

종교는 어떤 국제기구들보다 세계 평화와 환경 보호에 앞장서야 할 도덕적 의무가 있다. 군대가 전쟁과 폭력을 멈추게 할 수 없고 강대국들이 평화와 환경을 지켜낼 수 없기 때문이다. 오직 종교인들의 양심이 모아져야 가능한 일이다. 마침 이러한 흐름을 반영하듯, 최근에 이르러는 전 지구적으로 종교의 세계화 움직임이 두드러지고 있다. 이제 각각의 종교들은 개인의 구원과 성화, 해탈을 기반으로, 인간 존엄을 위한 대승적 차원으로 자신의 목표와 활동들을 진전시켜야 한다.

이런 생각으로 부족하고 알량하지만 간간히 써놓았던 원고들을 묶어낸다. '종교 순례기'로 묶어내기는 하지만, 기실 몇몇 종교에 한정된 듯하다. 사진 자료도, 현장감을 충분히 느낄 수 있도록 넉넉하지 않아서 이리저리 도움을 받았다. 성직자의 글도 아니고, 신학자의 글도 아니다. 성직자로서 치열하게 수행을 해나가시는 분들의 글이 아니니 깊이에는 못 미치고, 신학자로 전문성을 지닌 사람도 아니니 조금은 겉핥기식이다. 그렇다고 이 글을 정치인의 글로도 보지 말기를 부탁드린다. 정치를 하는 과정에 이리저리 순례를 할 기회에 쓴 글들이 이 책에는 많이 반영되어 있지만, 정치하는 사람의 관점을 최대한 줄이고 '자연인' 정동채의 시각으로 글을 쓰려고 애썼다. 누구나 느낄 수 있는 종교에 대한 생각을 내 식으로 풀어낸 것이라 여겨주시라.

  부족한 글에 부족한 자료를 묶어내자니 너무 부끄럽기도 해서 몇 번이고 머뭇거렸다. 그러나 있는 그대로, 이것밖에는 안 된다는 것을 솔직히 드러내기로 용기를 냈다. 독자 제현들의 아량을 기대할 뿐이다.

2014년 5월

정 동 채

정동재의 종교순례 | 봉정암에서 바티칸까지

# 차례

서문 _ 하늘은 무심하다고? | 007

## 순례의 길을 나서며
_ 산티아고 데 콤포스텔라 성지 순례 | 016

| 제1부 |
## 마음으로 걷는 순례길
### 동양종교 순례

1장 | 은둔의 불국토 부탄 왕국

　　불행이 법으로 금지된 나라 | 097
　　밀교의 성지, 탁상 사원 | 105
　　승려와 철학자 | 110
　　환생, 뿌린 대로 거두는 삶 | 115
　　사바세계의 마지막 불국토 | 116

## 2장 | 달라이 라마와 틱낫한 스님

부처의 환생, 달라이 라마 │118
'마음 다함'의 수행, 틱낫한 스님 │123

## 3장 | 사찰 순례와 수행 체험

다선일여의 도량, 대흥사 일지암 │128
서슬 퍼런 수행도량, 문경 봉암사 │131
수처작주의 가르침, 정토수련원 │135
5대 적멸보궁 순례 │143

## 4장 | 내가 만난 큰 스님

참사람(무위진인) 서옹 스님 │149
여장부 대행 스님 │152
나에게 이름 주신, 송담 스님 │155
내 마음의 부처, 청화 스님 │158

## 5장 | 우리 문화와 불교사상

불교와 우리 문화 │163
반야심경과 금강경 │170
불교와 진화론 │176

## 6장 | 동양과 서양의 만남, 천도교

퇴계의 성리학과 동학의 상제사상 │180
천도교와 그리스도교 │183

| 제2부 |
# 따름으로 걷는 순례길
### 서양종교 순례

## 1장 | 예루살렘, 갈릴리, 요르단의 성지

화해와 상생의 도시, 예루살렘 | 193
갈릴리 호수와 인근 성지 | 215
요르단 강 지역과 이집트 카이로의 성지 | 220

## 2장 | 바티칸

교황 베네딕트 16세이 즉위식을 가다 | 229
바티칸과 종교개혁의 역사 | 236

## 3장 | 동방정교회와 소피아 성당

동방정교회와 그리스도교 분열의 역사 | 244
종교 공존의 상징, 소피아 성당 | 247

## 4장 | 수도원 순례

베네딕트 성인과 수비아코 수도원 | 250
왜관 베네딕트 수도원 체험 | 257

## 5장 | 유대교에서 만난 민족의 고난과 구원의 메시아니즘

유대교를 알아야만 하는 이유 | 260
유대교와 유대인의 역사 | 262

통곡의 벽과 홀로코스트 추모관 |272

## 6장 | 같은 조상 아브라함의 종교, 이슬람

한남동 모스크를 방문하다 |277
이슬람의 탄생 |280
유럽 속의 이슬람 |290

## 순례를 마치며
_동·서양 종교의 만남에서 종교 평화를 꿈꾸다 |302

에필로그_ '나'를 버리는 정치 |323

# 순례의 길을 나서며

'산티아고 데 콤포스텔라' 성지 순례

산티아고 데 콤포스텔라Santiago de Compostela
## 🐚 순례길에 서다

    2008년 5월 5일, 국회에서 같이 일했던 윤광식 씨와 함께 20일간의 일정으로 스페인에 있는 '산티아고 데 콤포스텔라Santiago de Compostela'로 성지 순례를 떠났다. 그 당시 정치 현장에서 한동안 떠나야 할 상황이었고, 정리할 것은 정리하고 반성도 해야 할 필요가 있었다. 새로운 출발을 모색하며 여행길에 오른 것이다.

    카미노 데 산티아고Camino de Santiago는 프랑스 남부도시 생장피드포르Saint Jean Pied de Port에서 시작하여 스페인의 산티아고 데 콤포스텔라까지 약 800Km에 이르는 도보순례 코스다. 순례 일정을 제대로 한다면 강행군으로 적어도 40여 일이 소요된다.

    유럽의 남서부 대서양과 지중해 사이에 있는 이베리아 반도는 다양한 역사와 문화 그리고 종교 간 대립과 갈등, 상생과 조화의 흔적이 가장 뚜렷한 곳이다. 이곳에 자리 잡은 스페인은 굳이 말할 필요가 없는 세계 최대의 관광국 중 하나다.

순례길 전 코스를 온전히 걸어보고 싶었다. 하지만 아무리 현업에서 잠시 떠나 있다지만 40여 일을 빼기가 녹록치 않았다. 그래서 아쉽지만 레온에서 산티아고까지 320Km를 걷기로 했다. 100Km 이상만 걸으면 페레그리노peregrino(순례자)로 인정받을 수 있었기에 형편에 따라 휴가를 내서 조금씩 순례하는 사람들도 많았는데, 대개는 유럽인들이다.

그동안 업무상 또는 경유지로서 스페인을 몇 차례 들른 적이 있다. 문화관광부 장관 재직 시절의 일이다. 당시에 나는 관광을 21세기의 국가 기간산업으로 육성해야 한다는 점을 누누이 강조했고, 그에 따른 정책을 입안하기도 했다. 또한 관광대국으로서 우리나라의 위상을 높이기 위해 세계관광기구WTO의 집행이사회 의장을 맡기도 했다. WTO와의 인연은 그때부터 이어졌다.

WTO 본부는 스페인 마드리드에 있다. 당시 사무총장은 프랑스 관광국장을 지낸 프란시스코 프란젤리였는데, 나와는 여러 차례 회의와 모임을 통해 꽤 친숙해진 사이였다. 프란젤리 사무총장은 나의 산티아고 순례길에 어느 정도 편의를 제공하고 싶어 했다. 정중히 사양하고 싶었다. 순례란, 훌훌 내려놓기 위해 떠나는 길이 아니던가. 하지만 아무리 현업에서 한발 물러나 있어도 이미 공인의 신분. 호의를 무시하는 것이 결례가 될 수 있다는 주위의 권유에 따라 순례 전후에 WTO 측의 안내를 받기로 절충했다. 우리 일행은 WTO 직원의 안내를 받으며 마드리드에서 레온까지 3일간의 사전답사에 나섰다.

마드리드를 떠나기 전날 밤 시내의 중심 광장 근처에 있는 유명한 보틴 레스토랑을 찾았다. 옛날에 감옥으로 쓰였다는 곳, 1725년에 문을 연 세계에서 가장 오래된 레스토랑으로 지하 깊숙한 곳에 있었다. 또한 1936~1939년 사이에 벌어졌던 스페인 내전 때는 인민전선 측의 지원

헤밍웨이가 즐겨 찾았다는 보틴 레스토랑

병으로 참전했던 헤밍웨이가 즐겨 찾았다는 식당이기도 하다. 헤밍웨이는 구석진 자리를 좋아했다고 한다.

스페인 내전은 좌파 인민전선 정부와 프랑코를 중심으로 한 우파 반란군의 전쟁으로, 2차 세계대전의 전초전이었다. 프랑코는 파시스트 진영인 이탈리아와 독일의 지원으로 전쟁을 승리로 이끌고 권력을 장악했으며, 1975년 사망할 때까지 총통으로 있으면서 철권통치를 했다. 우리 근대사의 한 장면이 연상되기도 하는 지점이다.

우리는 헤밍웨이가 늘 앉았다는 테이블을 예약하여, 바로 그 자리에서 헤밍웨이가 즐겨먹었던 코치니요 아사도(새끼돼지 통구이)를 맛보았다. 이 요리는 스페인 전역에서 가장 인기 있는 메뉴다. 헤밍웨이는 내전이 끝난 뒤 프랑코 정권의 감시의 눈초리를 피해가면서 이 식당에 앉아 그 유명한 소설 《누구를 위하여 종을 울리나》를 구상했단다.

보틴 레스토랑을 찾아가고 싶었던 이유는 지난 1988년 미국에 체류할 당시 플로리다 주 남쪽 끝, 쿠바와 가까운 키웨스트 섬의 헤밍웨이 기념관을 들른 기억 때문이었다. 기념관은 육지로부터 바다를 가로질러 작은 섬들을 연결한 다리 끝에 있으며, 헤밍웨이는《노인과 바다》를 바로 그곳 키웨스트 섬에서 집필했다.

20세기 모든 이념들의 격전장이었다는 스페인 내전. 그 전쟁에 종군기자로 참석하며 글을 썼던 헤밍웨이. 곧 그는 삶의 현장에서 떠나지 않은 글쓰기를 했던 것이다. 그가 남겼던 아름다운 서사가, 그의 치열함이 오래된 레스토랑의 한 귀퉁이에서, 방금 낚아 올린 펄떡거리는 청새치처럼 선명히 떠올랐다. 나의 순례길 또한 잠시 떠났으나 삶의 현장으로 이내 돌아가기 위한 길이다. 그 순례길에 이제 첫 발을 내딛는다.

**톨레도Toledo**
## 종교의 용광로

톨레도 방문은 두 번째다. 2004년 장관 재직시절에 처음 방문했는데, 그때는 톨레도 시장의 안내로 톨레도 대성당에서 미사를 올린 적이 있었다. 당시 미사 집전을 톨레도 대주교가 했는데, 이분은 정진석 서울대교구장이 교황 베네딕트 16세에 의해 추기경으로 서임될 때 같이 추기경이 되었다. 첫 방문 때의 인상이 워낙 깊게 남았던 까닭에 한동안 톨레도에 대해 공부를 하기도 했다. 이 도시의 역사에서 그리스도교와 유대교, 이슬람교의 흔적이 여전히 공유되고 있는 것을 보고 호기심이 발동했던 것이다.

톨레도는 작은 도시다. 인구가 겨우 5만. 마드리드 남쪽 72Km 지점에 있으며, 타호 강에 에워싸인 채 우뚝 솟아 있다. 로마 제국 말기인 6세기경에는 서고트 왕국의 수도로 번영했고, 711년부터 1085년 그리스도교의 알폰소 6세가 탈환할 때까지는 아랍 세력의 거점이었다. 이후 1561년 펠리페 2세가 마드리드로 수도를 옮기기까지 스페인의 수도로

톨레도 대성당

서 정치·문화·산업의 중심지였다. 간단히 살펴본 역사만으로도 휘황한 문화유산이 떠오르지 않으신가. 그에 응답하기라도 하듯, 지난 1986년에 유네스코 지정 세계문화유산이 되었다.

  이곳의 가톨릭 대성당은 고딕양식으로 건축되었는데, 1226년에 이슬람의 모스크를 파괴하고 그 자리에 짓기 시작하여 267년 후인 1493년에 완공되었다. 톨레도는 스페인 가톨릭교회의 정신적 심장이었으며, 톨레도 대주교는 수 세기 동안 스페인 정치에 막강한 영향력을 미쳤다. 대성당에는 콜럼버스가 남미대륙에서 가져온 황금 225Kg으로 만든 장식품에서 라파엘로, 엘 그레코 등 르네상스 시대 거장들의 미술품에 이르기까지 수많은 역사 유물들이 가득하다. 대성당의 규모나 가톨릭 유물들은 나로 하여금 넋을 잃게 만들었고, 성당 밖으로 나와 좁은 옛길을 걸을 때는 이슬람 문자로 오밀조밀하게 얽어 놓은 아라베스크 문양 등, 이슬람 문화의 흔적들과 쉽게 마주칠 수 있었다.

　스페인의 그리스도 세력이 이슬람 세력을 이베리아 반도에서 완전히 몰아낸 1492년까지 유대인들은 톨레도에서 비교적 자유롭게 거주하며 무역업과 상업, 고리대금업 등 금융업을 중심으로 번성했다. 12~13세기에 영국과 프랑스 등에서는 유대인 추방 바람이 거셌는데 이곳 톨레도에서는 그럭저럭 견디어온 것이다. 톨레도의 유대교회당(시나고그)은 모두 열 곳이었는데 현재는 두 곳만 남아 있으며, 이는 12세기에서 14세기까지 건축된 것이다. 유대인들은 1391년의 대학살*을 겪은 뒤 일부가 그리스도교로 개종하기도 했으나 대부분은 신앙을 지켰다. 마찬가지로 톨레도에는 여전히 이슬람교를 믿는 무슬림들이 어울려 살고 있었다. 그리스도교, 유대교, 이슬람교는 서로 칼을 겨누다가도 때로는 관용하고 타협하는 역사를 살아온 것이다. 처절했던 종교 분쟁의 역사와 지금도 종교를 빌미로 도처에서 벌어지고 있는 다툼을 잘 알고 있기에, 서로 다른 종교인들이 어울려 사는 톨레도의 평화가 새삼 마음 깊이 와 닿았다.

* 1391년 이베리아 반도(에스파냐)에서는 반유대인 폭동이 일어나 수많은 유대인들이 학살당하고 기독교로의 개종을 강요당했다. 이후 레콘키스타(이슬람 통치로부터 이베리아 반도를 탈환하려던 정복운동)가 완성된 1492년에는 기독교로 개종하기를 거부하는 40여만 명에 달하는 유대인이 재산을 빼앗긴 채 국외로 강제 추방을 당했다.

아빌라Avila
🐚 테레사 성녀를 묵상하다

　테레사라는 이름을 가진 성녀는 아빌라의 성녀 테레사와 소화小花 테레사 그리고 인도의 마더 테레사 등이 있다. 부모님 세대부터 천주교를 믿는 집안에서 자란 나는 1967년 가톨릭 영세를 받았으며, 딸아이의 세례명을 테레사라고 붙여주었다. 세례명은 곧 그 성인이나 성녀를 본받으며 일생을 살겠다는 표시이기도 하다.
　아빌라의 테레사가 살았던 아빌라는 마드리드에서 서쪽으로 87Km 떨어진 곳에 있으며, 평소에 꼭 가보고 싶었던 곳이다. 테레사 성녀와 십자가의 요한을 배출한 이곳은 '성인과 돌의 도시'라고도 불린다. 성곽과 구도시 전체가 유네스코세계문화유산으로 지정될 정도로 아름답다. 아빌라 성에 올라 시내 전역을 훑어보니 성당과 수도원이 많이 보인다.
　성벽 옆에는 이탈리아의 저명한 조각가 베르니니의 작품인 '앉아 있는 테레사 성녀'의 조각상이 있다. 기독교 역사상 최고의 여성 신비주의자로 꼽히는 테레사 성녀. 아빌라의 테레사 저서 중에는 '완덕에 이르는

테레사 성녀의 조각상 옆에서

길'과 '내적 성곽'에 관한 책이 유명하다. 영성을 추구하는 길을 내적 성곽으로 들어가는 것이라 비유했다고 한다. 성벽 옆에 가만히 앉아 자애로운 손길을 뻗치고 있는 테레사 성녀의 조각상에 슬그머니 올라가 성녀의 무릎에 앉는다. 그리고 잠깐 묵상기도를 한다. 가만히 내 안의 성곽을 들여다본다. 테레사 성녀는 그리스도의 가장 고독했던 시간을 묵상하곤 했다고 한다. 나는 테레사 성녀의 법렬에 가득 찬 순간, 영성이 온전히 깨어나는 순간을 묵상해본다.

아빌라의 테레사 성녀는 1515년 아빌라에서 태어나 20세에 가르멜 수녀원에 들어갔으며, 이후 1562년 아빌라의 산호세(성 요셉) 수도원을 시작으로 20년 동안 스페인 전역을 순례하면서 수많은 남녀수도원을 세웠다. 1555년과 이듬해에 걸쳐 수도생활의 지침에 관련된 신비스러운 음성과 환시를 본 성녀는 이에 자극받아 엄격성을 부활시킨 맨발의 가르멜 여자수녀원을 세웠고, 수도생활에 관한 수많은 편지를 남겼다. 이는 영성문학의 고전으로 일컬어진다. 지적이고 빈틈없는 깊은 영성, 차원 높은 관상생활을 성공적으로 조화시켰던 테레사 성녀는, 1582년 선종한 후 40년이 지난 1622년 교황 그레고리오 15세에 의해 시성되었다.

또 다른 테레사인 소화小花 테레사 성녀는 1837년에 프랑스에서 출생했으며, 어린 나이에 리지외Lisieux에 있는 가르멜 수도원에 들어가 겸손과 단순성, 하느님에 대한 확고한 신뢰심을 수련하였다. 이 같은 덕행을 말과 모범으로 수련자들에게 가르쳤던 성녀는 24세를 일기로 선종했지만, 온갖 병마의 고통에서 시달리면서도 오로지 하느님에 의지하면서 어린아이처럼 살았다고 한다. 소화 테레사 성녀는 임종을 앞두고, 자신의 성덕을 칭송하는 동료 수녀들에게 이렇게 말했다고 한다. "누군가가 하느님의 도구로 선택되었다고 해서 그가 거룩한 것도 아니요 의로운 것도 아니랍니다. 그것은 예술가가 이 붓 저 붓을 마음대로 쓰는 것과 같은 것이지요. 주인의 뜻에 따라 사용된 붓에 어떤 가치가 매겨지는 것은 아니랍니다. … 아무것도 자신에게 돌리지 말고 어떤 것도 높이 평가하지 마세요. 다만 모든 것을 하느님께 돌리도록 하세요. 그분의 도구로 사용되었다고 해서 자만할 것은 하나도 없습니다"《엠마오로 가는 길》에서). 얼마나 내어맡기는 마음이어야 이런 죽음을 맞을 수 있을까. 감히 생각하기조차 어려운 경지다. 1925년 소화 테레사는 성녀로 시성되었고, 1929년에는 선교의 수호자로 선포되어 존경을 받고 있다.

인도의 마더 테레사 성녀는 1981년 우리나라를 방문한 바 있다. 성녀는 "왜 물질적으로 풍요로운 오늘날에도 가난한 사람이 많습니까?"라는 질문에 "그것은 우리가 사랑으로 나누지 않기 때문입니다. 서로 사랑하고 나누면 가난은 해결됩니다"라고 대답했다. 테레사 성녀는 노벨평화상을 받았으며 일대기를 그린 영화는 한국에서도 큰 감명을 불러일으켰다. 그녀의 말도 떠오른다. "인생이란 낯선 여인숙에서의 하룻밤이다." 순례자에게 이만한 금과옥조가 어디 있으랴.

세 명의 테레사 성녀의 삶이 각자 다르지만 일관하여 흐르는 것이 있다. 다름 아닌 온전한 내어맡김이다. 온전히 내어맡기는 것은 온전한 사랑이 있기에 가능하다. 나의 순례도 온전히 내어맡기지 않으면 험난할 것이다. 내 내면으로 온전히 들어가는 길이길, 하지만 가볍게 걷는 길이길.

레온 Leon
## 🐚 순례의 첫 밤, 그 뒤척임

　5월 7일, 우리 일행은 레온에 도착하여 성당 근처의 알베르게albergue(여행자 숙소)에서 순례자 여권인 크레덴시알Credencial을 발급받았다. 크레덴시알은 앞으로 320Km를 걸으면서 숙소나 노천카페 또는 성당 등에서 순례를 증명하는 도장을 받고, 공용 알베르게를 이용할 수 있는 증명서 역할과 종착지 산티아고에서 순례자 증서를 받기 위해 필요한 것이다.
　알베르게는 지방정부에서 운영하는 무니시펄Municipal과 개인 소유의 프리비도privado 그리고 수도원 숙소 등이 있다. 무니시펄은 보통 3~4유로, 프리비도는 8~9유로 정도를 지불하면 이용할 수 있다. 우리 일행이 첫날을 묵었던 레온의 알베르게는 가톨릭 기관에서 운영하는 곳으로, 무료이긴 하지만 각 개인들이 알아서 얼마씩 모금함에 넣는 기부금제로 운영되었다.
　일찍 도착한 덕에 우리는 2층 침대 아래 칸에 짐을 풀 수 있었다. 침대

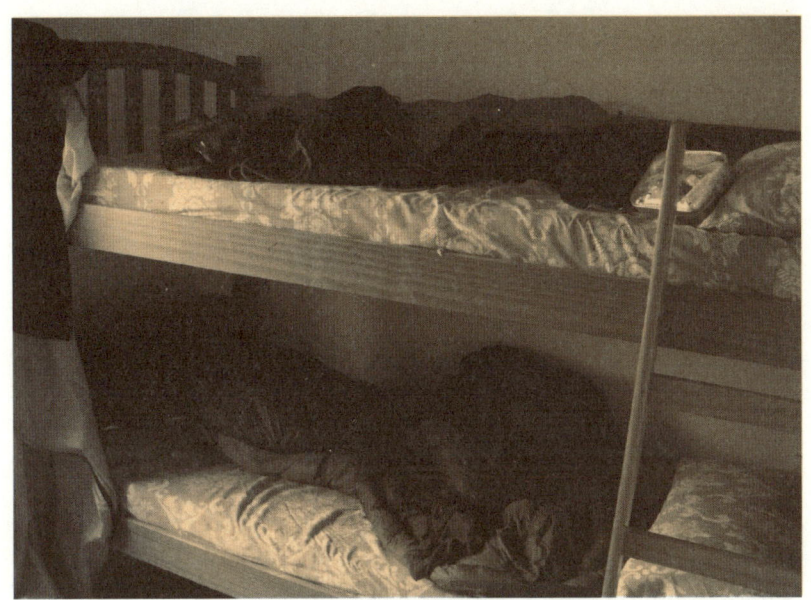
알베르게 내부

는 2백 개가 넘는 것 같았다. 서울을 출발하기 전부터 여의도에서 천호대교까지 한강 고수부지길, 그리고 양재천 등에서 걷기 연습을 하긴 했다. 하지만 10Kg이 넘는 배낭을 메고 이십여 일을 꼬박 24Km씩을 걸어야 하는 강행군 길이다. 결코 쉬운 일이 아니다. 걱정이 앞선다. 오늘만은 편히 쉬며 마음을 다져야 한다.

사자Lion라는 뜻인 레온Leon은 중세 레온 왕국의 수도였으며, 스페인의 가장 유명한 성인인 성 이시도르St. Isidore(570~636)의 유물들이 1036년 이슬람 지배에 있던 스페인 남부 세비야에서 이곳으로 옮겨졌다. 또한 레온은 성 이시도르에게 기도한 순례자들에게 수많은 기적이 일어났다고 해서 크게 유명해졌다. 레온의 대성당은 13세기 고딕건축물로서 스페인에서 가장 아름다운 성당으로 꼽히며, 특히 화려한 색채

유리(스테인드글라스)가 눈길을 사로잡았다. 레온 대성당에서 순례길이 비록 어렵더라도 포기하지 않도록 이끌어주시기를 주님께 기도했다.

레온 왕국은 12세기에 순례자들을 위한 '오스피탈', 즉 숙소를 많이 지었고, 스페인의 어느 도시보다도 수도원과 성당이 많다. 그리스도교 역사상 최초의 성지순례자는 313년 그리스도교를 허용한 콘스탄티누스 황제의 어머니 헬레나로 꼽힌다. 헬레나는 70세쯤 되던 362년에 예루살렘을 순례했으며 여러 성지에 성당을 건축했다. 로마의 바티칸 성 베드로 대성당 건축도 헬레나 성녀가 맨 처음 시작했다.

그리스도교도들의 예루살렘 순례는 638년 이슬람의 공격으로 예루살렘이 함락된 이후에도 계속됐지만, 베드로 성인과 바오로 성인을 포함한 수많은 순교자가 나온 로마 역시도 주요 순례 성지가 되었다. 그리스도교 성인들의 유골은 유럽 전역으로 옮겨져 순례지가 다양화되었고, 그 밖에도 실제가 아닌 허구로 유해가 묻혔다고 추정되는 곳도 순례지가 되었다. 가령 동방박사들의 유골로 추정되는 뼈는 5세기에는 콘스탄티노플에서 밀라노로 옮겨왔고, 12세기에는 독일의 쾰른에 안치되었다. 왕조의 몰락, 교회권력의 이동, 또는 전쟁의 와중에서 성인들의 유골은 빼앗는 쪽이 임자였던 것이다. 성스러운 유물은 빼앗아도 죄가 되지 않고 오히려 성인의 영광을 더한 것으로 간주했던 걸까 하는 생각이 들었다. 프랑스의 베를레 성당은 마리아 막달레나의 유골이 있다고 주장하고 있다.

그리스도교의 3대 성지순례지로는 예루살렘과 로마 그리고 산티아고가 꼽힌다. 나는 산티아고를 순례하기 전에 예루살렘과 로마를 각각 순례했다(이 순례기는 이 글보다 시기적으로 앞선 것이지만, 이 책의 2부 서방종교 순례기에 실었다). 예루살렘은 이스라엘과 팔레스타인 정부와의 관광협정을 맺기 위해서 방문했고, 로마는 2005년 4월 교황 베네딕트 16세의 즉위식에 대한민국 축하사절단 대표로 참석한 기회에 순례했다. 비록 정부의 대리인 자격이었지만 개인적으로는 가톨릭 신자인 나에게 하느님의 크신 은혜가 내렸다고 늘 생각하고 지낸다. 나는 산티아고 순례에 앞서 공부를 상당히 많이 해야만 했다.

산티아고는 스페인의 수호성인인 성 야고보의 스페인식 표현이다. 전승에 따르면 야고보 성인은 기원전 44년에 유대지방에서 순교했다. 성경에서 야고보 성인에 대해 언급한 곳은 예수의 거룩한 변모(마태오 17장 1절)와 사도행전 12장 1~3절뿐이다.

> "엿새 후에 예수께서는 베드로와 야고보와 야고보의 동생 요한을 데리고 따로 높은 산으로 올라가셨다. 그때 예수의 모습이 그들 앞에서 변하여 얼굴은 해와 같이 빛나고 옷은 빛과 같이 눈부셨다."
>
> "이 무렵 헤롯 왕이 교회의 어떤 사람들에게 박해의 손을 뻗쳐 우선 요한의 형 야고보를 칼로 잘라 죽였다. 유대인들이 좋아하는 것을 보고 이번에는 또 베드로를 잡아오라고 하였다……."

야고보 성인은 헤롯 왕의 손에 순교했지만 베드로 성인은 로마에서 십자가에 거꾸로 매달려 순교한 사실로 보아 헤롯의 박해를 피한 것으로 보인다. 야고보 성인의 제자들은 성인의 시신을 살아생전 그가 선교활동을 했던 스페인 지방 산티아고에 묻었다. 스페인 정부가 펴낸 《The Key Guide Spain》을 보면 야고보 성인의 무덤에 얽힌 이야기는 이렇다.

"은둔자 펠라지우스는 844년, 한밤중 반짝이는 별무리를 따라 찔레꽃 숲에 가려진 무덤으로 안내되었다. 그는 이 사실을 산티아고 지방의 주교에게 알렸으며, 반신반의하던 주교 역시 펠라지우스와 똑같은 별무리의 인도를 체험했다. 그 무덤을 파헤치니 야고보 성인의 유골이 나왔고, 그 후 이 무덤 위에 야고보 성인을 기념하는 성당이 세워지면서 〈산티아고 데 콤포스텔라〉라는 도시가 형성되었다. 또한 이 지역 그리스도교 왕국의 왕이었던 알폰소 2세는 이베리아 반도에서 무어족(아랍화된 무슬림)을 격퇴하기 위한 전쟁에 나가기에 앞서 꿈에서 야고보 성인을 만났으며, 결국 그 전쟁에서 승리했다는 것이다. 이렇게 해서 야고보 성인은 스페인의 수호성인이 되었다. 그 후 조그마한 그 성당을 알폰소 2세가 다시 크게 세웠다."

알폰소 2세가 중창한 야고보 성인 성당은 997년 이슬람교의 알만소르 왕이 산티아고 데 콤포스텔라를 정복했을 때 파괴되었다. 그렇지만 알만소르 왕은 야고보 성인의 무덤을 손대지는 않았다. 이슬람 교리에 따르면 야고보 성인은 비록 이교도지만 예언자인 셈이기 때문이다. 최소한 모세 5경을 비롯한 구약의 상당 부분을 공유하며 절대 유일신을 믿는 것은 그리스도교나 유대교, 이슬람교가 동일하다. 알만소르 왕은 야고보 성인의 무덤을 방치하면서 성당의 큰 종은 그리스도교 포로들을 시켜 남쪽 이슬람 왕국인 코르도바의 이슬람 사원으로 옮겨놓았다. 이후 야고보 성인은 스페인의 수호성인으로서의 이미지가 더욱 굳어지고 종교미술에서 흰 말을 타고 칼을 높이 빼들어 이슬람 세력을 무찌르는 용감한 장군으로 형상화됐다. '마타모로스 matamoros'는 이슬람 세력을 무찌르는 무적의 투사라는 뜻으로, 이슬람을 쫓아내고 국토를 회복하여 십자군 정신을 실천하는 기사이다. 야고보 성인은 사후에 자신이 종교 간 전쟁의 상징이 될 것을 꿈이나 꾸었을까. 그렇다고 산티아고 순례가 스페인의 수호성인을 참배하는 것만으로 그칠 수는 없는 일 아닌가? 산티아고 순례는 하느님을 찾아나서는 것이다. 내 마음에 예수님을 간직하고 내가 예수님 안으로 들어가는 기나긴 여정인 것이다.

스페인 역사에서 산티아고 순례와 야고보 성인이 얽힌 무용담이나 설화는 참으로 많다. 그중에는 1960년대의 유명한 영화로 〈엘 시드〉가 있는데, 그 영화에서는 벤허, 십계 등 종교·역사와 관련한 많은 영화에서 주연을 도맡았던 찰톤 헤스턴이 소피아 로렌과 같이 연기했다.

영화 〈엘 시드〉

11세기 말 스페인에서 무슬림을 물리친 영웅이었던 엘 시드는 1064년 산티아고를 순례하던 중에 아주 불쌍한 나병환자를 극진히 돌보았으며, 그와 함께 말을 타고 음식을 먹고 잠도 같이 잤다. 엘 시드는 그 환자에게서 밝은 빛이 품어져 나오는 것을 보고 "당신은 누구인가?" 하고 묻는다. 이에 나병환자는 "나는 나사로다"라고 밝혔으며, 엘 시드는 이 사건 이후 무슬림과의 싸움에서 항상 승리했다는 이야기가 전해온다. 영화에서는 죽은 엘 시드에게 갑옷을 입히고 말에 태워 성문 밖으로 내보내자 무어 족이 겁을 먹고 도망치는 장면이 나오는데, 나는 이 영화가 톨레도에서 촬영되었다는 사실을 나중에 알게 되었다.

나사로 얘기는 루카복음 16장 19~31절에 나온다. 그 본문의 내용은 부자와 가난한 사람, 첨예하게 대립하는 두 부류의 신세가 하늘나라에서는 거꾸로 된다는 예수님 말씀이다. 나사로는 종기투성이의 몸으로 부자의 식탁에서 떨어진 부스러기로 배를 채웠는데, 개들까지 와서 그의 몸에 난 종기를 핥았다. 천사들은 죽은 나사로를 아브라함 곁으로 데려갔고 부자들은 저승에서 큰 고통을 받았다. 이는 우리가 자신보다 불쌍한 사람을 돌보지 않으면 그 대가를 치른다는 교훈으로, 예수님은 선한 사마리아인의 비유에서도 이 점을 가르친다.

　레온은 볼 것도 많고 또 배울 것도 많은 도시였다. 그런데 우리 일행이 그곳 대성당 광장의 한쪽에 있는 노천카페에서 휴식을 취할 때, 독일에 유학중이던 한국 청년을 우연히 만났다. 그는 프랑크푸르트에서 온 허성민 군으로, 착실하게 성장한 엘리트 대학생이다. 그는 목사가 되고 싶은 소망을 하느님께 여쭙기 위해 순례길에 나섰으며, 프랑스 남부 지역 생장피드포르에서 출발하여 피레네 산맥을 넘을 때는 죽을 뻔했다고 했다. 옷가지며 장비도 제대로 갖추지 못한 때문이었다. 성민 군은 발목에 부상을 입어 걸음걸이가 불편해 보였다. 신발이 다 헤져서 남의 신발을 얻어 신었는데 그의 발에는 좀 헐렁했다. 같이 앉아서 이런저런 얘기를 나누고 있을 때 순례길에 같이 나선 독일인들이 성민 군 다리를 걱정해주면서 지나갔다. 나는 머릿속이 조금 복잡해졌다. 아직 첫걸음도 떼지 못했고 앞으로 무슨 일이 벌어질지도 모르지만 절뚝거리며 걷는 그를 두고 그냥 지나칠 수 없었다. 내가 등산화를 사주겠다고 하자 성민 군은 눈을 번쩍 뜨면서 정말이냐고 반색했다. 그렇지 않아도 여비가 떨어져 어떤 독일인에게 20유로를 빌렸다고 한다. 우리는 가까운 곳에 있는 등산용품점으로 갔다. 이왕이면 좋은 것을 사주고 싶었지만 성민 군은 90유로쯤 하는 등산화를 골랐다. 그는 하루를 더 쉬어야 한다고 하여 산티아고에서 다시 만나기로 약속하고 아쉬운 작별을 했다. 이후 순례길에서 만난 여러 명의 한국인 여행자들로부터 아무개에게 신발을 사준 분이냐는 인사를 들었다. 그새 성민 군이 만나는 사람들에게 그 이야기를 했던 모양이다.

알베르게는 하루에 수십Km를 걷는 지칠 대로 지친 순례자들이 하룻밤을 묵는 곳이다. 많은 순례자들이 함께 머무는 곳이라 늦게 잠자리에 들면 옆 사람 코고는 소리에 잠을 이룰 수 없다. 그러므로 예민한 사람들에게 귀마개는 필수다. 코고는 소리에 잠이 깰 때는 대부분 귀마개가 빠진 것이므로 사람들은 더듬더듬 귀마개를 찾아 다시 틀어막는다. 우리는 그렇게 엎치락뒤치락하며 피곤한 첫날밤을 보냈다.

배낭은 대략 10Kg쯤으로, 침낭을 비롯해 순례길에 꼭 필요한 것만 챙겨도 그 정도 무게가 된다. 일부 순례자들은 의욕적으로 짐을 꾸렸다가 도중에 버리거나 다른 순례자들을 위해 알베르게에 고이 두고 떠나기도 한다. 알베르게에서는 침대 이외에는 아무것도 제공하지 않으므로 각자 알아서 준비해야 한다. 다만 부엌이 있는 알베르게는 식기도구가 비치되어 있어 순례자들이 남기고 간 양념 등을 구할 수 있으며, 운 좋은 날은 바나나, 오렌지, 빵 같은 것을 얻기도 한다.

순례자들은 새벽 7시 전에는 출발해야 한다. 대략 오후 2시 이전에 다음 목적지에 도착해야만 알베르게를 고를 수 있기 때문으로, 조금이라도 늦게 도착하면 걸음품을 더 팔아야 한다. 어느 날이건 도착 즈음이면 파김치가 되어 단 한 발짝도 떼기가 싫어진다. 조금만 가면 더 싸고 괜찮은 알베르게가 있다고 해도 대부분 손사래를 치는 이유다.

**첫째 날, 산마르틴San Martín**

🐚 노자에게 종교의 화해를 배우다

　캄캄한 어둠 속에서 손전등에 의지한 채 간신히 짐을 꾸린 우리는 어젯밤에 준비한 마른 빵과 오렌지 주스로 간단히 요기를 하고 배낭을 짊어졌다. 산타 마리아 드 가브리엘이라는 거룩한 이름의 알베르게를 떠난 시간은 오전 6시 35분. 오늘의 목적지인 산마르틴San Martín까지는 23Km의 여정이다. 우리는 생장피드포르Saint Jean Pied d'Port나 부르고스Burgos 등, 각기 다른 곳에서 출발한 순례자들 틈에 끼어 걷는다.
　순례길을 알리는 조개껍질과 노란색 방향표시를 따라 걷다가 네덜란드에서 왔다는 부부를 만났다. 그들과 우리는 월드컵에서 한국이 4강에 오른 것과 히딩크 감독을 화제로 한참 동안 얘기를 나누었는데, 덩치가 큰 유럽인들은 걸음걸이도 성큼성큼 했고 별로 힘들어 보이지도 않았다. 우리 일행은 일단 10Km쯤 걸어놓고 휴식을 취하기로 했다. 대략 한 시간에 4Km쯤 걷고 쉬어야 하지만 남아 있는 길이 20Km라는 생각이 들면 절망에 빠져 제대로 쉬지도 못한다. 산티아고 길에서 마주치는 순

야고보 성인의 무덤이 조개껍데기로 뒤덮여 있었다는 전설이 있고 그 뒤로 순례자의 표시로 통용된다. 순례자들은 각자 배낭에 조개껍데기를 매달고, 짤랑이며 걷는다. 길마다, 거리마다 조개껍데기가 순례자의 길을 안내해준다.

례자들은 서로에게 "올라! 부엔 카미노"라며 인사를 한다. '좋은 순례길이 되기를……'이라는 뜻이다. 순례길에서 만난 사람들은 모두가 순례자이기에 모두가 동지인가. 서로 기쁘게 격려한다. 야고보 성인이 전도 여행을 하며 걸었을 길, 조개껍데기 부딪히는 소리가 짤랑거리며 들리는 듯한 길을 나 또한 "올라!"를 외치며 걸었다.

첫째 날의 여정은 꽤 힘을 쏟았다. 알베르게에 도착하자 여직원이 반갑게 맞아준다. 짐을 풀고 샤워를 한 후 먹을 것을 찾아 두리번거리는데, 마침 다른 순례자들을 위해 요리를 하는지 주방에서는 베이컨을 기름에 튀기고 있었다. 그러나 느끼한 냄새에 질린 우리는 영 아니다 싶어 물집 잡힌 발을 절룩거리며 밖으로 나갔고, 한참 동안 거리를 서성거리다 눈에 보이는 선술집인지 카페인지로 무조건 들어갔다. 한가운데는 당구대가 놓여 있었고 한쪽엔 스탠드바가 있었는데, 메뉴판을 달라고 해서 대강 정해서 주문을 했다. 산골의 조그마한 마을이어서인지 그곳 사람들에게는 영어가 한마디도 통하지 않았다. 결국 우리는 딱딱한 빵, 감자튀김에 고기 다진 것 등으로 순례 첫 날의 허기진 배를 채워야 했다.

 숙소에 돌아가면 우선 잠부터 자야 하므로 저녁식사는 간단할수록 좋다. 가는 길에 가게에 들러 그날 저녁과 다음 날 아침에 먹을 빵과 오렌지, 물을 샀다. 알베르게로 돌아온 나는 성경을 읽고 묵상을 했다. 새벽에는 짐 챙겨 떠나기 바쁘고 길을 걷다가 쉴 때는 발바닥, 발가락, 발목, 허벅지를 달래야 하는 등 부산을 떨기 때문에, 성경을 읽고 묵상하는 것은 다음 목적지에 도착해 숙소를 잡고 허기진 배를 채운 뒤인 늦은 오후에나 가능했다.

 순례에 오른 첫째 날, 나는 야고보서 1장을 읽었다. 신약성경의 야고보서가 산티아고 데 콤포스텔라의 야고보 성인의 서간인지는 확실하지 않다. 신약성경 중에서는 데살로니가가 첫 번째 서간으로 가장 먼저 기록된 것으로 여겨진다. 그것은 바오로 사도가 초기 그리스도교 교회에 보낸 서간문으로, 그 기록 시기는 대략 기원 후 50년경이다.

 초기 교회는 그리스의 테살로니키와 코린토스를 비롯한 지금의 소아시아 지역 일곱 곳에 있었다. 그러나 무슬림이 동방교회의 중심지인 콘스탄티노플을 함락하고 이스탄불을 세운 (1453년) 이후, 과거 그리스도교의 터전이었던 그 지역은 이슬람 세상으로 탈바꿈한다. 그야말로 무상이다. 세상에는 절대와 영원한 것이 없다는 것을 극명하게 보여주는 것이다. 지금은 완전한 이슬람 지역인 터키는 이처럼 초기 그리스도교의 기반이었고, 특히 카파토키아 cappadocia의 불가사의한 지하교회는 이 지역 그리스도교의 뿌리 깊은 신앙을 보여주기에 충분한 유적이다. 이렇게 터키의 소아시아 지역에서는 그리스도교와 이슬람교의 절묘한 혼합 문화가 두드러지게 나타나고 있다. 비록 절대 권력과 절대 종교 자체가 지구상에 존재할 수 없지만, 이러한 종교적 혼합 문화의 모습은 그리스도교의 하느님과 이슬람의 알라는 물론이거니와 모든 절대 신들의 보편성을 확실하게 증명하는 것이라는 생각이 들었다. 우리가 만약 절대의 관점에서 본다면 터키는 역사, 문화, 종교적으로 현재의 지배 권력을 도저히 용납할 수 없을 것이다.

노자老子의 말씀 중에 '천지불인天地不仁'이 있다. 이 말의 궁극적 의미는 '절대적인 것'은 없다는 뜻이 아닌가 한다. 만약 그것을 하늘과 땅은 인자하지 않다고 풀이할 수 있다면, 이는 우주 혹은 자연이 절대보다는 상대를 좀 더 용인한다는 뜻이라고 생각한다. 이런 관점에서 바라본다면 오늘날 그리스도교, 유대교, 이슬람교 등의 여러 종파들이 서로 갈등하고 대립할 뿐 아니라 심지어 살상까지 벌이는 것은 우주와 자연을 관할하는 절대 유일신의 섭리를 거스르는 것이다.

신약성경은 예수 사후 100년에 걸쳐 문자로 기록되었다. 이슬람의 경전 꾸란 역시도 무함마드가 생존 시 절대신 알라의 계시를 받아 입으로 전해진 것이며 무함마드는 632년에 사망한다. 무함마드는 쿠라이시 부족의 아랍어로 구전했는데 무함마드 사후 제5대 할리파(칼리프라고도 함. 이슬람 최고지도자) 시대인 685~705년 사이에 문자표기가 완료된다.

대략 무함마드 사후 70년쯤이 된다. 이슬람은 그들의 경전인 꾸란의 경우 알라신의 계시는 한 점 오차 없이 그대로 전해진 것이라고 주장하는 반면 그리스도의 성경이나 유대교의 토라 등은 기록자들에 의해 변질되었다고 주장한다. 또한 불교의 석가모니 부처님의 가르침 역시 입으로 전해 내려오다가 수백 년이 지난 뒤 기록되기 시작하였다. 따라서 예수, 무함마드, 석가모니의 생생한 육성이 성경이나 꾸란, 불경에 말씀 그대로 옮겨졌는가, 아니면 제자들이나 기록자들의 판단이 개입되었는가 하는 논쟁은 지금까지 끊이지 않는다.

스페인에 도착해서 며칠간은 야고보서와 시편에 몰두했다. 야고보 성인은 서두에서 "하느님과 주 예수 그리스도의 종 야고보는 사방에 흩어져 사는 이스라엘 열두 지파에게 문안을 드립니다"라고 인사한다. 2절에서 11절까지는 순례기간 중 닳도록 읽은 부분이다.

"나의 형제 여러분 갖가지 시련에 빠지게 되면 그것을 다시없는 기쁨으로 여기십시오. 여러분의 믿음이 시험을 받으면 인내가 생겨납니다. 그 인내가 완전한 효력을 내도록 하십시오. 그리하면 여러분은 조금도 흠잡을 데 없이 완전하고도 원만한 사람이 될 것입니다. 만일 여러분 중에 지혜가 부족한 사람이 있으면 하느님께 구하십시오. 그러면 아무도 나무라지 않으시고 모든 사람에게 후하게 주시는 하느님께서 지혜를 주실 것입니다. 조금도 의심을 품지 말고 오직 믿음으로 구하십시오. 의심을 품는 사람은 바람에 밀려 흔들리는 바다 물결 같습니다. 그런 사람은 아예 주님으로부터 아무것도 받을 생각을 말아야 합니다. 의심을 품은 사람은 마음이 헷갈려 행동이 불안정합니다."

나는 시편을 묵상하면서 고단한 순례의 첫 날을 마치고 침낭 속으로 기어들었다. 다음은 시편 16장의 첫 부분이다.

"하느님 저를 지켜 주소서. 주님께 피신하나이다. 주님께 아뢰나이다. 주님은 저의 주님이십니다. 제가 받을 몫이며 제가 마실 잔이신 주님. 주님께서 저의 제비를 쥐고 계시나이다."

둘째 날, 아스토가 Astorga
## 볶음고추장과 '천사의 양식'

오늘도 역시 어제와 마찬가지로 새벽 6시 35분에 출발했다. 아스토가 Astorga까지 26Km를 걸어야 한다. 그런데 어둠 속에 순례길 표시를 따라가던 우리는 그만 길을 잃었다. 전등으로 주변을 샅샅이 훑으면서 걸었는데도……. 한참을 걸어도 표시가 보이지 않아 다시 첫 갈림길로 돌아와 보니 길가 숲에 가려진 조개껍데기 표시가 겨우 눈에 띄었다. 어두운 새벽녘에 순례길을 걷다보면 길을 잃기 십상이라는 순례자들 사이의 우려가 현실로 다가왔다. 설상가상으로 비가 내렸다. 방수가 제대로 되지 않는 등산화는 빗물이 스며들어 질척거리기 시작했다.

두 시간쯤 걷다가 허름한 가게에 들어가 빵과 카페오레로 아침을 때웠다. 우유를 많이 섞어서 막걸리잔 같은 대접에 넘치도록 담아주는 카페오레는 보는 것만으로도 배가 부를 지경이었다. 요기를 하고 다시 길을 나서는데 비바람이 세차게 불어 온 몸이 으슬으슬 떨려왔다. 배낭 위에 뒤집어 쓴 비옷이 그나마 방수, 방한 구실을 해주었다. 얼마간 걷다가 오르비고 강을 건널 때는 20여 개의 아치로 이루어진 아주 아름다운 다리를 만났다. '푸엔테 데 오르비고Puente de Órbigo'라는 이름으로 13세기에 세워진 것이다. 아름다운 다리 아래로는 흙탕물이 흘렀다.

고대 성곽 안에 위치한 도시인 아스토가는 18~19세기에 초콜릿 생산지로 유명했다. 성당 옆 알베르게에 짐을 푼 우리는 점심을 중국식당에서 해결하기로 하고, 물어물어 식당을 찾아가는 길에 초콜릿 박물관을 지나갔다. 베트남인들이 운영하는 중국식당에서 우리는 볶음밥에 고추장을 섞어 맛있게 먹었다. 윤광식 씨가 스페인으로 오는 비행기에서 순례길에 나선다면서 부탁했더니, 다른 승객에게는 비밀로 해달라며 승무원이 튜브고추장을 한보따리 주더란다. 순례길 내내 그 승무원에게 하느님의 가호가 있기를 기도했다.

아스토가는 서고트족의 왕국이었는데, 로마의 침략으로 도시 대부분이 파괴되었다가 복원된 곳이다. 그래서인지 로마 통치 때의 유적을 발굴하는 현장이 여러 곳이었다. 식사를 마치고 알베르게로 돌아오는 길에 바로 이웃한 성당을 찾았다. 방문하는 도시마다 볼 수 있었던 고풍스런 자태의 성당이나 조그마한 경당은 순례 도중 기도와 묵상하기에 아주 알맞았다. 늦은 오후였는데 마침 성당에서는 귀에 익숙한 성가곡이 들려왔다. 〈천사의 양식Panis Angelicus〉이라는 성가로, 미사 때마다 자주 연주되는 곡이다. 합창단의 면면을 보니 주로 할아버지와 할머니들이었는데, 지휘자의 꾸중을 들어가면서도 연습에 열중하는 모습이 보기에 좋았다. 성가를 들으니 성모 마리아께 드리는 묵주기도가 저절로 나왔다.

셋째 날, 폰세바돈 Foncebadón
## 🐚 고난의 언덕에서 성령을 묵상하다

오늘은 일요일, 가톨릭 전례에 따르면 성령강림 대축일이다. 애초 계획은 아스토가에서 라바날 델 카미노Rabanal del Camino까지 21.7Km 길을 걷기로 했다. 라바날 델 카미노는 수도원이 운영하는 알베르게가 있고 그레고리안 성가로만 미사를 올리는 곳이다. 성령강림 대축일에 그레고리안곡으로 미사를 드리는 건 가톨릭 신자라면 은총으로 여길 것이다. 속된 말로 군침이 도는 일이다. 머리에는 그레고리안 성가가 울리는 듯했으나, 몸은 정직했다. 라바날까지의 순례길은 계속 오르막길이라 금방 힘에 부쳤다. 그런데다 만약 라바날에서 묶게 되면 내일도 시작부터 오르막길을 가야 한다. 우리는 이왕 오르막길로 접어든 마당에 6Km 정도를 더 걸어 아예 산꼭대기에 위치한 폰세바돈Foncebadón까지 가기로 했다. 하느님께 기도하기 위해서 순례에 나섰으면서도 그까짓 걸음품 걱정 탓으로 그레고리안 성가 미사를 지나치다니……. 죄책감에 얼굴이 화끈거렸다. 폰세바돈까지 걸으면서 나는 주일 미사를 거

폰세바돈에서 윤광식 씨와 함께

른 죄를 회개하며 수 없이 〈주님의 기도〉를 드렸다. "우리 주 예수 그리스도님 이 죄인에게 자비를 베푸소서."

아름다운 시골집들과 초원을 거니는 소들과 양떼, 이름 모를 꽃들, 졸졸 흐르는 개울을 따라 폰세바돈에 도착했다. 알베르게는 초라한 가게의 2층에 있었다. 우리는 늦은 점심을 먹기 위해 가게에서 만들어 파는 감자튀김과 빵을 주문했다. 그런데 이때 윤광식 씨의 배낭에서 놀라운 물건들이 쏟아져 나오는 게 아닌가! 컵라면에 꽁치통조림 그리고 포켓용 소주. 오호라! 나는 입이 떡 벌어졌다. 그는 10Kg이 훨씬 넘는 무거운 배낭을 지고 20Km를 걸어온 것이었다. 우리는 스페인 맥주에 한국소주로 폭탄주를 만들어 단숨에 들이켜고는 따뜻한 물을 주문해 컵라

면까지 곁들였다. 수만 리 떨어진 남의 나라에서 그야말로 고향의 동네 잔치가 벌어진 셈이었다.

폰세바돈에서는 홀로 여행 중인 스웨덴 중년 여성을 만났는데, 그녀는 판문점에 대해 꽤나 자세히 알고 있었다. 중립국감시위원회의 가족으로 북한을 가끔 갔었다고 한다. 꽤나 육중해 보이는 여인이었지만 산티아고에는 거의 같이 도착했다. 폰세바돈에는 산길을 이용하여 승용차나 오토바이를 타고 관광을 온 유럽인들이 많았다. 그들은 주로 알베르게가 아닌 호텔에 머물렀다. 저녁식사 때는 그럴싸한 레스토랑에 들렀는데 맛있게 보이는 음식들이 눈에 띄었다. 우리가 주문한 돼지고기 스테이크 1인분은 둘이서 나눠 먹고도 남을 정도였다.

나는 식사를 마친 뒤 야트막한 돌담에 앉아 이날의 묵상과 기도의 시간을 가졌다.

"형제 여러분 성령에 힘입지 않고서는 아무도 예수님을 주님이다 할 수 없습니다. (중략) 우리는 유대인이든 그리스인이든, 종이든 자유인이든 모두 한 성령 안에서 세례를 받아 한 몸이 되었습니다."
— 바오로 사도의 고린토1서 12장

예수를 믿는 모든 민족은 주님 안에서 한 형제임을 말해주는 대목이다. 요한복음 20장 19절 이하는 십자가에 못 박혀 돌아가신 예수가 부활한 후 제자들에게 나타나 말씀하신 내용이다.

"평화가 너희와 함께 아버지께서 나를 보내신 것처럼 나도 너희를 보낸다. 성령을 받아라. 너희가 누구의 죄든지 용서해주면 그가 용서를 받을 것이고, 그대로 두면 그대로 남을 것이다."

　유대인들이 두려워 떨던 제자들은 이 말씀으로 성령을 받음으로써 소명을 깨달았을 뿐 아니라 담대한 용기를 얻는다. 성령이 내림으로써 제자들의 선교활동이 시작된 것이다.
　예수께서 성령을 받으라 했으니 나는 받으면 되는 것이고, 내 몸에 성령이 살고 있음을 확신하면 되는 일이다. 그렇지만 문제는 과연 이런 믿음이 나에게 있느냐는 것이다. 그리스도교인이라면 누구나 신앙고백을 통해 성부, 성자, 성령 3위가 일체라는 것을 확인한다. 그러므로 성령을 받으면 성부와 성자도 내 몸 안에 있고, 내 몸은 예수님 말씀처럼 성전이 되는 것이다. 사도 바오로는 갈라디아서 2장 19절에서 "나는 그리스도와 함께 십자가에 못 박혔습니다. 이제는 내가 사는 것이 아니라 그리스도가 내 안에 사는 것입니다"라고 가르친다.
　성령이 나와 함께 있음을 알고 그리스도의 현존을 느낄 수 있음은 어마어마한 은혜이다. 그렇게 믿고 행동한다면 그가 곧 성인이다. 그리스도교 역사상 수많은 순교 성인과 증거자들이 죽음까지도 두려워하지 않았던 것은 이러한 믿음이 있기에 가능한 것이었다. 이날의 복음 묵상을 통해 순례의 목적이 더욱 뚜렷해졌다.

**넷째 날, 폰페라다 Ponferrada**
🧡 시련이 믿음을 키운다

폰세바돈에서 폰페라다 Ponferrada 까지는 27.4Km의 여정이다. 넷째 날, 상쾌한 새벽공기를 마시며 일찍 길을 나섰다. 폰세바돈에서도 산 정상까지는 꽤나 한참을 올라가야 했다. 그러나 힘들게 정상에 올라 산 아래를 내려다보니 그야말로 장관이었다. 동터오는 햇살에 저 멀리 까마득한 산마을이며 구릉들이 점점 선명하게 드러났다. 하지만 출발부터 벌써 발목이 시큰거리기 시작했다. 스틱 하나만 의지해서는 이제 도저히 걸을 수 없을 정도였다. 고통을 참으며 걷던 중에 다른 순례자가 버렸을 것 같은 나무지팡이 하나를 길에서 주워들었다. 아픈 발목에 꽤나 도움이 된다. 그나저나 산꽃들은 왜 그리도 예쁜지! 돌부리에 걸려 발목의 통증이 심한데도 내 눈은 아름다운 산과 들을 둘러보느라 여념이 없다. 아직 해가 솟아오르지 않았지만 거대한 돌무덤 위에 세워진 '라 크루즈 데 페로 La Cruz de Ferro'가 보인다. 카미노에서 큰 상징성을 지닌 십자가이다. 십자가 아래에 배낭을 내려놓고 한참을 기도했다. '하느님! 비록 다리가 많이 아프지만, 제가 결코 포기하거나, 자동차를 타거나, 배낭을 미리 다음 목적지에 부치는 어리석은 짓은 않도록 도와주시옵소서!'

 순례 도중에 가끔 배낭 없이 맨 몸으로 걸어가는 사람, 알베르게에 대형버스로 도착하거나 버스로 출발하는 단체 순례자들을 보았다. 자전거를 이용하는 것은 순례자로 인정되기는 하지만 조금 얌체처럼 보인다. 어느 날이건 출발할 때부터 얼마 동안은 배낭의 무게감이 느껴지기 마련이다. 그러나 한참을 걷다보면 등에 실린 무게보다는 아픈 다리에 온통 신경이 쏠려 그럭저럭 걷게 된다. 배낭을 택시로 부치고 홀몸으로 걷는다고 몸이 날아갈 것 같지는 않아보였다. 어떤 순례자는 배낭을 택시로 다음 목적지에 보냈다가 크게 후회하고 다시 원위치해서 배낭을 메고 걸었다는 얘기를 듣기도 했다.
 산티아고에 도착했을 때 순례자 증명 발급사무소 직원은 걸어왔는지, 아니면 자전거를 이용했는지를 물으면서 날짜별로 찍힌 알베르게와 성당들의 도장을 일일이 확인했다.

 카미노 길에는 순례자들에게 음식 값에 바가지를 씌우지 못하도록 그날그날의 메뉴를 정해놓고 일정한 금액만을 받도록 하고 있다(메뉴 델 디아). 대략 10유로에서 12유로 정도로, 우선 물 한 병이나 포도주 한 병을 선택해야 한다. 물 값이나 포도주 값이 같다는 것인데, 대개는 품질이 낮은 포도주다. 우리 두 사람은 언제나 물과 포도주 한 병씩을 주문해 반씩 나눠 마셨다. 음식은 수프와 채소, 빵 그리고 감자와 고기요리 순으로 나오는데, 배고픈 순례자에게는 그저 꿀맛이다. 따스한 햇볕 아

폰페라다로 가는 길

래 포도주를 곁들인 노천카페에서의 점심은 호사스럽기까지 했다.

폰페라다는 성곽에 둘러싸인 고대 켈트족의 마을이 온전히 보존되고 있는 도시로, 성벽과 망루, 전투용으로 사용되었던 요새가 퍽이나 인상적이었다. 절룩거리며 지팡이 질을 하면서도 고풍스러운 도시에 매료되어 한참 동안 구경하며 돌아다녔다. 성벽과 다리, 그리고 강, 또 성벽……. 스페인에는 1년에 거의 1억 명에 가까운 관광객이 몰려든다. 조상 덕을 톡톡히 보는 것이다. 스페인 사람들은 영어를 한 마디도 못했다. 너무하다 싶은 생각이 여러 번 들었다. 오려면 오고 가려면 가라는 식이다.

여러 곳을 돌아다니다 낯익은 한국 순례자를 만나면 스스럼없이 함께 앉아 포도주며 간식을 나누었다. 어느 알베르게나 모두 그렇지만, 저녁 식사시간에는 각국 사람들이 각양각색의 요리를 만들어 서로 나누어 먹기도 하고 자기네들의 노래를 부르거나 세탁기를 돌리는 등 부산하다. 근사하게 차려먹는 순례자부터 마른 빵과 물 한잔으로 때우는 순례자까지 모두가 눈요깃거리다. 이날은 시편 119장을 묵상했다.

"주님! 주님의 자비가 제게 다다르게 하소서, 제가 살아나리이다. 고통을 겪기 전에는 제가 그르쳤으나, 이제는 주님 말씀을 따르나이다. 주님은 선하시고 선을 행하시는 분, 주님의 법령을 제게 가르치소서, 제가 고통을 겪은 것은 좋은 일이니. 주님의 법령을 배우기 위함이었나이다. 저에게는 주님 입에서 나온 가르침이 좋으나이다. 수천의 금과 은보다 좋으나이다. 주님 주님의 법규가 의로움을 제가 아나이다. 성실하시기에 저에게 고통을 겪게 하셨나이다. 주님의 종에게 하신 그 말씀대로 주님의 자애가 저를 위로하게 하소서."

피곤하고 힘든 상황에서 이 같은 시편 묵상은 큰 은혜가 된다. 이제 고통을 겪고 반성하여 주님 말씀을 따르기로 하였사오니 부디 자비를 베풀어주십사 하면서 중얼거리면 어느새 잠에 빠져들었다.

다섯째 날, 빌라프랑카 델 비에르조Villafranca del Bierzo
## 고추장을 입은 닭백숙

　빌라프랑카 델 비에르조Villafranca del Bierzo까지 22.7Km의 길은 비교적 짧은 거리다. 델 비에르조는 스페인에서도 좋은 포도주를 생산하기로 이름난 고장으로, 성당과 고풍스러운 석조건물들이 무척 짜임새 있게 배치된 도시다. 가는 길에는 포도밭이 끝없이 펼쳐져 있고 구릉 사이의 좁은 길이 매우 아름답다. 때마침 스페인의 중학교 학생들도 단체로 순례 중이었다.

　궂은 날씨에 비가 오락가락하다보니 비옷을 입었다 벗었다 하기가 여간 번거로운 일이 아니었다. 그래서 걷는 중에 비옷을 쓰고 벗을 때는 순례자들이 서로 돕는다. 비옷을 언제나 배낭 맨 윗주머니에 넣어두었다가 비가 쏟아지면 서로 꺼내주고 씌어주는 것이다.

　우리 일행이 숙소로 정한 알베르게는 시가지가 내려다보이는 골짜기 옆에 있었는데, 바로 위쪽에는 '이글레시아 데 산타마리아Iglesia de Santamaria' 성당이 있다. 몸이 아픈 순례자들이 이 성당에 들어가기만 하면 곧 나왔다는 얘기가 전해오는 성소이다. 그래서 이곳은 중세시대부터 작은 산티아고라고 일컬어졌다고 한다. 어둠 속에 잠긴 성당 안은 제대 쪽의 가물거리는 촛불이 숙연함을 자아냈으며, 성당 주변에는 조그마한 무덤들이 촘촘히 들어서 있었다. 크레덴시알에 성당 로고가 새긴 스탬프를 찍어주는 여직원은 이 성당의 상본을 내게 주었다. 은혜가 온 몸을 감싸는 듯했다.

  앞으로 남은 순례를 위해 우리는 할 수 없이 스틱을 하나씩 더 샀다. 그런데 한국에서 가져간 것만큼 질이 좋지 않아 유연성이 떨어지고 무겁기도 했다. 식당은 한참 걸어 내려가야 하는 광장에 있었다. 오후 3시가 되어서야 늦은 점심을 먹었는데 꿀맛이다. 우선 양이 많았고 음식의 질도 보통 이상이었다. 돌아가는 길에 슈퍼에 들러 닭고기를 사다가 저녁 무렵에 백숙을 만들어 먹었다. 그냥 푹 삶아서 고추장을 발라 먹었는데, 다른 순례자들은 뭘 저렇게 맛없게 먹고 있나 하는 눈초리였다.

### 여섯째 날, 오세브레이로 O'cebreiro
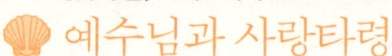 예수님과 사랑타령

구불구불한 28Km의 산길을 낑낑대며 걸었다. 산간 마을인 오세브레이로O'cebreiro까지는 죽음의 코스로 불린다. 예상했던 것보다 훨씬 더 힘든 순례길을 걸어온 느낌이다.

오세브레이로는 아주 작은 마을이지만 예수님의 최후의 만찬에 쓰였던 성배가 보관된 산타마리아 성당이 있다. 아담한 규모의 성당은 14세기경에 이 마을의 가장 높은 곳에 지어졌다고 한다. 비바람이 치는 오후, 성당에서 기도하고 나올 때 내 마음은 더없이 포근해졌다. 이날은 요한복음 15장 9절 이하를 읽고 묵상했다. 예수님께서 제자들에게 말씀하셨다.

"아버지께서 나를 사랑하신 것처럼 나도 너희를 사랑하였다. 너희는 내 사랑 안에 머물러라. 내가 내 아버지의 계명을 지켜 그분의 사랑 안에 머무르는 것처럼 너희도 내 계명을 지키면 내 사랑 안에 머무를 것

오세브레이로의 산타마리아 성당 앞에서

이다. 내가 너희에게 이 말을 한 이유는 내 기쁨이 너희 안에 있고 또 너희 기쁨이 충만하게 하려는 것이다."

예수님의 사랑에 대한 강조는 4대 공관복음서에 모두 기록하고 있는데, 마태오, 마르코, 루카복음의 내용이 거의 같다. 그 내용인즉, 가장 큰 계명을 묻는 제자들의 질문에 예수님은 "네 마음을 다하고 목숨을 다하고 뜻을 다하여 주님이신 너희 하느님을 사랑하여라. 이것이 가장 크고 첫째가는 계명이고 네 이웃을 네 몸 같이 사랑하라고 한 둘째 계명도 이에 못지않다"고 하셨으며, 뿐만 아니라 원수를 사랑하라고 했다는 것이다.

가톨릭 봉헌의 기도문은 "하느님, 저를 사랑으로 내시고 저에게 영혼

육신을 주시어 주님만을 섬기고 사람을 도우라 하셨나이다……"로 시작한다. 예수님은 인간을 사랑하시어 세상에 오시고, 인간을 사랑하시어 고난 받고 십자가에 못 박혀 죽고, 인간을 사랑하시어 부활하셨다는 것이 그리스도교의 핵심이다. 그만큼 사랑한다는 것이 어렵기 때문에 그리스도교는 이처럼 사랑타령을 되풀이해서 가르치는 것이다.

일곱째 날, 칼보Calvo
## 🐚 예수의 문제아 교육법

새벽에 길을 나서기 전에 우리는 지도를 펼쳤다. 애초에는 트리아카스텔라Triacastela로 가는 것이 오늘의 일정이었다. 그러나 단 몇 시간이라도 산티아고에 일찍 도착하고 싶은 마음과, 오늘 많이 걸으면 내일은 한결 수월할 것이라는 생각으로 지름길을 이용하되 조금 무리해서 걷기로 했다. 34.5Km. 순례를 시작하고 가장 긴 거리다. 그러나 우리의 이런 얄팍한 계산속은 금방 후회로 바뀌었다.

순례길에서 가장 두려운 길은 아스팔트길이다. 딱딱한 아스팔트길에서는 발목이 시큰거리는 고통이 더욱 심해진다. 흙길이면 그나마 다행이고, 초원 위로 걸으면 마치 카펫 위를 걷는 듯 사뿐함을 느낀다. 더구나 끝이 뾰족한 스틱 두 개를 왼손과 오른발, 오른손과 왼발이 짝을 이루며 걸어야 하는데 아스팔트길은 금속과 부딪힐 때마다 신경을 거슬리게 된다. 그럼에도 스틱의 유용함은 대단한 것이었다. 배낭을 짊어진 몸무게를 지탱해주고 앞으로 나아가는 힘을 보태준다. 흔히 스키장에서 스키어들이 오르막에서 두 개의 스틱을 이용하여 힘겹게 스키를 떼는 것과 같은 이치이다.

오늘의 최종 목적지는 칼보Calvo. 돌밭길과 오솔길, 산길이 번갈아 이어졌다. 지름길이라 그런지 다른 순례자들은 보이지 않는다. 한 시간쯤 걷다 쉬기를 반복했다. 쉴 때는 어김없이 배낭을 내려놓고 신발과 양말을 벗고 약을 바르고, 압박붕대를 다시 동여매는 등 부산을 떨어야 했다. 그러고 나서 땅바닥에 쭉 뻗어 눕는다.

순례길을 걸으며 오늘처럼 마실 물이 떨어지기는 처음이었다. 배도 엄청나게 고팠다. 우선은 살고 봐야겠다는 생각이 들어 혹시 자동차가 지나가면 길을 가로막을 작정이었는데, 오늘따라 그 흔한 자동차를 한 대도 볼 수 없었다. 카미노 길에서는 내리막길이 더욱 좋지 않았다. 한 걸음 한 걸음 뗄 때마다 무릎이며 발목이 욱신거렸다. 산길을 거의 내려오니 순례자들이 간식을 먹거나 커피를 마시는 조그마한 가게가 나왔다. 쉴 때마다 그렇듯이 신을 벗고 발목 처치를 하는데 독일인 중년여성이 자기 남편 것이라면서 발목에 끼는 압박용 양말을 건네주었다. 내게 맞는 사이즈가 분명 아니었지만 나는 고맙다고 인사하면서 받았다. 발바닥이 온통 물집투성이였다. 독일인 남편은 고통스러워하는 나에게 다가와 등산용 칼을 꺼내 들고 발목을 잘라버리자는 시늉을 한다. 농 섞인 장난에 한바탕 웃으니 고통이 조금 가시는 듯도 했다. 순례길은 나 혼자 걷는 게 아니다.

알베르게와 순례길에서는 낯이 익은 순례자들은 만날 때마다 서로 포옹하면서 반가워한다. 우리는 포옹하는 것이 익숙하지 않지만 유럽인들은 스스럼없이 껴안고 등을 두드린다. 그러나 마침내 산티아고에 도착했을 때는 우리 일행도 같이 걸었던 순례자들과 얼싸 안고 기쁨을 같이 나누었다.

칼보는 외진 마을이었다. 알베르게도 단 한 곳뿐이었고 생필품을 살 수 있는 가게조차 없었다. 어디 음식 먹을 곳이 없느냐고 물었더니, 원하면 레스토랑에 연락해서 차를 불러주겠다고 한다. 선택의 여지가 없었다. 낯이 익은 독일인과 우리는 레스토랑에서 보낸 승용차를 타고 저녁을 먹으러 갔다. 60대 중반의 이 독일인은 혼자 걷는 중이었다. 키가 아주 크고 바리톤 음성의 목소리는 듣기에 좋았다. 공무원으로 은퇴하고 프랑스 생장피드포르부터 순례하는 중이었다. 그는 미국에 대해 매우 비판적이었다. 이라크 전쟁 등 이런저런 사례를 꼽으며 미국의 패권주의를 신랄히 비판했다. 이날 이후 순례길에서 가끔 만난 이 독일인은 커다란 키에 양팔을 좌우로 쭉 뻗어 우리 일행을 포옹해주곤 했다. 알베르게는 다행히 순례자들이 몇 명 되지 않아 모처럼 쾌적함을 느꼈다. 하지만 아쉽게도 인근에 성당이 없어 침대에 걸터앉은 채 하루의 일과를 정리하고 기도를 시작했다.

마르코복음 8장 27절 이하의 말씀이다. 여기에서 예수님은 제자들에게 "사람들이 나를 누구라고 하느냐"와 "너희는 나를 누구라고 하느냐"고 묻는다. 제자들의 신앙고백을 듣는 순간이다. 그때 베드로가 "스승님은 그리스도이십니다. 살아 계신 하느님 아들이시며 우리의 주인이십니다"라고 대답한다. 베드로가 정답을 말한 것이다. 그런데 베드로 사도는 예수님의 꾸지람을 많이 들었다. 예수님이 사람의 아들(예수)이 반드시 많은 고난을 겪고 원로들과 수석사제들과 율법학자들에게 배척을 받아 죽임을 당했다가 사흘 만에 다시 살아날 것이라고 가르쳤을 때 베드로는 예수님을 붙들고 그러면 안 된다고 반박한다. 이에 예수님은 "사탄아 물러가라 너는 하느님의 일을 생각하지 않고 사람의 일만 생각하는구나" 하고 꾸짖는다.

성경은 예수님의 수석제자인 베드로를 일자무식에다 급하고 덤벙대는 성격의 소유자로 그린다. "수난 전날 밤 너는 세 번이나 나를 모른다고 할 것이다"라는 예수 말씀에 절대로 그런 일은 없을 것이라고 큰 소리쳤다가 결국 그대로 해버린 것, 갈릴리 호수에서 예수님을 향해서 용감하게 걷다가 물에 빠져 허우적대다 예수님에게 믿음이 약하다는 지적을 받은 것, 예수님의 거룩한 변모 과정에서 예수가 모세와 엘리야를 만나는데 베드로가 여기에 초막집 세 채를 지어 예수, 모세, 엘리야가 살았으면 좋겠다고 했다가 예수님으로부터 혼이 난 것 등이 그 예이다.

그러나 예수님은 이렇게 문제투성이인 베드로를 반석으로 삼아 교회를 세웠다. 이것은 예수님이 누구라도 자신감과 정체성을 가지고 나에게로 오라는 뜻이라는 생각이 들었다. 넘어지고, 엎어지고, 잘못하더라도 일어나서 나에게 오라는 것이 아니겠는가. 예수님이 제자들에게 너희는 나를 누구라 하느냐고 물었지만, 성경에는 이미 예수님 스스로 자신을 규정하는 대목이 많이 나온다. 나는 가끔 이 부분을 묵상하곤 하는데, 여기서 큰 위안을 얻게 된다. 이를테면 나는 부활이요 생명이다, 나는 길이요 진리요 생명이다, 나는 생명의 빵이다, 나는 세상의 빛이다, 나는 포도나무요 너희는 가지로다, 나는 착한 목자다, 나는 겸손하고 온유하다, 나의 멍에는 편하다 등의 구절이 그렇다. 나는 어떤 곤란한 일이나 앞이 캄캄하고 울적할 때, 이런 말씀들을 조용히 읊조린다.

나는 이러한 예수님 자신에 대한 규정 안에 그리스도교의 진수가 다 포함되어 있다고 생각한다. 신령한 분들에게는 죄송한 말씀이지만, 과연 어떤 신앙인이 항상 깨어 있을 수 있겠는가? 봉쇄수도원 등에서 수련하는 영성 깊은 수도자가 아닌 이상, 세파에 시달리면서 사는 인생은 자신이 신앙인이라는 것을 까마득히 잊어버리는 때가 종종 있을 것이다. 결국 예수님의 자신에 대한 규정은 모든 것을 자신에게 의탁하고 자신에게 붙어 있으라는 것이다. 예수님은 또 많은 비유를 들어 가르친다. 누룩, 겨자씨, 씨 뿌리는 자 등…… 이러한 비유 말씀도 좋은 묵상 자료가 된다.

**여덟째 날, 포르토마린Portomarin**

## 🐚 십자가, 그 고난의 의미를 다시 생각하다

아름다운 호수의 마을 포르토마린Portomarin까지 27Km를 걷는 날이다. 유럽에서 가장 오래된 수도원의 고장 사모스Samos와 아름다운 알베르게 거리가 한참 동안 이어지는 사리아Sarria를 지나갔다. 사모스 수도원은 5세기에 세워졌는데 베네딕트 성인의 수도원 규칙을 엄격히 적용한 것으로 알려진 곳이다. 시가지 높은 곳에 위치한 성당과 수도원 성벽은 중세도시의 고풍을 지녔으며, 내려가는 길 또한 예쁘기 그지없다. 우리는 구불구불 길을 돌아가면서 시내를 구경했다. 주변에 펼쳐진 아름다운 호수와 정겨운 풍경 모두가 하느님의 놀라운 작품이건만, 발전과 개발의 명분 아래 파괴되는 자연의 모습을 보면 신을 모독하기까지 하는 인간의 죄악상을 새삼 느끼게 된다.

새벽에 출발해 10Km를 걸어 사모스에 도착한 뒤, 카페오레 한 대접과 달짝지근한 케이크 한 조각으로 아침을 때웠다. 어제 무리를 한 것

포르토마린의 풍경

이 부담이 컸는지 쉬는 횟수가 점점 늘었다. 포르토마린에 도착하면 산티아고 콤포스텔라까지는 100Km가 남는다. 100Km만 걸으면 순례자로 인정받을 수 있기 때문에 보통 사리아나 포르토마린에서부터 크레덴시알을 발급받아 순례에 오르는 사람도 많았다. 여유가 있는 순례자들은 알베르게를 이용하지 않고 호텔이나 그보다 조금 낮은 등급인 호스텔을 이용한다. 카미노 길에서 가끔 만나는, 단출한 배낭을 메고 면도를 한 말쑥한 차림의 순례자들 대부분이 그렇다. 침낭이며 세면도구 그리고 비상식량들을 챙기지 않아도 되니 배낭 무게가 그만큼 줄어드는 것이다. 또한 그런 사람들은 부부동반이 참 많았다. 이들은 무리하지 않고 하루에 20여Km남짓 걷고 충분히 관광한다. 물론 음식도 여유 있게 즐기면서 말이다. 그런데 순례길을 걷다가 터득한 것이 하나 있다. 멀리 바라보지 말고 가까운 주변의 경치만 바라보라는 것. 멀리 보면 갑자기 아득한 생각이 들어서 힘이 빠지기 십상이다. 또 목적지의 높은 곳에 있는 대성당이나 수도원이 보이기 시작하면 이상하게도 더욱 힘들어진다. 곧 닿을 것 같이 보이기도 하니 다 왔다는 생각에 그만 긴장이 풀려 한걸음 한걸음이 더욱 힘겨워지는 것이다.

이날은 별미를 해먹기로 하고 슈퍼마켓에 가서 장을 봤다. 스파게티 면을 고른 뒤 소스를 찾기 위해 우리는 한참을 두리번거렸다. 그런데 소스가 얼른 찾아지지 않는다. 지레짐작으로 이 사람들은 면만 사다가 소스를 각자 취향대로 집에서 조리하는 모양이구나 생각하면서도 혹시나 해서 종업원에게 묻기로 했다. 물론 영어는 한마디도 통하지 않는다. "소스?……" 무슨 말인지 도통 모르겠다는 표정이다. 나는 스파게티 면을 보여주며 그 위에 소스를 얹는 시늉을 해보였다. 그는 곧 "아! 살사……" 했다. 소스가 스페인 말로 살사였던 것이다. 그는 어느 한쪽 후미진 곳에서 그것을 꺼내주었다.

스파게티 면은 약 7분 정도 삶아야 한다. 그런데 알베르게의 부엌에는 늘 조리를 하려는 순례자들이 줄을 잇는다. 그들은 느긋하게 기다리면서 재촉하지도, 짜증내지도 않았지만, 우리는 괜스레 마음이 급해져서 스파게티 면이 끓자마자 내려놓았다. 소스 역시 양파와 고기를 같이 볶아서 끼얹어야 하는데, 아직 더운 김이 나는 스파게티 면에 그냥 병째로 쏟았다. 그야말로 고무줄을

칼보에서 만났던 독일인과 함께

씹는 맛. 그러나 주린 배를 채우는 것이 급선무라 하는 수 없었다.

어설픈 식사를 마치고 밖으로 나간 우리는 카페에서 맥주를 마셨다. 그때 칼보에서 하룻밤을 같이 보냈던 독일인이 우리를 알아보고 다가와 큰 품으로 포옹해준다. 지난번 저녁식사를 네가 샀으니 오늘은 자기가 쏜다면서……

숙소로 돌아와 야고보서 2장 14절 이하 말씀을 묵상했다.

"어떤 형제나 자매가 헐벗고 그날 먹을 양식조차 없는데, 여러분 가운데 누가 그들의 몸에 필요한 것을 주지 않으면서 '평안히 가서 몸을 따뜻이 녹이고 배불리 먹으시오.' 하고 말한다면 무슨 소용이 있겠습니까? 이와 마찬가지로 믿음에 실천이 없으면 믿음은 죽은 것입니다."

영이 없는 몸이 죽은 것이듯 실천이 없는 믿음도 죽은 것이라는 내용으로, 이는 사실 무시무시한 경고인 셈이다. 그런데 예배나 미사 그리고 종교행사에 참석했을 때 곧잘 느끼는 것이지만, 대부분의 기도는 세계평화에서부터 소속된 교회나 모임에 이르기까지 참으로 장황하다. 그러나 그러한 기도의 구체적 실천이라는 면에서 볼 때, 실제 교회예산 중 고통 받는 이웃이나 가난한 사람들에게 쓰이는 예산은 아주 미미하다. 통계를 언급하기에도 민망할 정도다. 물론 다른 데 쓰이는 돈이 모두 불요불급한 예산은 아니겠지만, 그렇다 하더라도 가난한 이웃을 위해 쓰이는 교회의 예산은 예수님의 사랑에 비추어보면 너무나 초라하기 그지없다. 그저 말로 걱정이나 해주면 되는 것인가 하는 생각을 하지 않을 수 없게 된다.

마태오복음 25장 31절 이하의 말씀은 최후의 심판에 대한 예수님의 말씀으로, 그리스도교인이 어떻게 인생을 살 것인가를 가르치는 내용이다. 굶주린 사람에게 먹을 것을 주고, 목마른 사람에게 마실 것을 주고, 나그네 되었을 때 따듯하게 맞아주고, 헐벗었을 때 입을 것을 주고, 병들었을 때 돌보아주고, 감옥에 갇혔을 때 찾아준 사람은 오른편, 곧 천국인 영원한 생명의 나라로 가며, 그렇지 못한 사람은 왼쪽, 곧 영원히 벌 받는 지옥에 간다는 것이다.

가톨릭은 제2차 바티칸 공의회 이후 구원의 범위를 크게 확대했는데, 교회의 의무를 다하지 못한다 하더라도 선한 행위를 하면 구원을 받을 수 있다고 요약한다. 이때 선한 행위란 마태오복음과 같은 이웃에 대한 사랑을 말하는 것이다. 교회법을 지키고 자기가 속한 교회의 예배나 미사를 비롯한 신심 행위의 의무를 다하는 건 당연한 것이다. 하지만 이는 마태오복음 25장을 지키기 위한 기본적 자세를 갖추는 것에 불과한 거라고 생각한다. 그럼에도 많은 교회들에서 본말이 전도된 경우가 자주 눈에 띈다. 교회 단위로 재산을 늘리는가 하면 외형을 갖추는 데만 예산을 과도하게 배정한다는 비판이 많다. 기본으로 돌아가야 한다. 그래야 그리스도교에 대한 사회일반의 신뢰가 높아질 것이다.

독서에 이어 복음 또한 이날따라 영 살벌하고 기를 죽이는 것이었다.

"누구든지 내 뒤를 따르려면 자신을 버리고 제 십자가를 지고 나를 따라야 한다. 정녕 자기 목숨을 구하려는 사람은 목숨을 잃을 것이고 나와 복음 때문에 목숨을 잃는 사람은 목숨을 구할 것이다."

- 마르코복음 8장 34절

사랑과 용서를 말씀하시는 예수님께서 우리에게 자신이 못 박혀 죽는 십자가를 지라고 가르치는 것이다. 가톨릭 신자라면 예수님이 수난을 겪는 과정을 담은 〈십자가의 길〉 기도문을 모두 알고 있을 것이다. 인간의 죄를 용서하기 위한 어린 양의 예정된 희생이지만, 신성을 지닌 예수 자신마저도 이 고통의 잔을 피하게 해달라고 피와 땀으로 기도해야했던 수난의 길이다. 그런데도 예수는 자신을 따르려면 제 십자가를 지라고 한다. "수고하고 짐 진 자들아 나에게로 오라! 내가 너희를 쉬게 하겠다"고 한 예수가 각자의 십자가를 지라는 것은 또 무엇인가? 시편에는 나를 푸른 초장으로 부르시고 편히 쉬라며 물가로 인도하신다는 말씀도 있지 않은가?

그러나 이처럼 언뜻 모순처럼 느껴지는 요한복음에서 나는 오히려 예수의 크신 사랑을 느끼는 은혜를 받았다. 가령 예수가 "나는 생명의 땅이다. 나에게로 오는 사람은 목마르지도 배고프지도 않을 것이다" 하는 말씀을 묵상하면서 십자가를 지지 않으면 고달프지도 배고프지도 않을 것 아닌가? 편안한 사람이 무슨 허기와 갈증을 느낀다는 말인가? 하는 생각에 미치게 된다. 그러나 다시 생각하건데 이는 또 "나는 온유하고 겸손하며 나의 멍에는 편하다"는 말씀에서도 너희들이 비록 십자가를 지더라도 나에게 오면 그것은 곧 편안함으로, 평화와 안식으로 변화할 수 있다는 암시를 준 것으로 볼 수 있지 않을까 싶다.

자기의 십자가는 현실 생활에서 선한 의지로 감당해야 할 책임일 것이다. 가장은 처자식과 노부모를 돌보아야 하고, 선생은 학생을, 성직자는 신도를, 사장은 근로자를, 장군은 병사들을 그리고 대통령은 국민들을 섬겨야 하는 것이 제 십자가가 아니겠는가? 그러니 제 각각 십자가를 지어야만 나에게 와서 쉴 수 있고 나에게 와서 빵을 먹을 수 있고 나에게 붙은 포도나무처럼 수분을 빨아들일 수 있고, 나의 목장에 와서 이리 떼 걱정 않고 풀을 뜯을 수 있다는 가르침인 것이다. 십자가를 지지 않는 사람은 실제로 쉴 필요를 느끼지도 않고 고달프지도 않을 것이다. 세상 걱정이 없으니 그야말로 아쉬운 것이 없을 것이다.

문익환 목사님이 "감옥에 들어가니 성경 말씀이 그렇게 맛있을 수 없더라"고 말씀하셨던 것이 기억난다. 감옥, 곧 십자가를 졌으니 성경 말씀이 비로소 심금을 울리는 것이다. 애절한 마음으로 간구하지 않으면 기도는 형식에 그칠 수 있다. 순례길이니까 이 정도나마 성찰이 가능한 것이라 생각했다. 그러니 순례길도 나의 십자가인 셈이다.

아홉째 날, 팔라스 데 레이Palas de Rei
# 🐚 '시에스타', 그리고 시련에 대한 묵상

26Km를 걸었다. 목적지 팔라스 데 레이Palas de Rei는 켈트족과 로마의 유적들이 즐비한 도시다. 그런데 토요일 낮인데도 가게 문은 열리지 않았다. 시계를 보니 '시에스타', 즉 낮잠을 자는 시간이다. 그것이 비록 그들의 생활문화이기는 해도 너무 야속하다는 느낌이 드는 것은 어쩔 수 없었다. 스페인 사람들은 아쉬울 게 없어 보였다. 장사를 하다가도 낮에 한동안은 문을 걸어 잠그고, 제 시간이 안 되면 밥 먹으러 오는 사람도 본체만체한다. 관광객은 너희들 말고도 차고 넘친다는 배짱인가. 심지어는, 미안하니 조금 있다 오라는 게 아니라 귀찮다는 표정을 짓기까지 한다.

일찌감치 높은 둔덕에 자리 잡은 성당에 올라가 퍼질러 앉아, 감미롭게 살랑거리는 바람과 노닐었다. 문이 열려 있는 성당을 들락날락하다가 미사 시간에 맞추어 다시 성당에 갔다. 미사에 앞서 주임 신부님의 인도로 로사리오의 기도(묵주기도)가 진행된다. 스페인 말은 모르지만 로

팔라스 데 레이의 카페에서

사리오에 필요한 기도문, 즉 주의 기도, 성모송, 영광송을 외울 수 있기 때문에 자연스럽게 묵주기도에 합류할 수 있었다. 신자들은 낯선 동양인 순례자들에게 다정한 인사를 건넸다.

오늘 읽은 집회서 2장 1절 이하의 내용이 예수님과 십자가에 대한 어제의 묵상을 다시 떠오르게 한다.

"주님을 섬기러 나아갈 때 너 자신을 시련에 대비시켜라.
네 마음을 바로잡고 확고히 다지며 재난이 닥칠 때 허둥대지 마라.
주님께 매달려 떨어지지 마라.
너에게 닥친 것은 무엇이나 받아들이고
처지가 바뀌어 비천해지더라도 참고 견뎌라.

금은 불로 단련되고 주님께 맞갖은 이들은
비천의 도가니에서 단련된다.
질병과 가난 속에서도 그분을 신뢰하여라.
그분을 믿어라. 그분께서 너를 도우시리라.
너의 길을 바로잡고 그분께 희망을 주어라.
주님을 경외하는 이들아, 그분의 자비를 기다려라……."

시련 중에 있다고 생각하는 사람들 누구에게나 아주 좋은 말씀이다. 온전히 내어맡기라는 말씀이다. 가난해진 심령으로, 순례자의 마음으로.

열째 날, 멜리데Melide
# 🐚 순례길에서 호사를 누리다

    그동안 매일 순례자들의 평균이동거리보다 많이 걸어왔으므로 오늘은 15Km 떨어진 멜리데Melide를 목적지로 잡았다. 15Km는 그야말로 가볍게 끝낼 수 있었다. 게다가 카미노 길이 매우 아름다웠고, 숲길을 지나면 얕은 돌담과 아기자기한 가옥들의 연속이었다. '암! 이런 날도 있어야지⋯⋯.' 콧노래가 절로 나왔다.
    거리가 짧은 탓에 알베르게에 너무 일찍 도착했다. 문이 열리려면 한 시간은 족히 기다려야 한다. 배낭을 내려놓고 테라스에서 느긋이 기다리고 있는데, 잠시 어딘가를 다녀온 윤광식 씨가 그럴듯한 제안을 한다. 30유로에 더블 침대인 깨끗한 호스텔이 바로 근처에 있다는 것. 서울을 떠난 지 2주가 지났는데 그동안 면도를 한 번도 하지 못했을 뿐 아니라 거울 속의 내 모습을 들여다볼 겨를도 없었다. 새벽엔 일어나자마자 짐을 꾸려 길을 나서기에 바빴고, 샤워는 알베르게에 도착해서야 잠깐씩 할 수 있었기 때문이다. 알베르게에 비치된 침대는 남녀 구분이 없다.

도착 순서대로 침대를 배정 받는다. 남녀 샤워실과 화장실이 따로 있기는 하지만, 속옷 바람으로 알베르게를 돌아다닌다 해도 별로 이상하게 바라보지 않는다. 자신이 고달프고 피곤하니 남이야 어떤 차림을 하든 별 관심이 없는 것이다.

우리는 순례를 시작한 후 처음으로 호스텔을 이용하기로 했다. 우선 축축하고 눅눅한 침낭을 꺼내 펼쳐놓고 덜 마른 빨래를 히터 위에 걸어 놓았다. 순례 중에는 속옷과 양말들을 그날그날 빨아야 하는데, 다음 날 출발 전까지 마르기가 쉽지 않다. 또 순례 기간 중에는 빨래를 걸어놓고 밥 먹고 돌아오는 사이에 비가 쏟아져 엉망이 되는 경우가 비일비재했다. 그래서 순례자들은 날씨가 맑으면 속옷과 양말을 빨래집게를 이용해 배낭에 매달고 걷는다. 카미노 길에서 지나치는 일부 여성 순례자들은 보기에 다소 민망한 속옷을 배낭에 달랑달랑 매달고 걷기도 했다.

따뜻한 물에 샤워하고 면도를 하니 몰골이 좀 드러난다. 여유 있게 호스텔을 나서서 오던 길에 봐두었던 뿔뽀Pulpo 전문식당으로 갔다. 뿔뽀는 큰 문어를 가마솥에 삶아 건져낸 뒤 가위로 잘라 올리브기름과 소금, 후춧가루, 고춧가루 등을 버무려 내는 이 지역 특산물이었다. 뿔뽀 식당은 식사를 하기 위해서 늘어선 줄과, 그냥 뿔뽀만을 사가기 위해 냄비 등 그릇을 들고 길거리에 늘어선 현지인들과 순례자들로 붐볐다. 차례를 기다려 접시에 담아주는 뿔뽀 요리 값을 지불하고, 빈자리를 골라 앉으면 종업원들이 빵과 포도주를 가져다주었다. 포도주는 뿔뽀 식당의 하우스와인인데 주둥이가 가늘고 긴 토기 호리병에 담아 막걸리 잔 같은 사발과 함께 내왔다. 그동안 세계 여러 나라를 여행해봤지만 포도주를 토기 그릇에 내온 것은 처음 봤다. 고대 중세 유럽지역의 전쟁을 그린 영화들에서 항아리에 담긴 와인을 대접에 콸콸 따라서 호기롭게 벌

컥벌컥 마시는 장면들이 생각났다. 큰 식당을 가득 메운 현지인들과 일부 순례자들은 와인에 곁들인 뽈뽀를 맛있게들 먹었다.

멜리데 거리의 풍경은 지금까지 지나왔던 여느 도시들과는 사뭇 달랐다. 길거리 시장의 활기찬 모습, 왁자지껄한 호객행위 등은 카이로나 이스탄불의 거리 모습과 비슷했고 무슬림이 많이 살고 있다는 것을 금방 느낄 수 있었다. 골목이 많은 멜리데 거리의 좁은 길을 한참 지나면 둥그런 광장이 나오고, 그곳에 있는 성당이나 분수대에서는 사람들이 옹기종기 모여 유쾌하게 떠들어댔다. 성당이 보이면 언제나처럼 순례자 도장을 받았다.

오늘은 삼위일체 대축일이다. 요한복음 3장 16절 이하 말씀을 읽고 묵상했다.

> "하느님께서는 세상을 너무나 사랑하신 나머지 외아들을 내주시어, 그를 믿는 사람은 누구나 멸망하지 않고 영원한 생명을 얻게 하셨다. 하느님께서 아들을 세상에 보내신 것은 세상을 심판하시려는 것이 아니라 세상이 아들을 통하여 구원을 받게 하시려는 것이다."

우리나라의 개신교 교회들이 흔히 "주 예수를 믿으라, 그리하면 너와 네 집이 구원을 얻으리라"는 말씀을 교회 입구나 잘 보이는 곳에 써놓은 것을 곧잘 발견하게 된다. 흔하게 보는 말씀이라 식상하게 여기는 사람도 있겠지만, 참으로 간결하면서도 핵심을 찌르는 그리스도교의 가르침이다.

**열하루째 날, 아르주아Arjua**
## 죽음으로부터 거듭나기

멜리데에서 아르주아Arjua까지는 13.6Km로 순례길 중 가장 짧은 거리다.

간밤에 꾸었던 꿈을 음미하면서 걸었다. 누구의 목소리인지는 알 수 없으나 "너는 죽었다"라는 음성이 들렸고, 나는 "아니다. 나는 안 죽었다"고 소리치며 몸부림치다가 잠을 깼다. 나는 죽지 않고 살아 있음을 느끼면서 긴 한숨을 내쉬었다. 불길한 꿈인가 하는 걱정이 들기도 했다. 그러나 잠시 후에는 이 꿈이 곧 어떤 메시지일지도 모른다는 생각이 들기 시작했다. 에고Ego가 죽어야 한다. 거짓 자아가 죽어야 참 자아가 사는 것이다.

바오로 사도가 "이제 내 안에 내가 사는 것이 아니고 그리스도가 내 안에 사신다"고 한 말이 불현듯 떠올랐다. 바오로는 골로사이 3장에서 다음과 같이 말한다.

"이제 여러분은 그리스도와 함께 살아났으니 천상의 것들을 추구하십시오. 거기에서 그리스도는 하느님 오른편에 앉아 계십니다. 여러분은 지상에 있는 것들에 마음을 두지 말고 천상에 있는 것들에 마음을 두십시오. 여러분이 이 세상에서는 이미 죽었기 때문입니다. 여러분의 참 생명은 그리스도와 함께 하느님 안에 있어서 보이지 않습니다."

이는 곧 그리스도를 통한 새로운 삶을 의미하는 것이다. 바오로 사도는 여러 서간문을 통해 모든 세속적인 욕망을 버리라고 말한다. 카미노 길 이전의 나는 죽고 새로운 나로 태어나는 여정이기를 기도하고 또 기도하면서 걸었다. 변화를 두려워 말고 받아들여야 한다고 다짐하며.

삶에 갑작스런 변화가 일어날 때, 커다란 상실감을 맛볼 때, 사람은 누구나 휘청거리고 방황하게 된다. 아무리 다잡으려 해도 얼마간의 혼란스러움은 어쩔 수 없다. 아니 겪어내야 하는 길이다. 충분히 아파하고, 충분히 슬퍼하고, 마지막 눈물 콧물까지 쏟아내야 정상으로 돌아오는 것이다. 그러나 이후의 태도에 앞으로의 삶이 달려 있다. 변화를 겪어내는 데 머물지 않아야 그 변화를 통해 더 많은 일을 해낼 수 있는 것이다. 앞으로 일은 하느님께 의탁하는 믿음이 중요한 것이다. 이럴 때 필립비서 4장 4절 이하가 큰 충고가 된다.

"주님과 함께 항상 기뻐하십시오. 거듭 말합니다. 기뻐하십시오. 여러분의 너그러운 마음을 모든 사람에게 보이십시오. 주님께서 오실 날이 얼마 남지 않았습니다. 아무 걱정도 하지 마십시오. 언제나 감사하는 마음으로 기도하고 간구하며 여러분의 소원을 하느님께 아뢰십시오. 그러면 사람으로서는 감히 생각할 수도 없는 하느님의 평화가 그리스도 예수를 믿는 여러분의 마음과 생각을 지켜주실 것입니다."

열이틀째 날, 아르케Arche
# 첫째가 되려면 모든 이의 종이 되어라

아르케Arche는 산티아고로 가는 길에 있는 마지막 도시다. 길을 걷는 순례자들이 부쩍 늘었고 큰 길에는 자동차들도 많아졌다. 무리하지 않고 간간히 쉬면서 많은 생각에 잠기곤 했다. 아르케의 사설 알베르게는 시설이 좋았다. 날씨도 화창해서 밀린 빨래를 했다. 광장 주변에 있는 메뉴 델 디아 식당에는 많은 사람들이 포도주와 맥주를 마시면서 즐거운 표정들이다. 낯익은 사람들을 많이 만났고, 처음엔 무뚝뚝하고 본체만체하던 순례자들도 진심으로 반가워했다. 알베르게 근처 성당에서는 저녁에 성체강복(가톨릭 예식 중 하나)과 미사가 올려졌다. 순례 중에 여러 곳의 성당에서 로사리오(묵주기도)나 미사에 참례했는데, 스페인어를 몰라도 별 지장이 없었다. 주일미사를 비롯해 그날그날의 미사는 전 세계적으로 같은 독서와 복음이다.

가톨릭은 가해, 나해, 다해 이렇게 세 개의 구분으로 구약과 신약성경을 배정한다. 전례의식의 순서에 익숙한 나로서는 미사에 몰두할 수 있었다. 다만 사제의 설교는 알아들을 수 없었으나 독서나 복음 말씀을 묵상하는 것으로 대신하면 된다. 미사에서는 시편을 노래했는데 "네 근심을 주님께 맡겨라, 주님께서 너를 붙들어 주시리라"(55편 7절 이하)였다. 바로 어제 그 말씀을 붙들고 묵상한 내용이라 더욱 감미로웠다. 다만 "의인이 흔들리는 것을 결코 내버려두지 않으시리라" 하는 대목에서는 마음이 찔렸다. '아! 의인이 되어야만 주님께서 흔들리지 않게 붙잡아주시는구나' 하는 생각이 들었던 것이다. 그렇다면 의인을 부르러 오지 않고 죄인을 부르러 왔다는 말씀은 과연 무엇인가? 오히려 죄인들을 붙잡아주셔야 하는 것 아닌가? '나 같은 죄인을······' 하고 속으로 중얼거렸다.

오늘 복음은 첫째와 꼴찌에 대한 요한복음 9장 30절 이하의 말씀이다.

"누구든지 첫째가 되려면 모든 이의 꼴찌가 되고 모든 이의 종이 되어야 한다."

예수님이 여러 번 되풀이해서 가르치신 내용이다. 겸손을 가르치신 것인데 이처럼 어려운 주문이 어디에 또 있을까?

정치를 한 사람으로서 많이 보았던 광경 중 하나가, 처음에 앞자리, 높은 자리에 앉았던 사람들이 더 높은 분이나 비중 있는 인사가 오면 자리를 양보하고 비켜나는 모습이다. 한 번만 비켜나는 것이 아니라 늦게 오는 사람들이 있어 자꾸 비켜나야 하고 결국엔 저 뒤쪽으로 물러나게 된다. 성경 말씀에 나오는 잔칫집 비유에 꼭 들어맞는 광경이었다. TV 카메라에 잘 잡히는 자리에 앉고 싶은 것이 모든 정치인의 심리인데, 분수에 맞지 않은 자리에 앉았다가 카메라 밖으로 쫓겨나는 경우를 많이 보았다. 국회에서 열리는 여러 종교행사에 열심히 나오는 의원님들이 특히 그랬다.

### 열사흘째 날, 산티아고 데 콤포스텔라 Santiago de Compostela
# "이번 순례길이 헛되지 않게 하소서"

이제 목적지 산티아고 데 콤포스텔라까지는 17.5Km. 지척이다. 그러나 오늘은 비가 하염없이 내린다. 단체로 움직이는 순례자들이 많다. 어떤 단체는 무슨 기도문을 외우면서 지나갔다. 비 내리는 길이 차라리 더 나을 수도 있다. 우선 덥지 않아 좋고, 조금 더 차분해지고 고즈넉해서 좋다. 산티아고가 가까워졌음을 알리는 표지판이 반갑다. 순례자들의 표정들도 밝아졌고 걸음걸이도 씩씩해졌다. 저 멀리 높이 자리 잡은 산티아고 시내가 보였다. 큰 도시답게 차량과 사람들의 왕래가 빈번하다. 현대식 건물과 잘 보존된 중세의 건축물이 조화를 이루는 큰길과, 문화유산으로 지정된 좁은 골목길들이 촘촘히 얽혀 있다.

우리는 드디어 오브라도이로 Obradoiro 광장에 도착하여 산티아고 대성당 앞에 섰다. 산티아고 데 콤포스텔라는 예루살렘, 로마와 함께 그리스도교 3대 성지이며 갈라시아 주의 수도로서, 5백년 역사를 자랑하는 대학교가 있다. 오브라도이로 광장의 왼쪽엔 르네상스 시절 순례자들

오브라이도이로 광장 너머 보이는 산티아고 대성당

을 위한 호스텔로 지어져 지금까지 운영되고 있는 가톨릭 호텔이 자리 잡았고, 맞은편에는 17세기에 지어진 정부청사가 있다.

　대성당은 9세기 초, 야고보 성인의 무덤 위에 처음으로 지어졌다. 그 이후 재건축과 무슬림 정복자들에 의한 파괴 등 우여곡절을 거쳐 12세기 말에 지금의 모습으로 지어졌는데, 스페인 내의 로마네스크 건축물 중에 최고의 걸작으로 꼽힌다. 17세기에는 성당 정문으로 이어지는 좌·우측의 갈지(之) 자 형태의 계단이, 18세기에는 성당 전면 좌우에 바로크 양식의 첨탑이 추가로 세워졌다. 성당 오른쪽으로는 박물관과 성물 판매소 등이 있는데 조금 더 내려가면 순례자 사무소가 나온다.

　순례자 증명서를 발급받는 일이 우선이었다. 입구에서부터 3층 사무실에 이르는 계단에는 순례자들의 줄이 이어졌는데, 가끔 환호성이 들려왔다. 순례자 증명서를 발급받은 순례자들이 기쁨에 겨워 서로를 얼싸안고 축하를 나누는 것이다. 직원들은 꼼꼼히 체크했다. 여권을 요구하고 날짜별로 지나온 도시들을 점검했다. 순례자 증명서에 내 이름을 정성들여 쓰고 마르기까지 약간을 기다렸다가 축하한다는 인사와 함께 내 손에 건네주었다. 구겨지지 않도록 단단한 통에 말아 넣어서 가져갈 수 있게 배려도 했다.

　320Km의 순례길. 언젠가는 생장피드포르에서 레온까지, 이번에 걷지 못한 순례길을 잇겠다는 다짐과 그렇게 되기를 희망하는 기도를 드리면서 알베르게로 향했다.


　산티아고 대성당에서는 순례자를 위한 미사를 매일 정오에 올린다. 도착한 날은 순례자 증명서를 발급받고 알베르게를 찾아야 했으므로 성체 조배와 야고보 상에 입맞춤을 하는 정도로 그쳐야 했다. 알베르게는 산티아고 시내가 내려다보이는 산마리오 대학교 기숙사였다. 널찍한 공간과 깨끗하게 마련된 침대와 옷장, 괜찮은 샤워실과 화장실이 마음에 들었다. 짐을 풀고 몸을 씻은 후 우리는 다시 성당 광장으로 나왔다.

알베르게와 성당은 꽤 먼 거리였다. 오르락내리락하는 길이었지만 산티아고라는 안도감에 구경삼아 이리저리 돌아다녔다. 이날 점심은 순례 일정 중 가장 비싸고 맛있는 것을 먹었다. 산티아고 대성당 내부는 순례자들로 매우 붐볐고, 야고보 성인의 상은 성당 중앙제단 위에 있었다. 줄을 선 순례자들 뒤에서 차례를 기다리다가 야고보 성인 상 앞에서 머리를 숙이고 기도했다. "이번 순례길이 헛되지 않게 하소서."

성당에서 한참을 머물렀다. 그리고 산티아고 시내를 이곳저곳 돌아다니다가도 아무 데나 들러 잠시 기도를 하곤 했다. 이날 독서는 마침 야고보의 말씀이다.

"여러분은 내일 일을 알지 못합니다. 여러분의 생명이 무엇입니까? 여러분은 잠깐 나타났다가 사라져 버리는 한 줄기 연기일 따름입니다. 도리어 여러분은 주님께서 원하시면 우리가 살아서 이런저런 일을 할 것이라고 말해야 합니다. 그런데도 여러분은 허세를 부리고 자랑하고 있습니다. 그러한 자랑은 다 악한 것입니다."
― 야고보서 4장 13절

신·구약성경의 처음부터 끝까지 흐르고 있는 가르침이다. 1천 년도 하루나 한 토막 밤과 같으며, 아침이슬 지듯이 사라져버리는 인생이다.

비 내리는 산티아고에서

인생은 기껏해야 칠십 년, 근력이 좋아야 팔십 년, 그나마 고생과 고통뿐 어느새 지나간다는 것이다. 나는 매년 새해 아침이면 전도서 1장부터 읽어 내려가면서 묵상을 한다.

"헛되고 헛되다. 세상만사 헛되다"로 시작하는 전도서는 인생의 무상함을 일깨워준다. 특히 "세상만사 속절없이 무엇이라 말한 길 없구나. 아무리 보아도 보고 싶은 대로 보는 수가 없고 아무리 들어도 듣고 싶은 대로 듣는 수가 없다. 지금 있는 일은 언젠가 있었던 것이요, 지금 생긴 일은 언젠가 있었던 일이다. 하늘 아래 새것이 있을 리 없다. 보아라, 여기 새로운 것이 있구나 하더라도 믿지 마라. 그런 일은 우리가 나기 오래전에 이미 있었던 일이다. 지나간 나날이 기억해서 사라지듯

오는 세월은 기억에서 사라지고 말 것을."

모든 것이 헛되다는데, 이 순례가 헛되지 않으려면 어떻게 해야 할까? 오직 모를 뿐이다. 우리가 모른다고 할 때, 하느님은 비로소 우리를 붙잡아주실 것이다. 모르면 의탁할 것이므로…….

열나흘 째 마지막 날, 마드리드Madrid
## 아디오스, 카미노 데 산티아고

아침 일찍 알베르게를 나서서 세계관광기구WTO에서 제공해준 호텔로 숙소를 옮겼다. 어마어마한 신분상승이다. 호텔은 다행히도 대성당 가까운 곳에 있었다. 순례를 나선 이후 처음으로 윤광식 씨와 떨어져서 방을 썼다.

성당에서는 오전 9시 30분에 성무일도(주로 성직자나 수도자들이 바치는 기도)와 미사가 있었다. 정오에 열리는 순례자 미사에 참례할 것이지만 산티아고에 머무는 동안 성당에서 좀 더 있고 싶었다. 오전 내내 대성당과 붙어 있는 산티아고 박물관을 관람했다. 그곳에는 10세기 이후 이곳의 대주교와 추기경의 모습, 제의, 당시 미사 때 쓰이던 초대형 필사본 성경과 성물 등이 아주 잘 보존되어 있었다. 순례길 출발지인 레온에서 만났던 허성민 군과 연락이 닿아, 오늘 정오 미사를 마치고 광장 한복판에서 만나기로 했다고 윤광식 씨가 귀띔했다.

순례자를 위한 정오 미사 시간이 되었다. 일찍 성당에 들어갔음에도

다시 만난 순례자와 함께(왼쪽), 마드리드에서(오른쪽)

성당 내부는 이미 순례자들과 관광객들로 넘쳐나 자리가 없었다. 오히려 잘됐다 싶어 제대 가까운 대리석 기둥에 몸을 기대고 서서 미사를 올렸다. 예닐곱의 사제단이 공동으로 집전하는데, 그중 동양인으로 보이는 머리가 짧고 수염을 기른 신부님이 보였다. 생김새는 일본인 같았다. 순례자 미사에서는 그 전날 순례자 사무소에 등록한 순례자 명단을 불러준다. 귀를 쫑긋 세우고 들었지만 놓쳤는지 빠졌는지 제대로 듣지 못했다. 하지만 나는 "등록을 했으면 그만이지……" 하고 대수롭게 여기지 않았다.

미사가 끝나자 얼굴을 아는 순례자들끼리 악수하고 포옹하고, 사진 찍고 하는 등 그야말로 축제 분위기였다. 나와 윤광식 씨도 여러 순례자들과 껴안고 인사를 나누었다. 이어 광장으로 나오자마자 성민 군을 만났다. 참으로 반가웠다. 우리는 우선 맛있는 점심부터 먹자면서 성민 군과 동행한 아일랜드 학생과 함께 식당으로 갔다. 점심을 먹고 나서는 헤어져야 한다는 생각에 섭섭한 마음이 들었다. 성민 군은 가을 학기부터 서울의 한 개신교 신학교에 유학할 것이라고 했다. 그리고 자신이 왜 목사가 되려고 하는지 자세한 얘기를 했다. 나는 그가 반드시 훌륭한 목사님이 될 것이라는 확신이 들었다(이후 허성민 군은 서울에서도 만나고 있다). 같이 동행한 아일랜드 학생은 어젯밤 우리와 같은 알베르게에서 묵으려고 했는데, 늦게 도착한 탓에 시간이 넘었다고 문을 열어주지 않아 하는 수 없이 출입문 앞 맨바닥에서 잤단다. 우리 일행은 순례 중 그래도 침대를 얻지 못한 날은 없었지만, 가끔 출입문의 의자나 긴 의자에서 잠을 자는 순례자들을 보곤 했다.

우리는 그날 산티아고에서 마드리드로 가는 야간열차를 예약해놓았다. 비교적 시간 여유가 있어 산티아고 시내 구경을 하다가 우연히 들른 카페에서 한국인 순례자를 만났는데, 그가 오늘 정오 미사 사제단에 한국인 신부님이 있었다고 말해준다. "아! 그 동양인 신부님?" 김동훈 미카엘 신부님이라고 했다. 성당 근처를 돌아다니다 보면 만날 수 있을 것이라고 했다. 어렵지 않게 노천카페에서 김동훈 신부님을 만났다. 인사를 드리자 신부님은 곧 "형제님이 성민이에게 신발을 사주신 분이신가요?" 하는 것이었다. 레온에서 성민 군에게 신발을 사준 것을 카미노 길에서 만난 한국인들에 이어 신부님도 알고 있었다. 성민 군이 꽤 선전을 한 모양이었다. 쑥스러운 선행이다.

김동훈 신부님은 의정부교구 소속으로 안식년을 맞아 순례를 왔으며 유럽지역을 돌아볼 계획이라고 했다. 나는 가톨릭 신자로서 신부님에게 예를 갖추어 인사를 드렸다.

늦은 밤 마드리드 행 야간열차를 탔다. 침대칸이다. 8시간 동안 달려

마드리드에 도착하자, 때마침 WTO의 직원 한 분이 마중을 나와 주었다. 예전에 방문해본 곳이지만 마드리드에 있는 프라도 미술관, 왕궁, 대성당들을 다시 돌아보았다. 그중에서도 프라도 미술관에 전시되어 있는 프란시스코 데 고야Francisco José de Goya y Lucientes(1746~1828)의 그림은 특히 인상 깊었다.

나폴레옹은 스페인 내부의 왕권 다툼을 틈타, 스페인 정복의 야욕을 드러낸다. 1808년 5월 나폴레옹은 스페인 왕가를 프랑스와 스페인 국경의 바욘Bayonne으로 강제 이주시켰다. 당시 스페인 군중과 프랑스 군대가 맞부딪혔는데, 이 살육현장을 그린 그림이 〈1808년 5월 2일〉과 〈1808년 5월 3일〉로서, 공포에 질린 스페인 군중을 향해 장총을 발사하는 프랑스 군인들을 사실감 있게 그린 걸작이다.

그 후 나폴레옹은 자신의 형을 조제프 1세라는 이름으로 스페인 왕으로 내세웠는데, 나폴레옹의 스페인 정복 구실은 프랑스 대혁명의 자유주의를 스페인에 심겠다는 것이었다. 그는 스페인의 봉건주의적 특혜를 폐지하고 전체 교회의 3분의 1을 폐쇄했다. 그러나 1815년 워털루 전투에서 패배한 나폴레옹은 역사에서 사라지게 된다.

점심때는 오랜만에 한국식당에 갔다. 그런데 식당 여주인이 나에게 "여태까지 손님처럼 편안한 얼굴을 본 적이 없다"고 하지 않는가! 나는 '정말 그런가? 순례 덕분인가? 할렐루야!' 하면서 하느님께 감사했다. 그러나 한편으로는 걱정이 되었다. 다시 일상으로, 삶의 자리로 돌아가면 이렇게 편안해 보이는 얼굴을 짓기는 어려울 것이다. 또다시 구겨진 표정을 지어야 할 때가 올 것이다.

현실의 삶은 그렇게 누구에게나 녹녹치 않은 것이다. 하지만 그럴 때마다 이 순례길을 떠올리리라. 이 순례길에서 만난 사람들을 기억할 것이고, 이 순례길에서 한 꺼풀 벗겨진 나의 에고를, 하루를 묵상과 기도로 마무리하며 내어맡김의 자세로 보냈던 이날들을 기억할 것이다. 그러면 문득 빛처럼 떠오르지 않겠는가, 이 산티아고의 평화가. 삶이 어느 순간 흐려질 때, 문득 또다시 순례자로 이 길에 돌아오기를 기도하며……

"아디오스, 카미노 데 산티아고."

1부
# 마음으로 걷는 순례길
-동양종교 순례

# 은둔의 불국토 부탄 왕국

## 🐚 불행이 법으로 금지된 나라

2008년 8월 20일부터 27일까지 불교국가 부탄을 순례했다. 봉암사 주지인 함현 스님이 불교 성지순례를 전문으로 하는 여행사에 모든 준비를 맡기고 내 등을 떠민 것이다. "다녀와라! 느끼는 것이 있을 것이다"라는 말을 덧붙이신 게 다였다.

세계에서 행복지수가 가장 높은 나라, 은둔과 비경의 나라 정도로만 알았던 부탄. 출국을 위해 인천공항에 도착하고서야 순례자 대부분이 비구니 스님들이란 것을 알았다. 일행은 비구 스님 두 분과 여행사 관계자(보살이라고 불리는 여성) 두 명을 포함하여 모두 스무 명. 일행 중 북한산에 있는 승가사 주지스님이 금방 나를 알아보고 물어왔다. "장관님이 웬일이세요?" 어울리지 않는 조합으로 끼어서 순례를 떠나는 게 의아하시다는 듯한 질문이었다. 하지만 등 떠밀리 듯 나선 길이었으니, 뾰족한 대답을 찾기가 어려웠다. 나는 왜 부탄으로 가는가. 그저 '마음을 씻으러 간다'고만 대답했다.

　중국과 인도 사이 히말라야 동쪽에 있는 아주 작은 나라 부탄. 정식 명칭은 부탄 왕국 Kingdom of Bhutan으로 최근까지 인도의 보호 아래 있었으며 티베트 문화권에 속한다. 인구 70만의 입헌군주제 국가로 면적은 한반도와 비슷하며, 종교는 라마교가 75%, 힌두교가 25%이다. 1인당 GDP는 1,900달러 정도다. 결코 풍요롭다고 할 수 없는 수치. 국민들은 물질적으로는 가난하지만 부탄은 명예로운 호칭이 많다. 마음은 세계 어느 나라보다도 풍요로운 나라, '불행이 법으로 금지된 나라'. 불행이 법으로 금지된 나라라니. 이쯤이면 짧은 여정의 순례길에 오르는 충분한 이유가 될 듯도 싶었다.

　부탄은 1년 동안의 순례자를 2만 명으로 제한하고 있으며, 하루를 체류하는 데 150달러를 내야 한다. 깨끗한 자연과 환경만이 인류 최대의 보물이라고 믿는 부탄은, 2004년에는 전 세계에서 유일하게 담배판매와 흡연을 금지하기도 했다. 환경과 전통문화를 지키는 일을 경제개발에 우선하며, 국민의 60%가 농업과 임업에 종사한다. 국토의 대부분이 해발 2,000m 이상인 산악지대로, 티베트와의 국경에는 7,000m가 넘는 산들이 솟아 있고 전 국토의 2%만이 경작 가능하며, 6%를 차지하는 초원지대의 상당 부분은 벼의 재배를 위해 개간되고 있다. 세계에서 유일하게 신호등이 없을 뿐만 아니라 패스트푸드점도, 다국적 기업의 광고판도 없다. 음식점이나 호텔에서는 고기요리가 나오지만 모두 인도에서 수입한 것들로, 부탄에서는 살생이 금지되어 있어 양과 돼지 등을 인도에 팔고 고기를 되가져오는 것이다. 부탄의 주요 국가재정은 목재와 수력발전으로 얻은 전기를 수출해서 유지한다. 국민의 행복을 침해

한다고 생각되는 것은 모두 법으로 금지되어 있으며, 헌법은 모든 국민에게 무상의료와 무상교육을 보장하고, 국토의 60% 이상은 산림으로 유지되어야 한다고 명시되어 있다. 언어는 티베트 방언인 쫑카어 Dzongkha와 영어를 사용한다.

빠드마삼바바

부탄 불교는 인도의 고승 빠드마삼바바 Padmasambhava에 의해 티베트와 거의 같은 시기인 서기 659년에 전래되었다. 한반도에 불교가 전래된 것이 300년대인 것을 감안하면 다소 늦은 편인데 이는 험준한 지형 때문이었다. 부탄 불교는 티베트 불교와 거의 흡사하지만 종파는 다르다. 또한 부탄에서는 불교사원이 바로 정부청사이자 지방관공서다. 불교의식으로 해가 뜨고 해가 진다. 부탄 안내원에게 국가를 불러보라고 하자, 그는 느릿느릿하고 구슬픈 가락을 읊었다. 가사 내용을 물으니 부처님의 가피로 나라가 세워졌고, 부처님의 보살핌으로 살아간다는 뜻이란다.

밤새 비행기를 바꿔 타고 아침 일찍 수도 팀푸 Thimphu에서 조금 떨어진 파로 공항에 도착했다. 눈부신 아침 햇살을 받으며 히말라야의 빙하들과 은색의 강과 성채 등을 내려다보았다. 공항에 내리면서 가장 먼저 눈에 들어온 것은 부탄 남자들의 전통의상 '보꾸'(고Gho라고도 한다)였다. 가운 모양의 무릎까지 내려오는 겉옷은 색상만 다를 뿐 형태가 모두 똑같았으며, 누구나 의무적으로 입어야 하는 국민복이다. 무릎 아래는 목이 긴 양말을 착용했다. 여성들 역시 대부분이 복사뼈까지 내려오는 전통복장 '키라Kira'라는 치마와 저고리를 입은 수수한 차림이지만 남성들만큼 획일적이지는 않았다.

거리에는 붉은 가사를 입은 승려들이 유난히 많이 눈에 띄었는데 티베트 승려들처럼 어깨 한쪽을 드러내지 않았다. 부탄 국민들의 불심은 불교국가들 중에서도 으뜸으로 꼽히는데, 각 가정마다 아들 한 명씩은 의무적으로 출가를 해야 한다. 길을 오가는 사람들의 표정은 무심한 듯 순박했다. 자동차로 이동하는 중에 보이는 풍경은, 가는 곳마다 있는 사원과 사리탑 깃대에 길게 늘어져 나부끼는 룽다Lungda이다. 화면이나 영상에서 본 티베트와 많이 닮았다.

부탄에서는 사원을 쫑Dzong이라고 한다. 처음 출가한 소년 사미승들은 사원의 일과를 익히고 읽기와 쓰기를 배우며, 경전을 암송하는 데 3년을 보낸다. 그 뒤에는 스승에게 엄격한 가르침을 받게 되는데 경經, 율律, 논論, 의술 및 탄트라tantra 등을 배운다. 방대하기 그지없는 대승불교의 문헌과 주석을 배우는 데 12년 정도를 보내고 20세가 되면 비로소 구족계를 받으며, 시험에서 좋은 성적을 내면 더 높은 학문의 수업에 들어간다. 사원에 가면 기도 바퀴Prayer Wheel인 '마니차'를 끊임없이 돌리면서 경전 읽기에 여념이 없다. 또 사원 둘레에 마니차를 설치해놓아, 탑돌이 하듯 계속해서 주변을 도는 사람들이 많다. 깃대를 이용한 룽다나 장대를 이용해서 연결한 빨래줄 모양의 타르초Tharchog에는 불교경전이 가득 씌어 있다. 산골짜기에서 흘러내리는 풍부한 물로 물레방아 같은 거대한 마니차를 돌리기도 한다. 조잡해보이긴 하지만 시멘트로 만들어 흰색 페인트칠을 한 여러 모양의 사리탑이 지천이다.

거리의 가게들에는 과일, 채소, 설탕, 소금이나 과자류 등과 생필품이 잘 갖추어져 있었다. 그런데 도무지 이것저것 사라는 말을 않는다. 손님

붉은 가사를 입고 진언을 외는 스님

이 오면 그저 미소를 지으며 바라볼 뿐이다. 물건을 사도 별로 기쁜 표정이 아니다. 아쉬울 게 없다는 태도다. 부탄의 수공업기술은 매우 우수하지만 자급자족 수준이며, 대규모 생산을 하지 않는다. 깔개, 안장덮개, 배낭, 자수품 등 예술적 가치가 있는 직물제품들이다. 또한 조각을 곁들인 칼자루나 여러 불교 장식품, 세밀화 등 금속세공 분야에서도 탁월하다. 우리가 방문한 국립공예예술학교는 학교라기보다는 조그마한 기숙사 규모였다. 목공과 도예, 조각 등을 가르치며, 학생들이 만든 작품을 판매하는 가게도 있었다.

판매점에 들른 한 비구니 스님이 아주 아름답게 그려진 세밀화를 한 점 사려고 하셨다. 하지만 가격이 만만치 않았다. 1,200달러. 일행에게 듣기로는 외국인 특별가격(?)이란다. 이를 지켜보던 다른 스님이 한 말씀 거드셨다. "깎아 봐요, 인도에서처럼……. 700달러 정도면 사겠는데

부탄의 아이들, 가난하지만 해맑다.

요." 현지 안내인이 판매소 직원과 한참 동안 말을 주고받았지만, 한 푼도 깎아줄 수 없다고 말만 돌아왔다. 결국 그림을 꼭 갖고 싶어 했던 스님은 1달러를 깎은 1,199달러에 그것을 구매하였다.

이 마을 저 마을 다니다보면 아이들을 만나게 된다. 물끄러미 쳐다보는 아이들에게 한 스님이 과자를 주자 다른 아이들도 손을 내밀었다. 그러자 안내원이 "거지 취급 하지 마세요"라고 말하며 몹시 언짢아했다. 인도 등 다른 동남아 불교국가들에서는 아이들이 순례자들을 졸졸 따라다니며 구걸을 하거나 이것저것을 들고 나와 사달라고 애원하는 모습이 흔하지만 부탄은 그렇지 않았다. 절대로 빈곤으로 주눅 들지 않는 듯했다.

부탄에서의 첫 식사를 위해 식당에 들렀다. 부탄 음식은 여러 가지 채소를 익힌 것과 쌀을 찐 푸석푸석한 밥과 양이나 돼지고기를 볶은 것 등이다. 그런데 비구니 스님들이 바랑에서 무엇인가를 꺼내는데 각종 장아찌, 고추장, 무 말림, 깻잎 등이 쏟아져나왔다. 나는 비구니 스님들 틈에 끼여 성지순례를 오게 된 덕을 톡톡히 보았다. 부탄 음식은 거의 손을 대지 않고 찐 밥 정도만 가져다가 이 반찬 저 반찬을 서로 권하고 나누면서 정이 넘쳐흐르는 시간을 보냈다. 장아찌의 종류도 다 기억하지 못할 정도였으며, 처음 맛보는 것도 많았다. 50~60대 비구니 스님들이 세심하고 정갈하게 반찬을 준비해온 것이다. 스님들은 자동차로 이동하는 중에도 출출해질 때면 누룽지와 말린 옥수수 등 다양한 간식거리를 내놓으셨다. 비구 스님들을 따라왔으면 어림도 없는 일이었다. 그러나 저녁식사 시간에 펼쳐진 광경은 더 놀라웠다. 여행사에서 마련한 대형 전기밥솥에 우리나라 쌀로 밥을 짓고 큰 솥에 된장국을 끓였다. 호텔에서 제공한 나름 준비된 음식은 그야말로 찬밥신세였다.

스님들의 일상시간은 일반인들과 많이 달랐다. 저녁공양을 일찌감치 마치고 나면 일체의 움직임이 없이 각자 방에서 예불을 한다. 새벽 4시경부터 일과가 시작되는데, 우리의 순례 일정은 아슬아슬하게 깎인 벼랑에 세워진 사원, 국립승려대학, 박물관 등이었다. 명상수행을 하는 사원들이 대개 산꼭대기에 있기에 부탄의 순례는 거의 등산 수준이다. 순례 도중 가파른 언덕길에서 잠시 쉴 때면 어김없이 행상들이 길목을 지키고 있었다. 사과, 바나나, 옥수수 등을 파는데, 자연 재배를 하는 탓에 과육이나 알갱이가 작았다. 어디를 가든 수백 개의 탑을 진열하듯 세워 놓은 산언덕과 흘러내리는 맑은 물이 세상 번뇌를 잠시라도 잊게 했다.

한 사원의 법회에 참석했을 때 그곳의 주지스님이 공양을 같이 하기를 원하셔서 모두들 난처해했다. 음식도 그렇거니와 식사습관이 영 다르기 때문이다. 그곳 사원에서는 사미승들이 마주본 채로 줄을 이어 앉아 있으면 각자의 무릎 위에 놓인 흰색 보자기에 찐 밥을 퍼주고, 국은 다른 그릇에 떠준다. 밥을 오른손으로 조물조물 엉켜가면서 입에다 넣는데, 한국의 비구니 스님들이 그렇게 할 수는 없었다. 사원의 스님들은 우리를 그냥 보내드릴 수는 없다며 순박한 웃음을 머금은 채 버터차와 과자를 내놓으셨다.

사원 순례를 마치고 숙소로 돌아오는 길에 저녁거리를 마련하기 위해 스님들과 함께 시장에 갔다. 호박이며 감자 등을 샀는데 한국에서 맛보았던 고소도 있었다. 고소는 독특한 향내가 나는 식물인데 스님들이

부탄 스님들의 공양 모습

좋아하셔서 공양 상에 자주 오른다. 베트남 쌀국수집에 가면 양념 삼아 조금씩 얹어 먹는 것이 바로 고소이다. 그러나 그 고유한 향기 탓에 손사래를 치며 못 먹는 사람이 더러 있기도 하다. 전남 화순 만연사 뜰에는 고소를 많이 재배한다. 주지로 계시는 자공 스님은 내가 갈 때마다 고소를 공양 상에 내놓고 집에 가져가라며 한보따리씩 싸주기도 하신다. 집에 가져가면 식구들은 맛을 보기는커녕 짙은 향기가 싫다며 외면하기 일쑤지만, 내가 절집에서 공양하기를 즐겨한 지도 십 수 년이 넘었다. 산초 절임이나 고소 등은 일반인들의 입에는 잘 맞지 않는 것 같은데, 나는 절집 밥을 먹으면 왠지 모르게 건강해지는 것 같은 생각이 들곤 했다. 저녁 공양 때 고소를 씻어 올려놓았는데, 내가 한 접시를 담자 스님들이 놀라워하셨다.

부탄의 사원들은 지방의 관청이자 놀이마당이다. 스님들의 명상 춤과 민속놀이가 다양했다. 활쏘기는 국민 스포츠다. 몇 팀이 경기를 하는데, 상당히 먼 거리에서 쏘는데도 명중률이 높았다. 과녁을 맞히면 깃발을 올려주는데 이때마다 팀원들이 작은 원을 그리면서 돌아준다. 축하의 뜻이다. 한 사원에서는 우리나라의 탈춤 같은 춤판이 벌어졌는데 용머리 탈에 색깔이 화려한 복장이 볼 만했다. 사원기둥 높은 곳에도 용머리 조각이 걸려 있는 것을 보았다. 부탄은 용의 왕국 Kingdom of Dragon이라고도 일컬어지며, 부탄의 국가수반은 용왕龍王이라는 의미의 '드룩잘포'

로 불린다. 순례할 당시의 부탄 국왕은 부인이 네 명인데 이들은 같은 집안 자매들이다(둘째 부인에게서 태어난 왕자가 2013년 왕위를 세습했다). 수도 팀푸의 한 골짜기에 보이는 멋진 집들은 왕비들이 모여 사는 곳이라고 했다. 국왕은 네 부인 집을 각각 일주일씩 돌아가면서 지낸다고 하는데 왕비들 사이에 불화가 일체 없다고 한다. 안내원이 왕자는 영국 옥스퍼드에서 공부한 미남에다 미혼이어서 온 부탄 처녀들의 가슴을 애태우고 있다고 알려줬다. 왕자도 자매가 여럿인 집에 장가가느냐고 물었더니 국가기밀이라고 웃어 넘겼다. 또한 부탄은 전통적인 모계사회로 가정의 모든 재산분배권이 여성에게 있다. 남성들은 주로 집안일을 하며 여성들이 바깥일을 도맡아 해왔다. 인구 70만 중 승려가 2만 명이나 되니 남자보다 여성이 더 많은 일을 해야 할 처지인 것이다. 농사 짓고, 바구니를 메고 다니는 사람들의 대부분이 여성이었다. 남성들은 사원이나 학교, 관공서 주변 또는 활쏘기 시합장에 많이 몰려 있는 듯했다.

## 🐚 밀교의 성지, 탁상 사원

부탄은 오래전에 사라진 밀교密敎 탄트라 사상을 간직하고 있는 지구상의 유일한 곳이다. 700년경 인도에서 출현한 탄트라 불교는 불교와 힌두교 사상이 혼합된 것으로, 신비주의적인 불교 형태로 설명된다. 대승불교의 극락이나 윤회개념은 힌두교에서 비롯됐다. 탄트라는 이러한 대승 신앙체계에 다시 영혼과 마법, 민속적 우주론 등 대중적이고 주술적인 요소를 더했다. 탄트라의 이론은 대승과 마찬가지로 윤회와 열반이 서로 다른 것이 아니며 결국 하나라고 보기 때문에 굳이 윤회의 고통에서 벗어나려 하지 않는다. 환생 또는 다음 생을 이어가면서 자신의 완전한 깨달음을 성취해나가고 고통 받는 타인을 돕는다는 것이 부탄 불교의 핵심을 이룬다.

이러한 부탄 불교에서 가장 성스러운 곳은 아찔한 벼랑에 세워진 탁상 사원 Tiger's Nest Monastery이다. 이곳은 티베트와 부탄에 불교를 전래한 인도의 고승 빠드마삼바바(구루 린포체라고도 함)가 수행했다고 해서 더욱 유명하다. 해발 3천 미터쯤 되는 파로 계곡 깊숙이 자리 잡고 있는데, 사원 뒤의 거대한 바위가 공포감을 준다. 사원에 이르는 산길은 신비스러울 만큼 아름답다. 비가 내리면서 수분을 잔뜩 머금은 안개가 온 산을 휘감고 있었다. 엄청난 굉음을 내며 흐르는 폭포는 그 자체로 장관이었다. 폭포 꼭대기에 작은 암자 사원이 보였다. 치열한 정진은 저렇게 절대고독 속에서 생사를 걸고 하는 것이구나 하는 생각이 스쳐 지나갔다. 그런데 탁상 사원 입구에는 다른 곳에서는 볼 수 없는 군인들이 지키고 있었다. 여권을 요구하고 신상을 기록하도록 했다. 부탄이 탁상 사원을 얼마나 소중히 여기고 있는가를 단적으로 보여주는 것이다.

법당에서 일행 모두가 예불을 올린 뒤, 주지스님의 안내를 받아 빠드마삼바바가 수행했던 토굴로 내려갔다. 유리로 덮개를 씌어놓은 좁은 공간이다. 빠드마삼바바는 티베트 불교 역사에서 가장 위대한 스승이다. 빠드마삼바바는 서기 500년대 말인 1,300여 년 전 티베트 왕의 초청을 받아 3년간의 긴 여행 끝에 티베트로 건너와 인도에서 가져온 산스크리트어 경전을 티베트어로 번역하기 시작했다. 빠드마삼바바는 '연꽃에서 태어난 사람'이란 뜻이다. 그는 탄트라 밀교의 대가였으며 삶과 죽음, 환생과 영원한 대자유 등 신비스러운 학문에 정통했다. 그는 당시

깎아지른 절벽 위에 자리 잡은 탁상 사원. 안개가 온 산을 휘감았다.

인도의 최고 불교 학문기관이며 영적인 신비탐구의 중심인 날란다 대학에서 가르치기도 했다. 또한 인간을 궁극의 깨우침으로 인도하기 위한 비밀의 책을 100권 넘게 썼지만, 세상이 아직 자신의 사상을 이해할 수 없을 것이라며 히말라야 동굴들 속에 한 권씩 숨겨두고 세상을 떠났다고 한다.

　빠드마삼바바는 죽기 전에 몇 명의 제자들에게 환생의 능력을 전수했다. 죽은 뒤 적당한 시기에 다시 세상에 태어나는 것이다. 그리하여 제자들은 수백 년이 지난 후 한 명씩 세상에 태어나 동굴 속 어둠에 묻힌 비밀 경전들을 찾아내기 시작했다. 믿기 어려운 일이지만 달라이 라마의 환생 과정을 살펴보면 티베트 불교를 어느 정도 이해할 수 있다. 티베트에서 가장 뛰어난 요가 수행자인 두좀 린포체Dudjom Rinpoche(1904~1987)는 생존 시 빠드마삼바바의 살아 있는 후계자로 간주됐으며, 빠드마삼바바가 비밀로 한 많은 보물들을 찾아냈다. 두좀 린포체는 불교 가르침의 처음과 끝이라고 할 수 있는 마음에 대한 가르침으로 이런 말을 남기기도 했다.

"그것은 결코 미혹에 사로잡힌 적도 없습니다. 그것은 존재하지 않지만 존재하지 않는 것도 아닙니다. 그것은 아무런 한계도 없습니다. 그것은 어떤 범주에도 속하지 않습니다."

린포체는 존귀한 존재라는 의미로 티베트에서 높이 존경받는 영혼의 교사에게 붙여진다. 또 다른 한 사람, 딜고 켼체 린포체Dilgo Khyentse Rinpoche(1910~1991)는 빠드마삼바바가 숨긴 영적 보물을 발견한 인물로 공인받았다. 간단히 말하자면 두 사람의 린포체는 빠드마삼바바의 제자였는데 환생하여 스승의 비밀을 세상에 알린 것이다. 빠드마삼바바가 쓴 문헌의 최초 발굴은 1125년경이다. 그중 하나가 1,200여 년 전에 쓰인 최고의 경전인 바르도 퇴돌Bardo Thödol인데, 이것은 '듣는 것만으로도 영원한 자유에 이르는 가르침'이란 뜻이다. 빠드마삼바바의 가르침은 한마디로 죽음을 배워야만 삶을 배울 수 있다는 것이다.

이 경전을 《티베트 사자死者의 서書 The Tibetan Book of the Dead》라는 제목으로 1927년 영국 옥스퍼드 대학에서 서구 세계에 처음으로 소개했을 때, 그 반향은 그야말로 엄청난 것이었다. 현대 의학과 정신분석학이 이제 겨우 그 입구를 들여다보았을 뿐인 사후세계, 삶과 죽음, 환생과 해탈을 극명하게 풀이하고 있기 때문이다. 위대한 정신분석학자인 독일의 칼 구스타프 융(1875~1961)은 서구의 철학과 종교가 따라갈 수 없는 가장 차원 높은 정신의 과학이라고 평가했다. 융은 《티베트 사자의 서》가 나온 이래 언제까지나 이 책이 자신의 손을 떠나지 않았으며, 이 책에서 새로운 생각과 발견을 위한 많은 영감과 수많은 근본적인 통찰력을 얻었다고 고백했다. 융의 자서전을 보면 탄트라 밀교나 만다라에 대해서 그림까지 곁들이며 자세히 언급한 내용이 나온다. 만다라는 탄트라 및 티베트 불교에서 사용되는 의식용 도형들로서 명상의 대상이 되는 우주를 상징적으로 축소한 것이며, 탄트라 전통은 불교와 힌두교의 융합에서 나온 것이다. 만다라는 그 중심이 신이 거주하는 곳이며, 이 형태는 일부 힌두교 사원의 건축설계에서 유래한 것으로 보인다. 사원의 통로는 안마당을 거쳐 신의 도상과 상징적 동물들의 성상聖像들 사이를 지나야만 마침내 주신을 모신 사당에 다다르게 되어 있고, 여기서 비로소 신성한 존재를 직접 대면한 참배자는 그 이미지에 몰입하게 되어 그 속으로 빨려 들어가는 것이다. 사원 깊숙이 자리한 성소聖所에 놓인 신의 신성한 이미지를 바라보는 것은 힌두교 신앙에서 결코 빼놓을 수 없는 중요한 부분이다.

부탄에서는 높은 수행의 경지에 올랐다가 입적한 스님들의 환생이 큰 논란에 휩싸이고 있었다. 실제로 부탄 내부에는 여러 명의 동자승이 환생했다고 알려지고 있으며, 기가 막힐 정도로 전생을 기억하면서 국민들을 놀라게 한다. 이와 관련해 부탄의회는 어떤 부모든 태몽을 즉시 보고하고, 반드시 전생을 똑똑히 말할 수 있어야 한다는 등 심사를 강화했다. 환생으로 인정되면 대우와 신분이 크게 달라지기 때문에, 일부 부모들이 자기 자식을 큰스님의 승려라고 주장하는 사례가 늘어남으로써 국민적 신뢰가 흔들리는 걸 우려한 것이다. 환생자으로 인정되면 국가가 교육을 책임지게 된다.

탁상 사원 주지스님은 우리 일행에게 흰색 비단천인 카타를 목에 걸어주며 축복했다. 탁상 사원에서 내려올 때 비구니 스님들은 환희심이 솟아오르는지 찬불가를 소리 내어 불렀다. 다른 스님들은 덩실덩실 어깨춤을 추었다. 비구니 스님들을 만날 기회가 거의 없었던 나에게 스님들의 여흥은 참 보기 좋은 모습이었다. 50~60대 스님들은 휘이휘이 하며 쉽게 산을 올랐고, 심지어는 80을 바라보는 노스님까지도 걸음걸이가 예사롭지 않았다.

## 🐚 승려와 철학자

내가 부탄의 불교에 깊은 관심을 갖게 된 것은 1999년에 읽었던 한 권의 책 《승려와 철학자》에서 비롯됐다. 프랑스에서 오랫동안 베스트셀러 1위를 지키고, 전 세계 16개국 언어로 번역된 이 책은 프랑스 최고의 철학자이며 한림원 회원인 장 프랑스와 르벨과, 그의 아들이며 티베트 승려인 마티유 리카르와의 대담을 기록한 것이다. 프랑스의 분자생물학 분야에서 국가 박사학위를 취득하고 파스퇴르 연구소에서 일하던 엘리트 과학자였던 마티유는 모든 것을 다 버리고 티베트로 출가하여 부탄과 티베트에서 20년을 넘게 수행했다.

부자간에 이뤄진 대화는 왜 서양에서 불교가 급속한 성공을 거두고 있는가에 대한 문제를 놓고 철학자가 질문하고 승려가 대답하는 형식으로 이루어졌다. 마티유 승려는 1980년대 이후 달라이 라마의 유럽 각국 순방에 통역으로 나섬으로써 매스컴의 주목을 받았는데, 언행의 일거수일투족 모두가 티베트 불교 자체라고 할 만큼 높은 수행의 경지를 보여준다.

마티유는 아버지에게 불교의 모든 것을 논리적으로 차분하게 설명하면서, 공空과 무無, 열반과 환생, 행복과 불행에 대한 불교의 가르침을 이해시키려 무진 애를 쓴다. 환생에 대해서는 아주 재미있는 일화도 소개하고 있다. 그는 티베트와 부탄 불교가 이타利他주의의 원형임을 보여주고, 인과응보와 업에 대해서 아버지의 지적 호기심을 불러일으킨다. 또한 영국의 역사학자 아놀드 토인비(1889~1975)가 "20세기에 가장 의미 있는 사건 가운데 하나는 서양에 불교가 전래된 것"이라고 말한 것을 둘러싸고 아버지와 아들은 동·서양의 지혜에 대한 폭넓은 토론을 벌인다. 아버지가 오체투지를 매우 의아하게 생각하는 것에 대해 마티유는 "두 팔, 두 무릎, 머리를 땅에 닿게 하는 것은 증오, 욕망, 무지, 자만, 질투 등 다섯 가지 독毒을 지혜로 변화시키는 것이며, 모든 존재의 고통을 긁어모아 이 다섯 가지 독을 없애버리는 기도"라고 설명한다.

《승려와 철학자》와 더불어 불교의 동양사상과 현대물리학의 놀라운 유사점을 기록한 토마스 맥팔레인의 《아인슈타인과 부처》와 프리초프 카프라의 《현대물리학과 동양사상》 등이 나와 있는데, 이 저서들은 전세계적으로 큰 반향을 불러일으켰다. 맥팔레인은 《아인슈타인과 부처》에서 현대물리학이 동양의 신비주의자들(불교, 힌두교, 노자·장자의 도道 등)과 명상가들의 통찰력을 객관적으로 입증했다며 여러 증거자료를 제시한다.

"동양의 영적 지도자들이 전파망원경, 원자분쇄기, 레이저촬영기를 사용치 않고 순수하게 정신만으로 우주를 보았다는 사실을 감안한다면 그들의 통찰력은 그저 경이로울 뿐이다"라고 맥팔레인은 말한다. 예를 들어 "물리적 실체가 없는 공간은 존재하지 않는다", "태양도 없고, 태양이 딸린 행성도 없는 텅 빈 공간만 있다면 그 공간은 실체를 갖지 못한다"에 있어서 전자는 기원전 5세기 고타마 싯다르타(부처)와 후자는 상대성 이론으로 물리학을 혁명적으로 변화시킨 앨버트 아인슈타인(1879~1955)의 말인데, 이 두 사람은 2천 5백 년의 시간차와 지구 정 반대편이라는 공간적 차이에도 불구하고 현실세계의 본질을 이해하고 탐구하는 데 있어서 똑같은 결론을 내렸다고 주장한다. 그는 "미래세대는 우리 시대를 제2 과학혁명기, 즉 과학과 종교를 분리시킨 이원론적 사고가 착각임을 깨닫고 두 학문을 대립적 관계가 아니라 상호보완적 관계로 인식하기 시작한 시기라고 정의할지 모른다"라고 했다. 이 책은 저명한 서양 과학자들과 동양의 영적 지도자들의 주장의 유사성을 자세히 소개한다. 공空과 무無, 파동의 장과 에너지, 이름과 형태, 입자와 물질, 시간과 공간, 완전함과 상호의존(연기緣起) 등이다.

    양자물리학의 등장으로 세계는 복잡하게 얽힌 사건들의 그물망이라 주장하는 이론은 이미 불교에서 가르치고 있는 것이다. 세상의 물질들과 사건들은 궁극적인 일체一體에서 파생한 것으로 서로 의존적이며 상호관계를 맺는다는 것이 그것이다. 양자물리학과 불교의 가르침에 대해서는 입적하신 성철, 청화 스님들의 법문이나 저서에서 자주 등장한다. 현대물리학계에서 가장 주목받는 학자인 카프라는 양자물리학과 동양사상의 관련성을 들어 인류의 미래에 대한 새로운 세계관을 제시하기도 했다. "모든 사물은 연결되었다." 이 한 마디는 2세기에 쓰인 화엄경에 나오는 '인드라의 그물망'과 유사한데, 풀이하자면 "인드라의 하늘나라에는 진주 구슬로 짜인 그물망이 있다고 한다. 그것은 지극히 정교하게 짜여 있어서 그중 한 구슬을 들여다보면 그 속에 모든 구슬들이 비쳐 보인다. 그 한 부분을 건드리면 그물망의 모든 부분, 곧 실재의 모든 부분으로 울려 퍼지는 구슬 소리를 낸다. 마찬가지로 이 세상의 모든 사람, 모든 사물은 단지 그 자체일 뿐 아니라 다른 모든 사람, 사물과 한데 엮여 있다"는 것이다.

카프라는 불교의 경전뿐 아니라, 힌두교의 베다경, 중국의 역경易經, 노자와 장자의 도道 등을 자세히 분석했다. 공空과 형상, 만물의 통일성, 공간과 시간, 상호관통 등을 주제로 불교와 현대물리학의 접근을 설파한다. 카프라는 이렇게 주장한다.

"동양 신비주의자들의 자연관이 그리스 철학자들의 견해보다도 현대의 과학적인 견해에 훨씬 더 잘 부합되고 있는 중요한 이유 중 하나가 바로 그네들의 시간지향적인 직관 때문이다. 말하자면 그리스 철학은 기하학적 사고방식에 기반을 두기 때문에 지극히 비상대론적이다. 이것이 서양사상에 강한 영향을 끼쳐 오늘날 상대론적 모델을 두고 현대물리학이 극심한 개념적 곤경을 겪고 있다. 반면에 동양철학은 시공時空의 철학으로, 동양사상가들의 직관은 현대적 상대성 이론에 상당히 밀접하게 접근한다."

실로 놀라운 연구 성과다. 이처럼 불교는 서양에서 날로 그 위상이 높아지고 있는 것이다.

부탄을 순례하면서 나는 마티유의 설명을 복기했으며, 그만큼 큰 도움을 얻었다. 부탄 사람들은 사원 둘레에 설치된 마니차를 돌리며 무엇

사원 앞마당에서 춤을 추는 스님들

을 소원하는 것일까? 이들은 자기 자신만의 이익을 위하여 마니차를 돌리지 않고 마음속에 공덕을 쌓는다는 생각을 한다. 자신의 마음을 정화하며 깨달음으로 향하는 것이다. 세속적 복락이 아닌 지혜와 겸손함을 추구하는 순수한 몸짓이다. 자만심의 해독제가 바로 기도이며 자만은 지혜와 자비의 출현을 가로막는다고 생각한다.

오체투지五體投地는 두 팔과 두 무릎, 머리를 땅바닥에 던져 부처님에게 절을 하는 것이며, 증오, 욕망, 무지, 자만, 질투라는 다섯 가지 독을 다섯 가지 지혜로 변화시키고 정화하기를 기원하는 것이다. 방문하는 사원마다 수많은 버터등잔이 켜져 있다. 부탄 사람들은 빛이 어둠을 몰아낸다는 뜻에서 사원에 올 때 버터등잔을 가져온다. 그들은 "저를 포함한 모든 살아 있는 것의 현생이나 다음 생에서 깨달음의 빛이 발원하도록 해주십시오"라고 주문을 외운다. 주문을 외우는 것은 정신의 파상적인 움직임을 진정시키는 데 도움이 되고 아울러 정신의 본성을 관찰할 수 있게 하는 효과를 거둘 수 있다.

사원 앞마당에서는 곧잘 승려들의 춤판이 벌어지는데, 많은 주민들이 모이고 화려한 의상의 승려무리가 원을 그리며 춤을 추는 모습은 마치 축제분위기 같다. 춤판이지만 내적 명상의 또 다른 표현이다.

## 🐚 환생, 뿌린 대로 거두는 삶

티베트와 부탄 불교에 대해서 가장 궁금한 것은 환생轉生이었다. 우리나라 불교에서는 보통 환생보다는 전생前生, 내생來生으로 일컬어지는데, 환생은 아마도 힌두교의 영향을 받은 것으로 보인다. 부탄 사람들은 자신이 뿌린 대로 거둔다는 업연業緣 사상을 확고하게 믿으며 살아간다. 세상을 살아가면서 저지르는 모든 것이 다음 생에 나타난다고 믿는 것이다. '욕지전생사 금생수자시, 욕지내생사 금생작자시欲知前生事 今生受者是 欲知來生事 今生作者是'에 딱 맞는 인생관이다.

"전생을 알고 싶은가? 지금 살고 있는 모습이 그것이다. 다음 생을 알고 싶은가? 지금 살아가는 대로 이루어진다"는 뜻으로 풀이할 수 있다. 설령 지금 생이 고달프고 비천하다 할지라도 좋은 마음을 가지고 다른 사람들에게 도움을 주는 삶을 살면 다음 생애는 복을 많이 받는 처지가 된다는 것으로, 그리스도교의 내세來世 신앙과 닮았다. 티베트와 부탄 불교는 죽음 후에는 바르도Bardo라는 과도기 상태가 온다고 믿는다. 이때 다음 생의 상태가 결정된다는 것이다. 바르도 상태에서는 긍정적 또는 부정적 행위의 결과에 따라 이쪽저쪽으로 갈라진다. 그러나 부탄 불교는 자신을 정화하고 완전한 깨달음에 이르면 다음 생으로 이어지는 환생의 악순환을 끝맺을 수 있다고 가르친다. 생은 곧 생로병사生老病死라는 고통의 굴레에서 헤어날 수 없는 것이므로 '고통을 넘어서다'라는 뜻의 열반 상태에서 의식의 흐름으로 남고자 하는 열망을 지닌다. 그러나 진정으로 깨달은 사람은 열반 상태에 머무르지 않고 사바세계에서 모든 고통이 사라질 때까지 의식적으로 생을 거듭한다. 이른바 보살행을 하고자 하는 것이다. 중생의 아픔과 고통을 없애주고 고통의 원인이 되는 자아에 대한 집착을 끊도록 도와주기 위해 환생을 한다는 것이다.

도처에 보이는 펄럭이는 룽다와 사리탑을 끝없이 돌고 도는 발걸음, 주문을 외우며 돌리는 마니차에는 자리이타自利利他의 정신이 깔려 있다. '자신의 깨달음으로 나아가서 남을 돕는다'라는 것이다. 생각하건대 가장 숭고한 신앙행위라 하겠다. 중국의 침략과 탄압으로 오랫동안 감옥살이를 했던 티베트 불교의 어느 지도자는 자신을 탄압하는 중국 당국과 중국인들에 대한 자비심을 잃지 않을까 하는 것이 가장 큰 두려움이었다고 실토한 바 있다.

티베트와 부탄 불교에서 가장 크게 배울 점은, 그들이 자신의 종교와 신심행위를 절대화하지 않으며 다른 종교를 가진 사람들에게 강요하지 않는다는 점이라고 생각한다. 달라이 라마가 유럽 각국을 순회하면서 가톨릭은 물론 이슬람 등의 성지를 찾거나, 이들 종교의 지도자들과 솔직한 대화를 나누는 모습에서 종교평화를 느끼게 된다. 오늘날 영국을 비롯한 유럽 전역과 미국, 캐나다 등 아메리카 대륙에서 불교의 포교 활동은 갈수록 왕성해지고 있다. 문명 간, 종교 간의 충돌에서 빚어지는 갈등과 전쟁을 방지하는 좋은 징조라 여겨진다.

## 🐚 사바세계의 마지막 불국토

부탄에는 TV를 통해 인도 방송이 들어온다. 이렇게 바깥세계를 볼 수 있게 된 영향 탓인지 얼마 전까지 전 세계에서 행복지수 1위 국가였는데 몇 년 사이에 6위로 떨어졌다고 한다. 그럴 수밖에 없다는 생각이 들

부탄 순례를 함께한 일행과 현지 스님들과 함께

었다. 은둔과 신비의 나라에서 부처님을 찬불하며 살던 국민들인 만큼 외부의 자극에 더욱 민감할 수밖에 없는 것이다. 아직 오염되지 않은 부탄이 언제까지나 지금의 상태를 유지할 수 있을지 궁금하면서도 걱정이 앞섰다. 외국인의 하루 체류비용을 200달러로 올리고 개발을 더욱 제한할 것이라는 말도 들었다. 이 세상 어딘가에 불국토 하나는 있어야 할 것 아닌가?

부탄을 떠나는 날이다. 비행기가 이륙하자 곧바로 점심 기내식이 제공되었다. 그러나 비구니 스님들은 모두 고개를 저었다. 나는 승무원에게 스님들이 기내식을 원치 않는다고 말해주었다. 배식 카트가 지나가자마자 스님들은 의자 밑에 놓아 둔 바랑에서 일제히 무엇인가를 꺼냈다. 밥과 장아찌, 나물 등이다. 버터냄새가 나는 부탄식 기내식과 고추장, 된장에 버무려진 장아찌 냄새가 그럭저럭 잘 섞여 코를 찌른다. 어찌되었건 풍성하고 푸짐한 고별 공양이었다.

## 2장

# 달라이 라마와 틱낫한 스님

### 🐚 부처의 환생, 달라이 라마

티베트에 불교가 최초로 전래된 것은 7세기경이다. 인도와 중국 사이의 길목에 위치한 티베트는 불교가 전래되던 비슷한 시기에 자신의 문자가 완성되었다. 당시 대승불교를 받아들인 티베트에서는 라마교라는 독특한 종파가 만들어진다. 라마교는 인도에서 전래된 대승불교의 일파인 밀교에 티베트의 전통적인 주술문화가 결합되어 나타난 것이다. 라마교의 교리에 따르면 티베트어로 스승을 지칭하는 '라마'는 새로운 몸을 받아서 이 세상에 환생하여 중생을 제도하고 자비를 베푸는 존재로 바뀌게 된다고 한다. 이러한 믿음에 따라 티베트 불교에서는 라마가 열반(입적)한 후 일정한 시기에 태어난 아이들 중에서 새로이 환생한 라마를 찾아 받드는 전통이 생겨난 것이다.

'달라이(지혜의 바다) 라마'라는 명칭은 16세기 후반에 생겨났다고 한다.

몇 년 전에 우리나라에서 달라이 라마 일대기를 그린 영화가 상영됐는데, 환생한 달라이 라마가 고승이 갖고 있는 여러 물건이 전생에 자기 것이었다고 말하며, 그 물건을 어디에 놓아두었는지 정확히 짚어내는 장면이 나온다. 이 영화는 1959년 중국이 티베트를 점령하자 갖은 고초를 겪은 뒤 인도로 망명하는 달라이 라마의 청년시절을 충실하게 영상에 담았다. 할리우드 스타인 브레드 피트가 주연한 〈티베트에서의 7년〉이란 영화도 티베트 불교의 이모저모를 생생히 보여준 좋은 작품으로 인상 깊었다. 나는 1990년대 말 달라이 라마를 친견하고 한국에 티베트 불교를 앞장서 소개한 전남 보성 대원사의 현장 주지스님을 알게 된 후 티베트 불교에 큰 관심을 갖게 되었다. 대원사에는 티베트에서 온 스님이 공부하고 있었고 현장 스님은 많은 노력을 기울여 사찰 내에 티베트 불교박물관을 건립하였다.

달라이 라마는 불교와 그리스도교의 평화와 상생에 많은 기여를 하고 있다. 거침없고 솔직하면서 특유의 너털웃음으로 사람들에게 친근감을 느끼게 한다. 내가 문화관광부 장관으로 있을 때 조계종 등 한국 불교에서는 달라이 라마를 초청하고 싶어 했다. 나는 원칙적으로 동의했으나 중국과의 외교적 불편함을 우려하는 정부 내의 시각 차이로 성사되지 못했다. 당시 주한 중국대사는 나를 찾아와 중국 정부의 공식적인 반대 입장을 단호한 표정으로 전달하기도 했다. 달라이 라마가 미국, 일본, 유럽 국가들을 방문할 때마다 중국 정부는 불쾌감을 노골적으로 드러낸다.

우리나라에는 달라이 라마에 관한 책들이 여럿 출판되었다. 달라이 라마는 비단 불교신자뿐 아니라 많은 국민들에게 존경받고 있는 것 같다. 달라이 라마는 1960년대부터 가톨릭 수도자들을 포함하여 다른 종교와도 폭넓게 소통하는 모습을 보여 왔다. 60년대 가톨릭 트라피스트

달라이 라마

수도회의 영성 부문에서 높은 영성을 지녔던 토마스 머튼(1915~1968) 신부와는 각별한 우의를 보이기도 했다. 달라이 라마는 1994년 9월, 영국 런던에서 베네딕트 수도회가 주관한 세미나에 참석했다. 그는 이전에도 캐나다의 베네딕트 수도원과 유럽 국가들의 수도원을 방문하여, 그리스도교 전통 안에서 명상수행과 티베트 불교의 그것을 비교하며 토론을 벌였다. 런던 세미나는 주최 측이 신약성경의 대표적인 여덟 가지의 말씀을 미리 달라이 라마에게 건네주고, 그것에 대해 달라이 라마가 자신의 의견을 말하는 식으로 진행되었다. 350여 명의 청중 대부분은 가톨릭, 성공회, 개신교도 들이었다.

달라이 라마는 이 같이 종교 간의 대화를 미국, 캐나다 등지에서 계속해서 열었다. 그는 "종교가 다르면서도 서로를 인정하고 조화를 이루려면 각 종교가 가진 근본적인 차이점을 아는 것이 중요하다. 우리에게는 서로 다른 종교가 있어야 한다고 느낀다. 왜냐하면 인간 존재는 매우 다양한 성향을 갖고 있기 때문이다. 한 종교가 그토록 다양한 사람들의 욕구를 다 만족시켜줄 수는 없다. 만일 이 세상에 있는 수많은 신앙들을 한 종교로 통일시키려고 한다면, 각각의 독특한 신앙들이 가진 다양성과 풍요로움도 함께 잃어버릴 것이다"라고 말했다. 나는 이런 그의 언급에 매우 놀랐다. 그 자신이 티베트 망명정부의 수반일 뿐 아니라 거의 모든 티베트인이 불교를 신봉하고 있음에도 불구하고 종교에 대해 열린 자세를 보였기 때문이다. 달라이 라마는 평소에도 종교를 바꾸는 개종 문제에 신중해야 함을 역설했다. 각자가 경험하고 처해 있는 문화를 존중해야 하며 함부로 종교를 바꾸는 것은 정체성의 혼란과 이웃 간의 갈등을 가져올 수 있다고 강조했다. 달라이 라마의 이러한 언급은 하나의 종교가 지배하는 국가와 사회의 획일성이 자칫 인간의 존엄성을 무시하는 것으로 나타날 수 있음을 우려한 것으로 해석된다. 다양한 종교가 공존하는 우리나라는 이러한 점에서 축복받은 나라라고 생각한다.

달라이 라마는 예수 그리스도와 고타마 싯다르타의 삶의 공통점을 다음과 같이 말했다.

> "오직 시련과 헌신과 끝없는 정진을 통해서만, 그리고 자신의 원칙을 굳게 지킴으로써만, 영혼이 성장하고 구원을 얻는다는 사실입니다. 이것이 제가 생각하는 두 종교의 공통된 근본 메시지입니다."

달라이 라마는 예수 부활에 대해서 불교의 삼신설三身說, 즉 예수의 돌아가시기 전의 육체적인 몸, 부활했지만 승천하지 않는 미묘한 몸, 영적인 몸과 비교한다. 또한 부처가 역사적인 인물이었으며, 열반 후에는 부처의 의식과 믿음의 흐름은 계속 이어져 왔고 지금도 항상 존재한다고 말했다. 예수가 죽고 부활한 후 믿는 자의 마음속에 살아 있음과 대비시킨 것이다. 그러나 부처에게는 다시 사는 것, 곧 부활의 의미는 없기 때문에 완전한 근원의 상태인 보신報身의 모습으로는 지금도 계속 존재한다고 주장했다. 다시 말해 부처의 초월한 마음은 법신法身 속으로 들어가 하나가 되었다는 것이다.

도올 김용옥은 저서 《금강경강해》에서 예수 부활과 불교의 삼신설을 언급한 바 있다. 이에 대해 도올은 좀 더 쉬운 표현으로 설명한다. 그는 매일같이 밥 먹고, 똥 싸고 하는 색신色身 차원에서는 예수나 부처가 우리 모두와 똑같으나, 정신적 원리로서의 부처와 신앙의 대상으로서 예수는 법신法身을 의미하는 것이라고 설명했다. 십자가에서 피 흘리고 몸을 찢기면서 죽은 예수는 색신이나, 부활한 예수는 법신인 것이다.

도올은 색신과 법신으로 생과 사의 부처와 예수를 규정한다. 또한 예수의 십자가 죽음은 예수 색신의 무화無化, 즉 무아無我라고 주장한다. 예수의 자기 버림을 무아로 보는 것은 많은 학자들의 일반적 견해이다. 바로 이런 측면에서 불교사상에서 그리스도교의 진리를 찾아낼 수 있는 것이다.

미국인으로서 숭산 스님에 의해 출가한 현각 스님(본명 폴 뮌젠)은 저서 《만행, 하버드에서 화계사까지》에서 자신은 출가함으로써 하느님과 더욱 가까워졌다고 말했다. 가톨릭을 믿는 집안에서 태어나 수도자를 꿈꾸던 현각 스님은 진리에는 경계가 없음을 몸으로 보여준 것이다. 나는 간간히 현각 스님을 만났다. 강연을 듣기도 하고 불교TV를 통해서 유창한 한국어 설법도 들었는데, 설법을 알아듣기 쉽게 하는 편이다. 언젠가 경상북도 문경 봉암사에 들렀을 때 하안거 중인 스님과 반갑게 만난 적이 있다. 점심 공양 후 울력을 하시면서 밀짚모자를 쓰고 호미로 마당의 잡초를 캐시던 스님의 모습이 지금도 눈에 선하다.

## 🐚 '마음 다함'의 수행, 틱낫한 스님

베트남 태생으로 프랑스에서 세계를 상대로 포교활동을 하는 틱낫한 스님은 플럼 빌리지(자두 마을)의 수도공동체에서 예수와 부처를 같이 모신다. 폴 틸리히 교수처럼 토마스 머튼 신부와의 만남을 통해 가톨릭교인, 개신교인과 잦은 대화와 영성의 나눔을 실천하고 있는 것이다.

몇 해 전 틱낫한 스님과 그의 제자들이 국회를 방문한 적이 있었다. 스님은 '마음 다함'에 대해서 잔잔하게 설법을 하고 제자들과 함께 국회의 사당 잔디마당으로 나왔다. '마음 다함mindfulness'은 틱낫한 스님의 수행에서 으뜸을 차지한다. 그리스도교로 보면 마음의 기도Prayer of Heart에 해당한다고 할 수 있다. 스님은 갈색 수도복 차림의 수도사들과 함께 고요하게 '걷기 명상Walking Meditation'에 들어갔다. 한 걸음이 명상이고, 또 한 걸음이 수행인데, 호흡을 느끼면서 지금 이 순간을 사는 것이다. 멀리서 지켜보는 것만으로도 '마음 다함'으로 빠져드는 것을 느낄 수 있었다.

틱낫한 스님은 1964년 베트남 정부가 석가탄신일을 금지하고 불교를 탄압하는 큰 비극을 경험했다. 당시 고 딘 디엠 정부는 가톨릭과 결탁하여 불교 박멸을 시도했다. 이에 대항하여 몇몇 스님들은 소신공양(자기 몸을 불태워 바치는 것)으로 항거했다. 달라이 라마가 중국 정부의 박해와 탄압을 받고 인도로 망명한 것처럼 틱 스님도 프랑스로 이주하였다. 틱 스님은 "부처님과 예수님은 인류의 역사에 핀 아름다운 두 송이 꽃이요, 두 분은 나의 정신적 조상"이라고 말했다. 뿐만 아니라 "부처와 예수가 언제, 어디서 태어나서 어떻게 세상을 등졌는가 하는 점보다는, 부처와 예수가 시간과 공간을 초월해서 지금 우리 안에 어떻게 살아 계

탁낫한 스님

시는가가 중요하다"고 말한다. 특히 그는 그리스도의 부활을 인정한다. 스님은 살아 있는 종교의 비개념화를 주장하면서 부처의 개념으로 진리를 독점한다는 것은 불가능하며, 너무 많이 말하면 궁극의 차원에서 멀어진다고 했다. 또한 믿음은 나무와 같아서 살아 있는 나무는 계속 성장한다고 강조한다. 그는 불교와 그리스도교의 비슷한 점과 서로 다른 점을 오렌지와 망고에 비유하기도 하였다. "이 둘은 색깔도 다르고 맛도 다르지만 깊이 보면 둘 다 과일이고 그 과일 속에서 햇빛, 비, 광물질과 토양을 보게 된다. 단맛과 신맛은 두 과일에 다 있다. 우리는 이 둘 중에 어느 것이 진짜이고 어느 것이 가짜라고 할 수 없다는 훌륭한 생각을 가졌으면서도, 의식 혹은 무의식 속에서 오렌지나 망고 가운데 어느 하나를 더 좋아하리라고 생각한다"고 말했다.

틱 스님은 저서 《살아 있는 부처, 살아 있는 그리스도 Living Buddha, Living Christ》에서 그리스도교에 대한 자신의 편견에 대해 놀라울 만큼 솔직하게 고백한다.

"저는 한때 좀 모자란 생각을 가지고 있었는데, 사실 그것은 저의 조상들로부터 물려받은 일종의 편견 같은 것입니다. 부처는 45년간 설법하고 예수는 그저 2~3년밖에 가르치지 않았으니 부처가 훨씬 더 훌륭한 일을 많이 이룬 스승일 수밖에 없다는 생각이었습니다. 이런 생각을 갖게 된 것은 제가 부처의 가르침을 잘 이해하지 못했기 때문입니다."

틱낫한 스님은 부처가 깨우침을 얻는 것은 나이와 상관없으며 조그만 불씨가 온 도시를 다 태울 힘이 있고, 조그만 독사도 사람을 급사케 할 수 있으며, 아기 왕자가 왕이 될 소지가 있다고 한 가르침에서 자신의 어리석음을 뉘우쳤다고 한다.

틱 스님은 '마음 다함'이란 지금 이 순간과 깊이 접하는 것이라고 말한다. 보통 사람들이 과거를 후회하고, 미래를 걱정하는 탓에 행복함을 뺏기고 있다는 뜻이다. 마음 다함은 그리스도교에서 말하는 성령이라고 스님은 말한다. 스님은 스스로 실험하기를 권유한다.

"숨을 들이쉬며 나는 불행한 마음이 내 안에 있음을 압니다. 숨을 내쉬며 나는 나의 불안한 마음에 미소를 짓습니다. 나는 지금 이 순간에 머무르며 이 순간의 경이로움을 압니다."

지금 이 순간을 살아가라는 가르침은 그리스도교나 불교뿐 아니라 모든 종교에서 추구하는 것이다. 자기계발에 관한 수많은 책들도 이 점을 강조한다.

성경은 마태오복음 6장 25절 이하에서 "너희는 무엇을 먹고 마시며 살아갈까, 또 몸에는 무엇을 걸칠까 하고 걱정 말라. … 내일 걱정은 내일에 맡겨라"라고 가르친다. 예수는 신약성경에서 걱정하지 말라고 아주 자주 명령한다. 영성학자들은 걱정하는 것은 하느님을 믿지 못하는 불신앙이며, 신성모독이라고까지 주장한다. 또한 아우구스투스 성인은 "과거는 하느님의 자비에 맡기고, 현재는 하느님의 사랑에 맡기고, 미래는 하느님의 섭리에 맡겨라"고 했다. 마르코복음 10장 13절을 보면 예수가 어린이와 같이 하느님의 나라를 받아들이지 않는 자는 결코 그곳에 들어가지 못한다고 말씀한다. 어린아이들은 걱정하지 않고 모든 것을 부모에게 의지한다는 것을 비유한 것이리라. 어린이처럼 아무것도 마음에 담아두지 않고, 물처럼 흘러가게 하라는 것일 게다.

다음의 인용은 믿고 의탁하라는 헬렌 말리코트Helen Mallicoat의 〈내 이름은 I Am〉이라는 시이다.

    나는 과거를 후회하고 미래를 두려워하고 있었다.
    그러던 어느 날 주님께서 내게 말씀하셨다.
    내 이름은 '나는 스스로 있는 자(I Am)'이다

    주님은 잠시 말을 멈추셨다.
    나는 주님의 말씀을 기다렸다.
    주님께서 다시 이렇게 말씀하셨다
    네가 과거를 살아갈 때 너의 삶은 참으로 힘들었다.
    내가 그 자리에 있지 않기 때문이다.
    내 이름은 '나는 스스로 있었던 자(I was)'가 아니다.

네가 미래를 살아갈 때,

미래의 문제와 두려움으로 살아갈 때

네 삶은 참으로 힘들다.

내가 그 자리에 있지 않기 때문이다.

내 이름은 '나는 스스로 있을 자(I will be)'가 아니다.

하지만 네가 지금 이 순간을 살아갈 때

너의 삶은 그렇게 힘들지 않다.

내가 여기 있기 때문이다.

내 이름은 '나는 있는 자(I am)'이기 때문이다.

'나는 있는 자(I am)'라는 말씀은 출애굽기 3장 14절에 나온다. 이스라엘 백성을 이집트에서 건져내라는 하느님의 말씀을 들은 모세가 "백성들이 하느님의 이름이 무엇이냐고 물을 터인데 제가 어떻게 대답해야 하겠습니까?"라고 묻자 하느님께서는 "나는 곧 나다"라고 대답하셨다. 그것은 하나님이 현재 이 순간의 하느님이라는 뜻이며, 지금 말씀대로 행하라는 것이다. 어제는 이미 과거 속에 묻혀 있고 미래는 아직 오지 않았으며, 우리가 살고 있는 날은 오늘, 우리가 사용할 수 있는 날도 오늘, 우리가 소유할 수 있는 날도 오늘뿐인 것이다. 그러니 오늘을 사랑하고 아끼자는 말이다. 영원히 오지 않을 오늘이며, 죽음을 앞둔 병자가 발버둥치는 오늘이다. 그러므로 늘 감사히 생각하며 이 순간을 살자는 것이다. 현재(Present)는 곧 선물(Present)이기도 하기 때문이다.

**3장**

# 사찰 순례와 수행 체험

## 🐚 다선일여의 도량, 대흥사 일지암

 땅끝, 전라남도 해남의 대흥사에서 산길을 따라 2Km 정도 오르면 일지암一枝庵이 나온다. 이곳은 조선시대에 차 마시는 행위를 참선의 경지로 끌어올려 '다선일여茶禪一如'를 실천한 초의선사草衣禪師(1786~1866)가 손수 지은 한 칸 남짓한 암자이다. 일지암의 이름은 장자莊子 남화경의 소요유逍遙遊 편에 "뱁새는 일생 동안 한곳에 작은 깃을 틀고 잔다"는 구절과 중국 당唐대의 시인인 한산의 "뱁새는 항상 한 마음으로 살기에 한 가지만 있어도 편안하다"는 내용의 시에서 연유했다.
 우리나라는 고려시대가 지나면서 숭유억불의 조선에 이르러 차문화는 그 맥이 끊기다시피 했다. 그러나 실학實學을 밑거름으로 르네상스 시기를 맞던 19세기 조선에서 차는 다시 생활 속으로 들어왔다. 기록을 보면 초의선사는 24살이 많은 다산茶山 정약용과 차를 나누면서 학문과

대흥사 일지암

경세를 논했으며, 동갑내기인 추사秋史 김정희와는 일생을 두고 차의 인연을 이어갔다. 제주에 유배 중이던 추사는 초의선사에게 보낸 편지에서 차를 보내달라고 여러 차례 재촉했다고 한다. 초의선사는 우리나라의 차문화를 중흥시킨 다성茶聖으로 불리며, 매년 5월이면 일지암 일대에서는 차의 축제인 '초의 문화제'가 열린다.

  차와 스님과의 인연으로 일지암에서 두어 차례 묵은 적이 있다. 무인 스님은 두륜산頭輪山의 일출과 일몰의 장엄한 광경을 사진에 담아 보내기도 하고, 초봄에 파릇하게 돋아나는 차 잎과 신록으로 물들어가는 산사의 아름다움을 경탄하는 문자를 수시로 남기시면서 내 발길을 은근히 유혹(?)했다. 결국 그 유혹에 넘어간 내가 암자에 올라 밥 한 그릇, 국 한 사발로 시장기를 달래고 나면, 스님과 나는 차를 우려 담소를 시작한다.

일상다반사日常茶飯事라는 말이 있다. 풀이하자면 차를 마시고 밥을 먹는 일이라는 뜻이니, 곧 예사로운 일이라는 의미로 쓰이는 말이다. 이처럼 차는 선조들의 생활 한가운데 있었지만, 그 철학적 의미에서 차의 본질은 중용中庸이다. 넘쳐도 안 되고 모자라도 안 된다. 도시에서는 그럭저럭 '티백'을 물에 담가 마시거나 끓인 물을 함부로 부어 마시기도 하지만, 암자에서의 차담은 차분하고 은근하다. 찻잔을 두 손으로 고이 들어 음미하면 비로소 차의 깊은 향기를 맡을 수 있다. 그러나 인공조미료와 맵고 짠 음식에 길들여진 우리 입으로 차 맛을 느끼기란 좀처럼 쉽지 않다. 와인이나 커피 감식전문가들이 물로 입안을 자주 헹구는 것처럼, 비록 담백한 공양이라도 물 한 잔으로 입가심을 한 뒤에 차를 입술에 대는 것도 스님과 차를 마시며 알게 되었다.

차를 우리는 사람의 정성과 차를 마시는 사람들의 고운 마음씨가 어우러지면 그곳에서 참선이 이루어진다. 좋은 물이 차 맛을 좌우하고 물의 온도와 내리는 시간 등 언뜻 까다롭기 그지없지만 선방에서는 과정 하나하나가 선이다. 그러하니 차를 가운데 놓고 시답지 않은 언사를 늘어놓을 수 없는 것이다. 그렇다고 고담준론高談峻論을 하는 것도 아니며, 차라리 아무 말도 않고 고즈넉이 앉아만 있어도 되더라는 것이다. 시간에 쫓기지 않으니 시야가 넓게 펼쳐진다.

"지난여름엔 가뭄이 유난했지요. 차 잎이 누렇게 변하는 것을 보니 내 마음도 그렇게 타들어가데요."

산에 살면 사물 하나하나에 촉감이 닿는가 보다. 나무며, 꽃이며, 풀이며, 산새와 산짐승 이야기가 잔잔히 이어진다. '그게 무엇이 그리 중요한

가?' 하는 생각이 들다가도 이내 자세가 바로 잡힌다. 무심, 마음을 비우고 잡생각을 그때그때 걷어내면, 스님처럼 그렇게 될 수도 있음을 잠깐 맛보기도 했다.

장작불을 한차례 넣어 방바닥은 따뜻했지만 외풍은 잠을 이루지 못하게 한다. 그런데 스님 방의 창문이란 창문에는 모조리 비닐이 둘러져 있다. 양쪽 귀만 곤두세우니 산의 소리가 두런두런 들린다. 사박사박, 후드득, 사르륵. 밤새 뒤척거리다가 새벽예불을 알리는 목탁소리를 들었다. 나는 조용히 법당 뒤 끝에 앉았다. 동이 트기까지는 아직 한참이다. 짙은 어둠이 회색으로 묽어지자 산의 모습이 점차 드러난다. 무상無常, 시간의 변화, 어제와 오늘, '나'라는 존재…….

깊은 산 암자의 은은한 차향기가 오늘도 자꾸 나를 부른다.

## 🐚 서슬 퍼런 수행도량, 문경 봉암사

사찰에 가면 좋다. 머물면 머물수록 더욱 그렇다. 나를 내려놓는 108배를 하면 몸과 마음이 더욱 가벼워지고, 스님과 차를 마시면 자세를 바로잡게 된다. 또 절에서 공양을 하면 왠지 피가 맑아지는 느낌도 들고, 어찌어찌 방을 얻어 하룻밤이라도 나면 무언가 걸리적거리던 것들이 씻겨 내려간 듯하다. 절을 좋아하는 사람들 대부분이 이러할 것이다.

삶이 각박해질수록 많은 사람들이 사찰을 순례하거나 참선수행에 시간을 쏟는다. 마음수련, 자기를 찾는 명상수행 등 프로그램도 다양하다. 여느 사찰이든 종교와 상관없이 지원자를 받아들인다. 요즘에는 개신교와 가톨릭의 성직자들도 눈에 띄게 늘어난다고 한다. 그리스도교의 묵상과 불교의 참선이 한데 어울리면 마치 한류가 난류를 만나듯, 보다 깊고 새로운 영성의 단계를 접하게 된다는 경험담이 많이 소개되고 있다. 많은 그리스도교 신자들이 산사를 찾아 떠난다. 현각 스님의 말씀처럼, 출가함으로써 하느님에게 더욱 가까이 다가섰다는 고백에 수긍이 간다.

나는 무無와 공空에서 찾아지는 진여불성眞如佛性, 진공묘유眞空妙有가 곧 하느님이라고 생각한다. 텅 빈 공간에서 그 '충만'은 눈에 보이지도 않고 만져지지도 않는 성령, 곧 하느님이라고 여기는 것이다. 그러므로 우주가 곧 하느님이요 진여불성의 부처님이 아니겠는가? 프랑스 플럼빌리지에서 수도공동체를 이끄는 베트남 태생의 탁낫한 스님이 부처님과 예수님을 함께 섬기고 있음을 스스럼없이 말하는 것도 비슷한 맥락이 아닌가 싶다.

조계종의 종립선원으로서 사시사철 수행스님들의 안거가 시행되는 곳은 문경의 봉암사로, 일반 신도들에게는 '부처님 오신 날' 하루만 개방되는 곳이다. 이렇게 함부로 다가서기 힘든 봉암사에서, 이런저런 인연으로 몇 차례 숙식하며 정진을 흉내 낼 기회가 있었다. 그러나 이곳에서의 수행은 그야말로 서슬이 시퍼렇다. 안거기간 중에는 어떠한 흐트러짐도 용납되지 않으며, 안거가 끝났다 해도 수료증(?)을 못 받는 스님도 간혹 있다.

봉암사鳳巖寺를 품에 안은 희양산은 단단한 화강암 바위의 자태와 절 옆으로 흐르는 계곡이 아름답기 그지없다. 나는 엎드린 채 바위들 사이를 휘감아 흐르는 맑은 물을 마신다. 인적 없는 계곡은 어디서나 명상수행을 하기에 알맞다. 아침 일찍 주먹밥을 바랑에 넣고 산을 오른 스님들이 희양산 봉우리에서 산문을 지킨다. 등산객들이 산 아래에 있는 절로

희양산에 둘러싸인 문경 봉암사의 부처님 오신 날. 연꽃처럼 연등이 환하다.

내려오지 못하도록 하는 것이다. 지난 1982년부터 그래왔다. 봉암사에서는 휴대폰이 무용지물이다. 무선전화가 뚫고 들어올 수 없다. 통신안테나를 설치하는 것을 막았기 때문이다. 그러나 나는 오히려 이렇게 사방으로 갇힌 곳에서 자유로움과 편안함을 만끽한다. 호흡은 순일해지고 머리는 맑아진다. 스님과 차담을 하면서 그저 듣기만 한다. 고요한 주위가 입 밖으로 소리를 내는 것을 주저케 하는 것이다. 조신한 걸음으로 방으로 돌아와 눕는다.

한여름 깊은 밤, 천둥번개와 함께 비가 억수처럼 쏟아진다. 문을 열자 서늘한 바람과 함께 비가 들이쳤다. 그 순간 무수한 사념들이 한꺼번에 씻겨 내려간 듯 내 몸은 순식간에 희열에 사로잡혀 파르르 떨고, 묵직했던 생각들은 가벼워진다. 자리에 누워 귀를 열어놓는데 갑자기 우르르

쾅쾅하는 소리에 놀라 다시 일어나 앉았다.

비는 더욱 거세지고 계곡물 소리는 폭포처럼 느껴진다. 어스름 새벽에 나가보니 큰 바위덩이가 쓸려 내려왔다. 공양간에서는 아무 소리도 들리지 않았고, 그저 분주히 오가는 스님들의 움직임이 마치 한 폭의 수묵화水墨畫를 보는 듯했다.

공양시간, 숟가락 젓가락을 부지런히 놀리며 오물오물 씹다가는 한참 만에 또다시 수저들이 올라간다. 공양을 하는 것도 수행이었다. 공양을 마친 절은 오전 내내 또다시 적막에 휩싸인다. 어디를 기웃거리기도 어렵다. 나는 대웅전에 나가 108배를 마친 뒤 계곡을 타고 백운암에 올랐다. 길 옆 숲에서 푸드득 소리와 함께 산새들이 날아오른다. 포행布行 시간이다. 스님들은 짝을 이루거나 홀로 산을 올랐다. 울력시간에는 풀을 뽑거나, 빗물에 씻겨 내려간 길이나 텃밭 등에서 삽을 놀린다. 감자를 캐기로 한 날이지만 다음 날로 미루기로 했다고 살림을 사는 원주스님이 귀띔한다. 비온 뒤 끝에 캐놓으면 말릴 틈도 없이 감자가 썩어버린다는 것이다. 바랑을 뒤적거리던 스님이 누룽지를 내밀면서 귀빈용이라며 웃으신다. 차와 함께 누룽지를 깨무는 맛이 여간 고소한 게 아니었.

소임을 맡은 스님들은 안거 수행 중인 스님들을 뒷바라지한다. 밥을 짓고 반찬을 만들고 앉을 자리 누울 자리를 살핀다. "내가 이렇게 공양주 노릇을 하는데 공부를 안 하면 부지깽이로 때릴 것이다"라고 수경 스님은 으름장을 놨다. 저녁 일찍 공양을 마치면 스님들은 가사를 차려입고 대웅전에 모여 예불을 올린다. 하루 중 가장 엄숙한 시간이다. 그러고는 다시 새벽 동이 틀 때까지 묵언 수행을 한다.

스님들의 얼굴을 보면 왠지 피부가 엷은 것 같았다. 혈색도 그렇고 마치 핏기가 하나도 돌지 않는 듯하다. 그런데도 눈에서는 불꽃이 일었다.

자기 자신을 자꾸 죽이다보니 그런 것인가? 자기 자신에게 항복을 받아내는 것이 수행일진데 안거 중인 스님들은 기를 쓰고 제법무아, 제행무상으로 옮겨가는 것이다.

## 🐚 수처작주의 가르침, 정토수련원

나는 그동안 부정기적으로나마 전국 여러 사찰에서 산사체험을 했었다. 산사에 가면 무조건 좋다. 쉴 수 있고, 생각할 수 있고, 기도할 수 있고, 무엇인가를 쓸 수 있다. 단식하기에도 그만이다. 전북 순창 구암사에서는 2주일간 단식을 하며 매일 법당에서 108배를 올리고 산을 오르내렸는데, 약간의 허기를 느꼈을 뿐 날아다닐 듯이 몸이 가벼웠다. 가끔 산사의 스님들에게서 잠시 쉬러 오라는 연락이 오면 시간이 허락되는 한 달려간다. 절에서 자고 공양을 하면 여하튼 기분이 좋고 생각이 맑아진다.

지난 2008년 7월 2일부터 6일까지 4박 5일 동안 경북 문경의 정토수련원에 들어갔다. 심신의 수련을 통해 깨달음을 얻기 위해서였다. 정토회는 1988년 법륜 스님이 맑은 마음, 좋은 벗, 깨끗한 땅-정토를 실현하기 위해 수행을 바탕으로 한 사회참여 활동을 목적으로 창립했다. 바른 불교, 쉬운 불교, 생활 불교를 표방하며 전국 각지와 해외에서도 왕성한 포교활동을 벌이고 있는 이른바 진보적 불교단체이다. 북한은 물론 인도와 파키스탄 등에 구호식량 보내기 운동은 사회의 큰 호응을 얻고 있다. 인도에는 학교를 세워 가난한 학생들을 가르친다. 한편으로 법륜 스님은 인기 작가이며, 스타 강사이다. 스님이 쓴 책은 발행되자마자

베스트셀러가 될 정도이며, 무엇이든 물어보라는 '즉문즉설' 강연장에는 어디에든 많은 사람이 몰려든다.

정토수련원 '깨달음의 장'에서는 불교의 가르침을 따라 수행을 하지만 예불을 하거나 설법을 하지 않는다. 그래서인지 여기에 오는 수행자들은 오히려 다른 종교를 믿는 이들이 많은 편이다. 수행과정은 널찍한 방에 남녀 엇비슷한 비율로 20여 명 정도가 닷새 동안 함께 생활하며 공부하고, 밥 먹고, 잠자는 것이다. 서로 모르는 처지였지만 닷새가 지나는 동안 서로에 대해 샅샅이 알게 되어 있다. 자신의 모든 것이 까발려지기 때문이다.

정토수련원에 입문하기 전 약간의 걱정이 앞섰으나 일단 부딪혀보기로 하고 들어갔다. 손목시계를 비롯한 모든 소지품은 가방에 넣어 옮겨졌다. 4박 5일 동안 공부하는 것이 결코 만만치 않으니 견디지 못할 것 같으면 지금이라도 떠나라는 말 한마디에 두세 명이 일어나 방을 나갔다. 그리고 각자의 직업과 학력, 자신의 가진 것, 화났던 일, 바라고 싶은 일 등을 적어 내라고 했다. 그런데 이것이 나중에 각자의 자아自我와 집착執着을 마구 부수고 깨는 데 활용될지는 아무도 몰랐을 것이다. 모든 것에 앞서 수행문을 정독하게 한다.

"모든 괴로움과 얽매임은 잘 살펴보면 다 내 마음이 일으킨다. 그러나 어리석은 사람들은 이 괴로움과 얽매임이 밖으로부터 오는 줄 착각하고 이 종교 저 종교, 이 절 저 절, 이 사람 저 사람을 찾아다니며 행복과 자유를 구하지만 끝내 얻지 못한다. 그것은 안심입명의 도는 밖으로 찾아서는 결코 얻을 수 없기 때문이다. 언제 어디서나 일어난 어떤 괴로움일지라도 안으로 살펴보면 그 모든 괴로움의 뿌리가 다 마음 가운데 있고 그 마음의 실체가 본래 공한 줄 알면 모든 괴로움은 저절로 사라진다. 그런데도 사람들은 자신이 일으킨 한 생각에 사로잡혀 옳다 그르다 모양 짓고 그 모양에 집착해서 온갖 괴로움을 스스로 만든다. 한 생각 돌이켜서 이 사로잡힘에서 벗어나면 모든 괴로움과 얽매임은 즉시 사라진다."

이 수행문이 불과 닷새 동안 법사의 온갖 질문과 답변을 통해 자아를 부수고 깨지면서 깨달아야 할 내용이다. 이어서는 참회문을 정독한다.

"화나고 짜증나고 미워하고, 원망하는 이 모든 것은 밖으로 살피면 상대가 질문해서 생기는 괴로움인 것 같지만 안으로 살피면 내가 옳다는 자기 생각에 사로잡혀 일어난 것이므로 모든 법에는 본래 옳고 그름이 없음을 깨달아 내가 옳다는 한 생각을 내려놓을 때 모든 괴로움은 사라지고 온갖 업장은 녹아나는 것이다."

반야심경의 공空사상을 말하는 것이고, 무상無常과 무아無我를 가르치는 것이다. 제법諸法이 공한 도리에 사무쳐서 참회를 해야 하는 것이다.
시계가 없으니 기상시간이나 공양시간, 취침시간을 알 수 없었으나 오전 11시, 오후 5시가 공양이고, 새벽 일찍 일어나 밤늦게까지 똑같은 내용의 질문과 답변을 반복하며 집착의 실체를 끄집어내고 고통으로부터 스스로 벗어나도록 유도한다.
첫날 저녁 공양부터 먹는 것의 소중함과 인간의 도리를 배운다. '쌀 한 톨에도 우주가 담겨 있다. 햇빛과 물과 공기와, 시간과 수고하는 손길을 거쳐 입으로 들어온다'는 것이다. 공양간의 도우미들이 공양 때마다 편지를 보내온다. 오늘 저녁은 어디서 거둔 어떤 곡식으로 밥을 짓고, 텃밭에서 난 무엇으로 반찬을 만들고, 국은 어떻게 조리했는지를 알려주면서 공부 열심히 하라는 격려를 보낸다. 밥과 찬은 먹을 만큼 알아서 담아오는데 고춧가루 한 점도 남기면 안 된다. 반찬 그릇에는 각자가 가져갈 작은 무 조각이 있는데, 이것은 다 먹은 뒤 그릇의 남은 양념을 씻어내는 데 필요한 것이다. 4개 조로 나누어 공양을 운반해 오고, 빈 그릇을 가져다주고, 청소와 설거지를 한다. 설거지는 큰 대야에 밀가루를 풀어서 한 번, 두 번, 세 번 헹구어내는 것이다. 화학세제는 쓰지 않는다. 화장실은 멀리 떨어져 있다. 뒤처리는 톱밥을 뿌리는 것이다. 처음에는 무릎과 허리가 아프지만 점차 익숙해진다. 잠을 잘 때는 방을 둘로 나누어 바깥쪽은 남성, 안쪽은 여성들이 눕는다. 단잠이 될 수밖에 없다.

수행시간, 법사는 각자가 써낸 것을 묻는다.
"○○○ 씨, 그렇게 해서 화가 났다고 했는데 왜 화가 났습니까?"라고 물으면, "욕하는데, 건드리는데, 빌려간 걸 갚지 않는데, 자기는 더 나쁜 짓을 해놓고는……" 하며 구구절절한 제시했다. 눈물을 흘리면서 각자의 삶에 대한 고초들을 듣고 있노라니 중생의 삶이 고해苦海이며, 생로병사의 시달림에서 벗어나고자 발버둥치는 것이 인생임이 틀림없다는 생각이 들었다.
정토수련원에서는 참회수행에서 보왕삼매론寶王三昧論을 독송한다. 이 보왕삼매론은 한마디로 우리 삶의 걸림돌들을 디딤돌로 삼으라는 것이다. "몸에 병 없기를 바라지 마라. 몸에 병이 없으면 탐욕이 생기기 쉽나니, 그래서 성인이 말씀하시되 '병고로써 양약을 삼으라' 하셨다"는 서두를 비롯하여 열 가지의 가르침이 있다. 마치 불교의 명심보감과도 같은 것이다. 나는 보왕삼매론을 자주 들여다보는데, 결론 부분을 습관적으로, 의식적으로 떠올리곤 한다. 한동안 팍팍하게 지내던 시절에 나에게 큰 위안이 된 구절들이다.

… 막히는 데서 도리어 통하고 통합을 구하게 되면 도리어 막히나니 바로 장애 속에서 오묘한 경지를 이루게 되느니라.
如是則居碍反通 求通反碍 於此障碍中皆成妙境.

… 어찌 저 거역되는 것들을 나의 순리로 삼지 않을 것이며, 어찌 저들의 훼방이 나의 성취가 되지 않을 것인가.
豈不以彼逆 而爲吾之順 以彼毁 而爲吾之成也.

마음을 비우고, 마음을 내려놓고 순리를 따라야함을 배웠고, 나를 배신했다고 생각했거나 나의 일을 훼방 놓았던 사람들을 떠올리면서 이 부분을 수없이 암송했다. 누구를 미워하면 내 마음이 곧 지옥이다. 내가 나의 주인이 되지 못하고 그 누구에게 이끌려 다니게 된다. 이렇게 누구를 증오하는 나의 거짓 모습을 보고 나는 심히 부끄러운 마음이 일어났다. 보왕삼매론의 결론 부분이 나의 무지를 깨뜨리는 데 큰 보탬이 됐다. 나를 배신하고 훼방 놓았던 그 대상에서 오히려 순리와 성숙을 일으켜야 한다고 다짐하고 다짐했다. 몇 년 전, 전남 담양의 용흥사에 들렀을 때 진우 스님은 서옹 큰스님이 쓰신 수처작주隨處作主를 나에게 주셨다. 임제선사가 남긴 '수처작주 입처개진隨處作主 立處皆眞'에서 나온 글로, 언제 어디서나 주체적일 수 있다면 그 서 있는 곳이 모두 참된 곳이라는 뜻이다. 다시 말해 어디서나 주인 노릇을 하라는 것이며, 어떤 경계에도 마음을 뺏기지 말라는 것이다. 타인의 언행에 따라 분노하고 미워하면 그는 그 자신의 주인자리를 빼앗기게 되는 것이다.

고타마 싯다르타 부처가 깨달음을 얻은 뒤 제자들과 함께 길을 가고 있었는데, 웬 남자가 다짜고짜 입에 담지 못할 심한 욕설을 퍼부었다. 부처는 묵묵히 듣고 있었다. 한참이 지난 뒤 부처가 그 남자에게 "욕을 다 했습니까?" 하고 물었다. 남자가 아무 말이 없자 부처는 "그 욕을 받지 않겠습니다" 했다는 것이다. 이처럼 그 욕을 받지 않으면 뱉어진 욕은 어떻게 되는 것인가? 욕을 해댄 더러운 입을 가진 욕쟁이가 오리려 욕을 받을 수밖에 없다는 이 비유는 유명하다. 마찬가지로 집에 누군가 선물을 가지고 찾아왔는데 그 선물을 사양하면 그것은 가지고 온 사람이 갖게 된다. 다음은 법륜 스님의 가르침에서 배운 것이다.

"설악산을 보고 참 좋다고 하면 설악산이 기분 좋습니까? 자기가 기분 좋습니까? 어떤 사람을 두고 속으로 잔뜩 욕하고 미워하면 그 사람이 불행해집니까? 자기 마음이 불행해집니까?"

그렇다. 모든 것은 자기 생각의 포로가 되어서 스스로 지옥으로 빠져드는 것이다.

무상無常을 생각하면 과거는 없다. 영어 표현으로 'What is done is done'이다. 셰익스피어가 한 말이며 '과거는 흘러갔다'라는 뜻이다. 과거를 후회하고 미래를 걱정하는 것은 지금을 살지 못하기 때문인데, 이것을 깨닫고 실천한다면 그는 곧 부처일 것이다.

어느 날 두 스님이 길을 나섰는데, 비가 온 뒤끝이라 개울물이 크게 불어났다. 이때 웬 아낙네가 개울 앞에서 오도 가도 못 하며 안절부절 못하고 있었다. 스님들은 신발을 바랑에 넣고 바짓가랑이를 걷어 올리고 개울을 건널 참이었다. 그런데 한 스님이 아낙네에게 등에 업히라고 말했다. 아낙네는 스님의 등에 업혀 옷을 적시지 않고 건널 수 있었다. 한참을 걷다가 동행하던 스님이 아낙네를 업어준 스님에게 "수행자가 여인을 등에 업고 손으로 엉덩이를 받치고 뒷등으로는 말랑말랑한 젖가슴을 대다니 그럴 수가 있느냐"고 따졌다. 그러자 스님이 응수했다. "자네는 아직도 그 아낙네를 마음에 생각하고 있구만! 나는 벌써 잊었다네."

하루 이틀 지나면서 누구나 공연한 집착으로 자기를 힘들게 한 것은 바로 자신이구나 하는 자각을 한 때문인지, 모두들 홀가분해하는 표정들을 서로 볼 수 있었다. 마지막 날은 대청소를 한다. 뒷간의 똥을 푸는 작업을 하게 될 조를 뽑으려는데 내가 속해 있던 조의 조장이 자원을 해 버렸다. '이왕 이렇게 된 것' 하며 똥을 퍼냈다. 이 똥은 잡초와 섞여 퇴비가 되고 퇴비는 밭을 비옥하게 만든다. 그 밭에서 콩, 고추, 호박, 깻잎 등이 토실하게 자랄 것이고, 이곳을 찾는 다음 수행자들이 먹게 될 것이다. 깨끗한 것도 더러운 것도 없다. 곧 생각하기 나름인 것이다. 드디어 수련을 마치고 각자 소지품을 찾아와 나갈 준비를 하는데 마지막 질의 응답이 이뤄졌다.

"○○○ 씨 그 양말 누구의 것입니까?"
"제 것입니다"
"왜 ○○○ 씨 것입니까?"
"제가 가져온 것이니까요."

"가져왔다고 ○○○ 씨 것입니까?"
"그렇지요……."

그 순간 양말 한 켤레가 만들어지고 누군가의 발에 신겨지기 전까지 과정을 생각해보았다. 그 양말 한 켤레에는 목화씨를 가져다 뿌리고, 가꾼 사람, 수확한 사람, 공장에 실어다 준 사람, 실을 뽑는 사람, 또 옮겨 준 사람, 트럭 운전사, 실로 양말을 짠 사람, 고객에게 판매한 사람 등 햇빛과 물, 공기 등 자연의 혜택과 사람의 수고가 깃들어 있다. 인연이 되어 자기가 신고 있을 뿐 벗어놓으면 그 인연이 다하는 것이다.

정토회에서는 화를 다스리는 방법에 대해서 스스로 훈련하도록 권유한다. 알아차리기, 바라보기, 내려놓기, 참회하기가 그것이다. 자신이 화가 났을 때 스스로 감지하고 '내가 화가 났구나' 하고 알아차리라는 것이다. 알아차리지 못하면 불쑥 발산하는 것이다. 다음으로는 알아차리고 화를 객관화해 바라보는 것인데, 여기에서 자기 떠남이 가능해야 한다.

내려놓기는 비움이다. '성냄도 벗어놓고 티 없이 살라하네'라는 나옹선사의 시구를 읊조릴 수 있어야 한다. 마시막으로는 화의 대상을 향해 참회하는 것이다. 성냥불을 그어 던져서 불이 날 수도 있지만 나지 않을 수도 있다. 인화물질이 있으면 불이 붙는 것이고 인화물질이 없으면 불이 붙지 않는 것이다. 자신 스스로가 인화물질이 되게 할 수도 있고 그렇지 않게 할 수도 있는 것이다. 호흡을 느끼면서 항상 깨어 있지 않으면 가능하지 않은 일이다. 지금에 집중하는가? 스스로에게 자주 물을 수 있으면 좋을 것이다. 지금 이 순간을 살라고 한 것은 틱낫한 스님이나 달라이 라마뿐 아니라 모든 종교의 보편적 가르침이다. 그만큼 어려운 것이므로 자주 거듭해서 강조하는 것이다.

## 🐚 5대 적멸보궁 순례

우리나라에는 부처님의 진신사리를 모신 다섯 사찰을 5대 적멸보궁 寂滅寶宮으로 꼽는다. 양산의 통도사 通度寺, 평창의 상원사 上院寺, 영월 법흥사 法興寺, 정선의 정암사 淨巖寺, 설악산 해발 1,200m 고지의 봉정암 등이다.

지난 십여 년의 세월 동안 나는 이런저런 인연으로 5대 적멸보궁을 모두 참배했다. 사찰을 찾는 이유는 마음의 갈피를 잡고자 하는 것과 불佛·법法·승僧 3보에 경의를 표하면서 무언가 가르침을 얻고자 하는 바람 때문이다. 전국의 어지간한 사찰, 특히 조계종의 경우에는 25개 교구 본사를 모두 다녀왔다. 공직에 있을 때는 서울 성북구의 길상사와 북한산 진관사를 자주 찾았고, 고향에 머물 때는 가까운 무각사와 나주의 불회사, 보성 대원사, 화순 만연사와 운주사, 담양의 용흥사에 잦은 발걸음을 했다. 또 때로는 승주 선암사에서 조계산을 넘어 순천 송광사에 이르는 호젓한 산길을 침묵 속에 걸으며 혼자만의 사색을 즐기기도 했다. 스님이 계시면 차를 얻어 마시며 궁금한 교설을 여쭈었고, 계시지 않으면 법당에서 예불을 드린 뒤 경내를 산책했다.

산사 山寺들이 자리한 곳은 대개가 명당 터이기 마련이다. 사찰의 안내판들은 풍수지리에 밝은 큰스님들이 자리를 잡았음을 알려준다. 또한 산속에 자리해 유구한 역사를 이어온 사찰들은 우리 의식주 문화의 원형을 많이 간직하고 있기도 하다. 우리나라를 찾는 외국인들이 템플스테이를 선호하는 것도 사찰에서 한국적인 맛을 느낄 수 있기 때문인 것으로 조사됐다. 사찰의 건축 양식이나 온돌 구조, 한복의 모양을 본뜬

승복, 채식 중심의 식사, 간장, 된장 등을 담그는 것과 겨울을 나기 위한 먹거리 저장 등이 그것이다.

　사찰공양을 은근히 즐기는 필자는 들르는 사찰에서 웬만하면 한 끼를 염치없이 부탁한다. 찬이 있고 없고는 상관할 바 아니다. 사찰공양은 왠지 몸이 금방 건강해지는 것 같고 피가 맑아지는 기분이 들게 하기 때문이다. 파, 마늘 같은 재료도 없고, 조미료도 들어가지 않은 된장국과 김치는 오히려 내 입맛에 잘 맞는다. 대신에 나는 법당에서 절을 하고 불전금으로 밥값을 치르곤 한다. 북한산 어느 절에 들렀는데 마침 비구니 스님이 계셨다. 식은 밥이 좀 있느냐고 여쭸더니, 조금 기다리라 하시고는 금세 밥을 짓고 청국장을 끓여 내오셨다. 역시나 그 꿀맛이란……

　양산 통도사 적멸보궁은 정우 주지스님이 안내해주었다. 신도들로 가득한 법당 앞에서 유리를 통해 진신사리를 봉안한 봉우리에 참배한다. 부처님에게 복을 빈다는 것이 가르침에 위배된다는 생각이 들어 제행무상諸行無常과 제법무아諸法無我를 깨닫게 해주십사 하고 기도하지만, 어느새 나도 모르게 세상사를 하소연 하고 있는 '나'를 보곤 한다. 그러니 내 기도는 늘 뒤죽박죽으로 끝나기 일쑤다.

　평창 상원사는 산 밑의 월정사에 갔을 때 내친김에 찾았다. 상원사는 조카 단종을 내쫓아 죽이고 성삼문 등 사육신死六臣을 도륙한 세조(1417~1468)의 피고름에 찌든 적삼이 발견된 곳이다. 온몸에 종기가 돋은 세조가 이곳을 찾아 계곡물에 몸을 씻고 죄업罪業을 속죄한다며 대웅전 부처님 좌상 아래에 피고름 적삼을 넣어두었는데, 근래에 보수공사를 하던 중 그 유래를 적은 글귀와 함께 이 유품이 발견된 바 있다. 세조는 석가모니 일대기를 기록한 《월인석보月印釋譜》(1459년)를 간행하는 등 부처님 공경에 심혈을 기울인 것으로 기록되어 있다. '세조가 참배했던 진신사리에 오늘날의 많은 신도들은 어떤 바람을 갖고 기도를 할까?' 하는 생각을 해보았다.

정선 정암사 적멸보궁은 눈이 많이 내려 통행이 통제된 내리막길을 헤쳐 가며 겨우겨우 다다랐다. 전날 태백에 들렀다가 높은 산에 위치한 콘도에서 숙박했는데, 그만 엄청난 눈사태가 발생한 것이다. 자동차 바퀴에 체인 감은 것을 믿고 슬금슬금 내려갔다. 스님은 눈 속을 뚫고 찾아온 중생들에게 따끈한 차를 내주셨다. 굳이 적멸보궁을 찾아온 것도 집착일까 하는 생각도 들었다. 하지만 삼국시대와 고려왕조를 합하면 우리나라는 1천 년이 넘는 불교의 땅이었다. 무속신앙의 전통에다 불교가 더해진 탓에 부처님을 기복신앙의 대상으로 여긴 것은 어쩌면 자연스러운 것이었으리라.

설악산 봉정암鳳頂庵은 백담사 계곡을 타고 한참이나 올라가야 하는, 우리나라에서 가장 높은 곳에 자리 잡은 유서 깊은 사찰이다. 부처님 진신사리를 모셨다고 해서 밤을 새며 기도하는 신도들이 많다. 문화관광부 장관 재직 때는 낙산사의 정념 주지스님이 지금까지 봉정암에 올라온 장관이 한 명도 없었다며 한번 다녀가라고 하셨다. 나는 여름휴가를 내어 먹을 쌀과 미역을 꾸려 종무실 간부와 함께 봉정암에 올랐다. 누구든지 봉정암에 오르려면 쌀과 미역을 준비해야 한다. 이곳은 자동차 길이 없다. 그래서 가끔 절에 필요한 공사를 위한 자재와 연료 보급을 위해, 그리고 쓰레기를 산 밑으로 내리기 위해 헬리콥터가 뜬다. 정념 스님은 헬리콥터가 뜰 때를 맞춰 오면 어떠냐고 하셨지만, 가지 않으면 가지 않지 헬기를 타고 오르면 도리가 아니라는 생각이 들었다. 그렇게 오

설악산 봉정암 적멸보궁

르는 것은 불자들 말을 빌리자면 공덕이 없는 것이다. 봉정암을 방문하는 신도나 등산객은 누구나 미역국에 밥을 말아 한 술 뜨는 수밖에 없다.

　안개비에 젖은 적멸보궁 사리탑에 마주 섰다. 부처님 뼛조각을 모신 성스러운 곳. 자장율사는 당나라에서 진신사리를 가져온 뒤, 먼저 통도사에 봉안하고 이어 금강산에 봉안하려고 강원도를 찾았다. 그때 하늘에서 봉황새 한 마리가 나타나서 길을 인도하기에 따라가니 지금의 이 자리, 소청봉 아래 큰 바위 앞에서 홀연히 사라졌다는 전설이다. 생각했다. 기도를 할까? 복을 빌어볼까? 소원을 아뢸까?…… 아무리 속물이지만 여기까지 올라와서 제 욕심만을 앞세운다는 것이 쑥스럽다는 생각이 불쑥 솟았다. 부처님의 가피일까? 하면서 내려놓는 기도를 하기로 했다.

　머리를 덜어내고, 마음을 씻어내고, 가슴을 털어내는 기도. 탐진치貪瞋痴 삼독에서 벗어나기를 소원했다. 털썩 주저앉았다. 내가 나를 보니 이거 순전히 욕심덩어리인 게 아닌가? 여기까지 기다시피 올라온 것도 무얼 바랐던 것이 사실이었다. '적멸보궁 세 곳을 둘러보면 복이 어떻고……' 하는 소리에 솔깃했던 것이다. 장관을 하고 있으니 계속 승승장구, 대운이 활짝 피도록 기도하려고 여기에 선 것이다. 아서라. 복 달

설악산 봉정암 적멸보궁에서

라는 기도는 언제든 어느 곳에서든 하면 되는 것이니 제발 여기에서만큼은 제대로 정신을 차려보고 싶었다. 늘 중얼거렸던 삼법인三法印(제행무상諸行無常, 제법무아諸法無我, 열반적정涅槃寂靜) 화두를 올렸다. 삼법인은 불교 가르침의 핵심에 속한다. 간단히 무아, 무상, 고苦로 압축된다. 이 세 단어는 불교공부에 있어서 대전제가 되는 것이다. 슬픔도 기쁨도, 사랑도 미움도, 쾌락도 고통도 이 세 단어의 틀거리에 몰아넣지 않고서는 공부가 이뤄질 수 없다. 탐진치 삼독도 마찬가지다. 즐거움은 취하고 괴로움은 버리고자 하는데서 번뇌가 일어난다. 무상과 무아의 잣대로 번뇌를 의지적으로 소멸해야만 중도中道의 환희심을 느낄 수 있다.

　머릿속에 담겨져 있었지만 그걸 찬찬히 꺼내어 살펴보지 못했던 게 아니었던가? 시간이 얼마만큼 흘렀는지 몰랐다. 한여름이었지만 1,200미터 고지에는 한기가 돌았다. 으스스함이 느껴져 몸을 일으켰다. 부처

님 뼛조각에 절할 것이 아니라 그 가르침에 머리 숙이는 것이 바로 된 절이란 걸 깨달았다. 법당에 모셔진 부처님상이 부처님이 아니라 내 마음 안에 고이 모셔진 가르침이 부처님인 것이다. 봉정암에 오기를 참 잘 했다.

 5대 적멸보궁을 순례하며 가졌던 생각이 있다. 바로 불교가 민족 전통의 종교이면서 동시에 우리 문화 그 자체라는 것. 국가 보물과 문화재의 약 70%가 불교와 관련되어 있다. 싫다고 거두어낼 수도 묻어버릴 수도 없는 것이며, 또한 그래서도 안 될 것이다. 가톨릭 신자인 나는 공직에 있을 때 이 같은 주장을 거리낌 없이 펼쳤다. 호응도 있었지만 반감을 사기도 했다. 적멸보궁은 1천 년을 넘게 이 땅에 자리한 문화유산이다. 그것을 신앙의 대상으로 삼을 수도 있고 나처럼 그곳에서 쉼을 얻을 수도 있으며, 단지 관광 대상으로 여길 수도 있다.

## 4장

# 내가 만난 큰 스님

## 🐚 참사람(無位眞人) 서옹 스님

2003년 12월 16일, 장성의 백양사는 눈 속에 파묻혔다. 조계종 종정과 백양사 방장이셨던 서옹西翁 스님의 영결식과 다비식이 열렸던 날이다. 승속 할 것 없이 모두가 푹푹 빠지는 길을 따라 식장에 다다랐다.

나는 서옹 스님을 설선당說禪堂에서 두 번 친견했다. 단아한 모습에 천진난만한 미소를 머금으셨던 스님은, 뵐 때마다 철학자 데카르트의 "나는 생각한다. 고로 존재한다"는 말로 말문을 여셨다. 처음 들을 때는 무척 의아해 했는데 다시 들었을 땐 스님의 다음 말씀이 어떻게 이어질까 하고 궁금했다. 결국 스님께서는 데카르트의 말은 주관적인 것으로 비연기적非緣起的이라며 비판하신 것이다. 내 나름의 해석을 덧붙이자면, 오히려 미국의 생물학자인 싱어의 "나는 연결되어 있다. 고로 나는 존재한다"라는 말이 옳다는 가르침이 아닌가 한다. 물론 스님이 싱어의 말을 인용한 것은 아니다. 스님은 "세상의 어떤 유·무생물 스스로 홀로 고립되어진 채 존재할 수 없다"는 점을 강조하신 것이다.

이 세상 만물은 서로 주고받는 의존적 관계에 따라, 곧 연기법에 따라 존재한다. 여기에서 그 어떤 것도 자성自性이 없다는 무아無我와 공空의 개념이 생겨난다. 말하자면, 그 어떤 인간도 자신이 살아가는 데 필요한 먹을거리나 입을거리, 생활용품 모두를 스스로 조달하고 해결할 수는 없다는 것이다. 부자는 가난한 사람들이 있음으로 하여 상대적으로 존재하는 것이고, 강자가 약자들 위에 군림하는 것도 같은 이치이다. 중앙은 지방이 있으니까 가능한 것이다. 서옹 스님은 이렇듯 데카르트를 비판함으로써 연기를 설하셨다.

서옹 스님은 좌탈입망坐脫立亡, 즉 앉은 채로 입적하셨다. 좌탈입망은 고승들의 입적에서도 매우 드문 경우로, 선禪의 경지가 최고에 다다른 것을 보여주는 것이다. 오랫동안 스님을 시봉했던 진우 스님(현재 백양사 주지)이 그 좌탈입망의 순간을 사진을 통해 나에게 보여주었다. 법복을 온전히 갖춘 채 머리는 약간 들려 있고 입은 조금 열려 있었다. 더욱 놀라운 것은 다비식이 끝난 뒤의 광경이다. 장작더미 아래에 입구를 밀봉한 독을 묻어 놓았는데, 그 안에서 7개의 영롱한 사리가 수습되었다. 진우 스님은 크게 경탄해마지 않으며, 서옹 스님이야말로 진정한 참사람 (무위진인無位眞人)이셨음을 누누이 말씀하시곤 했다.

데카르트로 시작된 스님의 말씀은 '수처작주 입처개진'으로 곧바로 이어졌다. 나는 이것을 "항상 자신이 처해 있는 곳에 소외됨이 없이 주인노릇을 하면 바로 그 시간과 공간이 진실되다"라고 풀이한다. 이 말은 당나라 때의 고승인 임제 선사의 설법에서 나온 것으로, 서옹 스님 사상의 핵심으로 꼽힌다. 스님께서는 그래야만 우리가 대자유인, 참사람이 될 수 있다고 하신 것이다. 다음은 임제록에 실린 선사의 설법 중 한 구절이다.

"도 배우는 이들이여 부처님 법은 애써 공부할 것이 없다. 그저 평상시 대로 아무 일 없으면 된다. 똥 싸고, 오줌 누며 배고프면 밥 먹고, 피곤 하면 눕는다. …(중략)… 그대들이 어디를 가나 주인공이 되기만 한다면 선 자리 그대로가 참되어서 경계가 다가온다 하여도 그대들을 어지럽히지 못한다."

임제 선사를 흔히 "부처를 만나면 부처를 죽이라"고 한 폭탄설법으로 기억하는 사람들이 많다. 이 말 또한 바로 네가 주인이지 그 어떤 외부의 존재나 사물에 홀리지 말라는 걸 강조한 것에 지나지 않는다. 스님이 이렇듯 임제 선사의 철학을 계승한 데에는 그럴 만한 인연이 있다. 1941년 일본 교토의 임제대학을 졸업한 스님은 일찍이 임제철학을 접했던 것이다. 서옹 스님은 언제나 잔잔한 목소리로 다음과 같이 설하셨다.

"사람들은 살아가면서 외부 대상에 대해 반응하고 감정을 갖게 된다. 이러한 본능적 행위를 계속하면서 희로애락의 윤회에 빠진다. 그러므로 사는 것이 피곤해진다. 그래서 필요한 것이 주인공으로 살아가는 것이다. 어디에 서 있는 노예나 종이 아니라 주인공이 되어야 한다. 화두에 몰입하여 잡념과 감정에서 벗어나는 것이 깨어 있는 상태이다. 이러한 사람이 참사람이다."

스님이 자주 하신 아름다운 말씀 중 하나는 "물을 보면 물이 되고, 꽃을 보면 꽃과 하나 되어 물 따라 흐르는 꽃을 본다"이다. 주객일체主客一

體, 물아일체 物我一體이고 우주는 한 생명임을 일깨우는 가르침이다.

담양 용흥사에서 진우 스님을 뵈었을 때, 서옹 스님의 휘호 '수처작주'를 내게 주셨다. 휘호를 받은 나는 수첩에 끼워놓았던 글귀 '수처작주입처개진'을 꺼내 보이면서 "스님, 이 휘호는 본래 제 것입니다" 하고 우스갯소리를 했다.

좌탈입망. 스님은 입적 순간에도 정신이 또렷하게 깨어 계셨으며 자신이 어디로 가는지도 알고 계셨다. 그러므로 스님께서는 부처의 광명세계, 열반에 드셨으리라······.

## 여장부 대행 스님

국회의원 시절, 지역구(광주서구)에는 도심 사찰이 몇 곳 있었다. 그중 하나로, 당시 군부대의 호국불교 법당이었던 무각사無覺寺는 옛날 전투병과 교육사령부였던 상무대가 장성으로 옮겨가면서 순천 송광사의 말사로 거듭났다. 나는 곧잘 이곳을 찾았다. 법당에서 홀로 기도하거나 주변을 산책하다가 주지스님이 계시면 공양에 끼어들어 이런저런 불교 얘기를 듣곤 했다.

이 무각사 바로 밑에는 조계종 한마음선원이라는, 전통과 현대의 조화를 꾀한 아름다운 건물이 있다. 대행大行 큰스님의 지도 아래, 본원이 있는 안양을 비롯한 전국의 큰 도시에 선원을 운영한다. 광주선원은 비구니 혜월 스님이 주지로 계시는데, 이 선원은 해마다 석가탄신일에 큰 용을 제작해서 트럭 위에 싣고 광주 시내를 누빈다. 해마다 그 크기가 더해졌으며 모양 또한 예술성과 조형미를 고려해서 만들어졌다.

혜월 주지스님은 가녀린 체구와 여성스러움이 가득한 용모를 지니셨고, 게다가 무척 수줍어하신다. 인사차 들를 때마다 다과를 내어주시지만, 내가 말을 건네기 전엔 말씀이 도통 없으셨고 늘 엄숙한 표정이었다. 어떻게 출가를 하셨느냐, 선원 운영에 고생이 많으시겠다는 등 분위기를 돋우려 하지만, 늘 그저 미소로 응답을 대신한다. 뵐 때마다 이런저런 책자, 월간지, 달력 등을 챙겨주시는데, 이 모두가 대행 큰스님의 말씀을 담아 만들어진 것들이다. 특히 대행 스님의 말씀을 한글 휘호로 만든 달력을 볼 때마다 받는 감명은 이만저만이 아니었다.

선물 받은 것 중에 《한마음요전》이 있는데, 마치 성경책처럼 표지가 검은색 정장으로 되어 있다. 이 요전의 발간사에는 "대행 스님이 몸소 증험한 불법의 진미만을 담고 있음이요 난해한 장경의 숲을 곧바로 가로질러가는 생활 속의 불법을 설하고 있음이다"라고 쓰여 있다. 내용으로는 스님의 어린 시절, 출가수행, 법어 등이 실려 있는데, 여성의 몸으로 겪었던 고행은 보는 사람들에게 도저히 믿기지가 않을 정도이다. 간첩으로 몰려 체포당한 일, 풀잎으로 생식하던 일, 절에서 쫓겨났던 일, 깊은 산속 토굴에서 목숨을 건 수행 등은 요전에서 눈을 뗄 수 없게 만들었다. 나는 이 밖에도 스님의 법어집이 나올 때마다 구입하거나 얻는다. 《삶은 고苦가 아니다》, 《자유인이 되는 길》, 《길을 묻는 이에게》 등등. 또한 가끔 선원에 들러 월간지와 주간신문 등을 가져오는데 스님의 법어 중 핵심내용이 간추려 실려 있다.

문화관광부 장관으로서 각 종교의 수장, 대표님 등을 차례로 인사차 방문하는 중에, 혜월 스님께 대행 스님을 뵙고자 하는 뜻을 전했다. 그러나 일정은 쉽사리 잡히지 않았다. 2005년 가을 어느 날, 드디어 나는 안양의 본원을 방문해 혜월 스님과 함께 대행 스님께 인사를 드렸다. 몹시 편찮으셨는데도 예방을 허락하신 것이었다. 내가 이런저런 말씀을 드렸지만 스님은 그저 묵묵히 듣고만 계셨다. 나중에 쾌차하셨지만 만남 당시에는 병색이 완연하셨다고 혜월 스님이 귀띔해주었다. 어찌했든 그 이후 나는 대행 스님의 말씀을 공부(?)하고 나서야, 비구니 선원임에도 그렇게 엄청난 신도들이 한마음선원에 모여드는 연유를 알게 되었다.

  대행 스님의 법어는 흔히 설법에서 인용되는 어려운 한자漢字나 경전 내용을 찾기 어렵다. 알아듣기 쉽게 설법을 펼치는 것이다. 예를 들어 "불교란 어떤 종교인가?"를 설명하면서 "불교는 종교이기 이전에 진리 그 자체이다", "여느 종교와 달리 유일신이나 절대자라는 개념이 없다. 오로지 위대한 스승이신 석가모니 부처님이 깨달은 진리에 대한 가르침과 그것을 따르는 수행이 있을 뿐이다"라고 풀이하는 식이다.

  부처나 보살을 절대자와 유사한 개념으로 숭배하거나 기도로써 복을 비는 행위들은, 세월이 흐르면서 무언가 의지처를 갖고 싶어 하는 인간의 나약한 심성이 만들어내고 합리화한 것일 뿐, 그것이 결코 불교의 정통 수행법은 아니라고 스님은 못 박는다. 불교에서의 기도는 '나는 누구인가'라는 물음을 통해 자신의 참 모습을 관하고 그것을 밝히고자 하는 참구의 행위이지, 밖으로 대상을 정해놓고 거기에 의지하려는 행위가 아니라는 것이 대행 스님 설법의 주된 개념인 것이다. 이는 불교 가르침의 핵심개념이다. 수많은 방편, 예화 등이 동원되는 설법들 모두가 자신이 주인공이라는 깨달음으로 귀결되는 것이다. 나는 누구인가? 어디서 와서 어디로 가는가? 나부터 알아야 한다. 내가 있으니까 이 세상도 있고 우주도 있는 것이지, 내가 없다면 이 세상은 무엇이겠는가? 나무의 뿌리는 보이지 않지만 어느 누구도 뿌리를 부정하지 않는다. 나의 뿌리를 내가 보지 못한다고 해서 없다고 부정할 것인가? 누구에게나 뿌리가 있다. 그것을 '참 나'라고 부를 수도 있고 나의 주인, 주인공이라고 부를 수도 있다. 올해에 열린 수박은 작년의 씨를 심어서 난 것이고, 올해의 수박씨는 내년 수박의 근본이 된다. 그렇다면 작년 씨는 어디로 갔는가? '무'로 돌아가고 말았는가? 작년의 씨가 올해의 씨로, 다시 내년의 씨로 변화하니 그 씨를 어디서 찾을 것인가? 그 무엇이 싹터서 지금의 내가 되었는가? 바로 나의 근본인 주인공이다. 그러나 사람들은 나의 씨앗을 잊고 지금의 '나'에게만 집착한다. 그러나 나는 씨앗이 싹터 열매가 된 것이니 '지금의 나'를 어찌 씨앗과 별개의 것이라 하겠는가? 자기의 씨앗을 찾아라. 자기의 근본인 주인공을 찾아라. 제 속에서 제 씨앗의 성품을 찾아라. 그것이 내가 누구인지를 아는 길이다.

　이렇듯 대행 스님은 자기의 주인공에게 모든 것을 걸고, 맡기면서 수행하라 하신다. 한마디로 하자면, 밖으로 헤매지 말라는 것이다.

## 🐚 나에게 이름 주신, 송담 스님

　가톨릭 신자인 필자는 불교 법명도 있다. 2005년에 송담松潭 스님께서 지어주신 취봉翠峰이 나의 법명이다. 풀이하자면 푸른 봉우리라는 뜻이다. 불·법·승 3보를 순례대상으로 여겼던 나는 송담 스님을 친견하기 원하던 차에, 당시 대전의 조그마한 암자에 머물고 계셨던 스님을 수경 스님, 수원대학교 이주향 교수와 함께 찾아뵈었다. 한 말씀이라도 배우고자 선지식을 찾아다녔던 필자로서는 법명까지 얻게 되어 더할 수 없는 영광이었다. 통상 법명을 받으면 재가불자在家佛者로서 수행정진에 승속僧俗이 없음을 일러주는 뜻이 담겨 있는 것이다. 스님께 법명을 받은 나는, 앞으로 더더욱 불교공부를 열심히 하겠다는 다짐을 했다.

큰스님을 뵙고 나면 반드시 얻어지는 것이 있다. 연기, 공, 무아, 무상 등 불교의 근본 가르침은 대동소이하나 방편들은 각양각색이었으며, 이판理判과 사판事判의 입장에서도 배울 점은 꼭 숨어 있는 것이다. 송담 스님은 취봉이라는 법명을 써주셨고 법문을 담은 테이프를 선물로 주셨다. 지난 1975년 이래로 인천 용화선원 원장으로 계시는 스님은 스물한 살 되던 해에 전강 스님의 권유로 출가했으며 10년간을 묵언수행한 것으로 유명하다. 전강 스님은 74년에 열반에 드셨는데, 제자인 송담 스님에게 법을 전하면서 큰 절을 한 것으로 세상을 놀라게 했던 일화가 있다.

인천 용화사를 들렀을 때 전강 스님의 사리탑을 보았다. 대개 여느 사찰은 고승의 사리를 안치한 부도浮屠탑을 절의 입구나 한편에 세워놓는 데 비해 용화선원은 경내 가운데에 탑을 세운 것이다. 송담 스님의 전강 스님에 대한 흠모의 정을 엿볼 수 있는 것으로, 이는 전해지는 또 다른 광경에서도 확인된다. 어느 날 송담 스님이 법당에 막 들어서는데 마침 전강 스님의 육성 녹음 법문이 계속되고 있었다. 그러자 스님은 그 자리에 멈춰선 채로 은사의 법문이 끝날 때까지 꼼짝하지 않았다고 한다.

송담 스님은 동행했던 수경 스님에게 수행을 강조하는 말씀을 하셨다. 환경운동에 나서고 있는 수경 스님에게 수행을 소홀히 하지 말라는 당부였다고 생각한다. 송담 스님이 하셨던 법문의 주된 내용은, 우리가 어떤 외부조건에 마음을 뺏긴 채 '끄달려'(끌려) 다녀서는 안 되며 오직 화두를 탐구하면서 경계를 극복하라는 것이다.

"꽃은 화려하게 피어 있으면서도 나는 화려하다고 스스로 자랑하는 법이 없다. 하룻밤 새 꽃이 져버려도 꽃 자신은 떨어졌다고 해서 아쉬워하는 생각도 없다. 무상하다는 그 말이다. 그런데 꽃이 피기를 기다리는 사람들은 꽃이 되어 있을 때는 그렇게 곱다고 야단하다가 꽃이 지면 아쉬워한다."

노자老子의 스스로 함이 없이 행한다는 무위자연無爲自然을 불교 철학으로 쉽게 풀이하신 말씀이다. 꽃은 무위인데 이를 경계로 인식하는 사람들은 외부조건에 따라 울고 웃고 하는 것이다. 중국에 전래되어온 불교는 노자와 장자의 노장사상에 접목되어 중국에 뿌리를 내렸다. 송담 스님은 참선만이 불교에서 가장 훌륭한 법이라는 가르침을 빼놓지 않으셨다. 화두를 붙들고 탐구하고 타파함으로써 자기의 본래면목, 자기의 마음자리를 찾을 수 있다는 말씀이다.

색견비간색 색성불시성色見非揀色 色聲不是聲, 온갖 색을 보아도 색에 관여하지 않고, 온갖 소리를 들어도 소리에 끄달리지 않는다. 중생들은 일어나는 온갖 일을 보면서 거기에 빨려 들어가 분별심을 일으키고 스스로 번뇌 망상에 빠진다. 칭찬하면 웃고, 비난하면 화내고, 새소리를 들으면 기뻐하고, 음악을 들으면 차분해지고, 도시의 소음에는 짜증을 낸다는 뜻이다. 수행자들은, 보되 끌려가지 말고 듣되 집착하지 말아야 하며 일체경계에 현혹되지 않도록 공부해야 한다고 요약할 수 있다.

조계종 종립선원으로 일 년 사시사철 스님들의 결제가 이뤄지는 문경의 봉암사에서, 선禪의 기풍을 진작시키기 위해 수좌들이 뜻을 모아 송담 스님을 조실로 모시기로 했었다. 그래서 대표로 몇 분 스님이 여러 차례 용화선원으로 송담 스님을 찾아뵙고 간청을 드렸으나 허사였다고 한다. 스님들이 찾아갈 때마다 송담 스님께서는 "나는 그럴 만한 자격이 없는 사람이다"며 똑같은 대답만 하셨다는 것이다. 봉은사 주지시절, (노무현 대통령의 영결식에 불려나가 염불하신 것을 제외하면) 천 일 동안 산문 밖으로 한 걸음도 나가지 않으셨던 명진 스님이 해주신 말씀이기도 하다.

## 🐚 내 마음의 부처, 청화 스님

 불교를 알고 싶어 하고, 사찰 다니기를 좋아하게 된 동기가 내 마음속에 따로 내재되어 있었는지는 모르겠으나, 청화淸華 스님은 신심의 세계로 나를 이끌어주신 분이셨다. 어렸을 때부터 꽤나 열심이었던 천주교 신자인 나를 불교에 심취하도록 만드신 것이다. 한참 나중에 알게 되었지만 청화 스님에게 이끌린 분들이 참으로 많았다. 대개 큰스님으로 일컬어지는 선지식의 주변에는 학식의 많고 적음과 재산의 정도를 막론하고 많은 사람들이 구름처럼 모여든다.

 청화 스님. 1923년 출생, 1947년 출가, 2003년 입적. 나는 스님의 법체를 친견하고 배웠으며, 열반 후에는 스님의 불법을 순례(?)하고자 했다. 불교에서의 순례는 그저 사찰을 돌아다니는 데 그치는 게 아닐 것이다. 어느 사찰이나 암자의 대웅전, 법당에도 부처님은 모셔져 있다. 그런 부처님에게 절하는 건 결코 형상에 하는 것이 아니라 자신 안의 부처, 즉 본래 부처인 자기를 깨닫기 위한 것이라고 배웠다. 본래구족, 본래청정이다. 다른데서, 혹은 외부의 형상에서 부처를 찾지 말라는 선사들의 가르침이 그것이다. 여러 큰스님들의 주요한 사상이나 가르침을 귀중하게 모시지만, 특히나 청화 스님이 남긴 법어와 저술은 세월이 지날수록 더욱 오롯이 대하게 된다. 그래서 그것들을 늘 가까이 두고 수시로 읽고, 밑줄 치고, 베껴 쓰고, 덮어두었다가 다시 펼치곤 한다.

청화 스님의 선禪사상은 원통불교圓通佛教이다. 그것은 불교 내부 각 종파와 종단의 가르침을 어느 한쪽에 치우치지 않고 한데 어울리는 관점에서 이해하고자 했으며, 나아가 그리스도교 등 다른 종교, 다른 주의와 주장까지도 화해로 회통會通해야 한다는 것으로 요약할 수 있다.

나는 청화 스님이 그리스도교와 이슬람, 힌두교 등 세계 유수의 종교와 동·서양의 고대 철학사상, 현대 물리학과 수학에 정통한 것에 크게 놀랐다. 물론 탄허 스님, 성철 스님 등 우리나라의 선사들 중 유불선에 통달하고 외국 사상과 철학의 흐름을 꿰뚫은 분들은 많다. 그러므로 여기서 청화 스님의 철학과 사상을 말하고자 하는 것은 아니다. 다만 스님이 누구나 알아듣고 이해하기 쉽게 가르치셨으며, 몸에 밴 겸손으로 사람들을 대하셨다는 것을 새삼 돌아보고자 하는 것이다. 어느 경지에 다다랐음을 모르는 사람이 없었으나 스님은 언제나 "나와 같은 중생은……"이란 말씀으로 재가불자들에게 다가섰다. '깨쳤다'느니 '큰스님'이라느니 하는 분위기를 조금도 느낄 수 없도록 스스로를 경책하신 것이다.

따뜻한 아랫목에 푹신한 방석, 정갈한 법복과 시자스님의 정성스런 다과상 올림 등…… 보통 여느 사찰이나 큰스님을 친견할 때의 분위기는 이렇다. 그러나 곡성의 성륜사聖輪寺로 스님을 찾아뵈었을 때 나는 아랫목에, 스님은 윗목에 앉아 말씀을 들었다. 보통은 스님들께 3배를 드려야 하나 그것도 마다하셨다. 청화 스님의 뒤쪽에는 만다라 불교예술의 걸작인, 고행으로 피골이 상접하나 눈빛은 형형한 부처님상이 모셔져 있었다. 스님의 표정은 온화했으나 눈빛은 그야말로 따스하면서도 엄격하기 그지없으셨다. 존댓말로 대하면서 상대의 말을 지긋이 들어주셨으며, 만남을 마치고 나올 때는 마당까지 내려와 배웅해주셨다.

청화 스님을 흠모했던 우리 시대 한국화의 거목인 아산雅山 조방원 선생은 자신이 소유하고 있던 곡성군 옥과면의 품이 넉넉한 산을 기증했고, 스님은 그곳에 성륜사를 창건했다. 또한 스님은 40년 동안 장좌불와長坐不臥의 용맹정진勇猛精進 수행을 하셨고, 48년간 하루 한 끼만 먹는 일종식一種食과 무소유의 삶을 사셨다. 계율을 지키는 데 너무나 철저하셨던 탓에 스님을 시봉하기가 무척 어려웠다고 상좌스님들은 말한다.

나는 스님이 남기신 말씀들을 묶어놓은 《마음, 부처가 사는 나라》를 교재(?)로 삼아 힘들고 괴로울 때면 읽고 또 읽고 옮겨 쓰곤 했으며, 성경만큼이나 많이 들춰보았다. 스님이 주창하신 선사상의 요점을 가장 쉽게 이해하기에는, 스님의 많은 저서 중에 이 책이 가장 알맞았다. 스님께서는 서양 고전철학과 현대 물리학의 원리를 통해 불교의 제행무상諸行無常과 제법무아諸法無我를 풀이하셨다. 또한 모든 것이 결국 마음뿐이라는 일체유심조一切唯心造와 우주만물이 모두가 하나의 생명이라는 불이不二 사상에 대한 스님의 가르침은 두고두고 곱씹으며 되새길 만하다. 청화 스님의 "우주는 한 생명, 유정물, 무정물이든 결코 둘이 아니다不二"라는 거듭되는 강조는 현대 물리학에서도 그 근거를 충분히 찾을 수 있다.

청화 스님은 "현대 물리학도 증명하다시피 모든 존재는 다 근본적으로 하나로 합해져 있다. 세상만사 눈에 보이는 모든 것을 분석해놓고 보면 원자로 구성되어 있으며, 원자는 원자핵을 중심으로 전자가 뱅뱅 돌고 있는 것이며, 이 원자핵은 양성자, 중성자, 중간자, 소립자 등 우리 눈으로 볼 수 없는 알갱이이며, 결국은 더는 쪼갤 수 없는, 알래야 알 수 없는 것이다. 그러므로 물질이란 간단하게 색즉공色卽空이라, 물질이 바로 공이다. 물질이 공이라면 금쪽같은 소중한 몸뚱이가 굉장히 허망한 것이다"라고 설명한다. 사람이 죽으면 육신은 그것을 구성했던 지수화풍 地水火風으로 돌아가 아무런 흔적 없이 사라지지지만, 정신은 물질이 아니기 때문에 죽으려야 죽을 수 없는 것이 아닌가? 몸은 그때그때 인연 따라 생겼다가 없어지는 것이다. 생명 자체, 정신 자체는 영원한 것이므로 불교에서는 불생불멸 不生不滅이라고 하는 것이다.

나는 지난 2008년에 국제문화도시교류협회를 창립했다. 정치를 쉬면서 문화와 관련된 구상을 펼치고자 한 것이다. 그러나 정치를 재개할 생각으로 초대이사장에서 물러나면서 후임으로 전국교직원노동조합(전교조)의 초대 회장이셨던 정해숙 선생님을 모셨다. 한사코 사양하시는 선생님에게 간곡히 당부하여 성사된 것이다. 정해숙 선생님은 청화 스님께서 살아생전에 조실로 주석하셨던 성륜사의 신도 회장을 맡으신 바 있는데, 그곳에 들렀을 때 재색 몸빼 바지에 저고리를 받쳐 입은 선생님을 뵌 적이 있다. 그 스승에 그 제자로, 정 선생님은 청화 스님의 철두철미한 계행을 온몸으로 실천하셨다. 일절 육식을 하지 않았고, 외부행사가 없는 한은 일종식을 했으며, 일주일간 눕지도 않고 눈을 붙이지도 않는 용맹정진을 마다하지 않으셨다. 평생을 교직에 머물면서 교육민주화를 위해 싸워오셨고, 전교조의 합법화를 이뤄내셨다. 말씀과 삶이 일치하여 따르는 제자는 물론 사회일반에서도 큰 존경을 받아오신 분이다.

국제문화도시교류협회는 지난 2009년 11월 청화 스님 열반 6주기를 맞이하여 청화 대종사 불교사상 학습강연과 어록전시회를 조계종 한국불교역사문화기념관에서 개최하였다. 추념 강연은 청화 스님과 오랜 인연을 가진 박성배 미국 뉴욕주립대학교 종교학과 교수가 맡았으며, 고려대학교의 조성택 교수, 도법 스님, 영진 스님이 논평을 했다. 청화 스님 어록은 저명한 서예가이신 강형채 선생이 100여 점이 넘는 작품으로 준비했는데, 한글과 한자의 다양한 예술적 서체를 통해 청화 스님의 육성이 생생하게 들리는 듯한 훌륭한 작품으로 칭송을 받았다. 어록전시회에는 많은 분들이 찾았으며 작품 하나하나마다 오래 멈춰 서서 청화 스님의 가르침을 되새겼다. 이 행사들은 정진백 사상문화연구원 원장님이 크게 수고해주셨다.

> "우주 전체가 하나의 생명실상 生命實相입니다. 거기에다가 마음을 두는 것이 일상삼매 一相三昧고 그 마음을 염념상속 念念相續하는 것이 일행삼매 一行三昧입니다."

청화 스님의 가르침 중 큰 줄기를 이루는 말씀이다. 가끔 스님의 어록을 들추어본다. 부처님 법어가 살아 숨 쉬는 듯, 스님의 음성이 들리는 듯하다. 읽다보면 시간이 가는 것도 잊어버린다.

"말씀이신 예수님이 이 세상에 태어나셨다"고 한 성경 구절이 있다. 예수님과 부처님은 2천여 년 전에 말씀을 남기셨다. 기독교와 불교뿐만 아니라 모든 종교는 선지자·예언자의 말씀을 붙들고 신앙행위를 한다. 참으로 다행한 것은 요즈음도 불교 텔레비전 방송에서 청화 스님을 비롯해 열반한 선사들의 법문을 시청할 수 있는 것이다. 예수님은 제자들에게 자신의 모습을 보고 말씀을 듣는 사람들은 행복한 사람이며, 자신을 보았으면 하느님을 본 것이라고 했다. 이처럼 남겨진 말씀은 종교에서 가장 중요하다. 형상 자체를 섬기는 것에 대해서 정통성 시비가 끊이지 않는 것도 이 때문일 것이다.

# 5장
# 우리 문화와 불교사상

 불교와 우리 문화

우리 민족은 농경문화가 정착되면서 하늘에 제사를 올리는 오랜 전통이 있어 왔다. 곡식의 씨를 뿌리거나 추수한 다음에는 제천祭天행사를 열고 음주가무를 즐겼다. 이러한 전통은 삼국시대를 거쳐 고려시대로 접어들면서 팔관회, 연등회 등 불교 의식과 융합한다. 고려를 이은 조선은 유교의 성리학이 국가의 공식이념으로 등장, 유교를 숭상하고 불교를 억압하는 숭유억불崇儒抑佛 시대였으나 불교의 명맥은 계속 이어져 내려왔다. 우리나라 국보와 보물 등 소중한 문화재의 약 70%가 불교와 연관된 것도 이러한 역사적 전통과 맥을 같이 한다.

나는 불교가 우리의 전통문화와 아주 밀접한 관계가 있음을 역사에서 찾고 있다. 불교는 서기 300년대에 고구려, 백제 그리고 조금 늦게 신라에 전래되었다. 그러나 이보다 앞선 1세기 전후, 가야에 불교가 이미 들어왔음이 《가락국기》에 기록되어 있다. 불교가 이 땅에 전래된 역사가 약 1,800년쯤 되는 것이다. 고구려, 백제, 신라는 불교를 국가 통치이념으로 삼았다. 지방호족이나 부족을 통합하면서 왕권을 강화하는 데 이용한 것이다.

우리나라의 명산에는 큰 사찰들이 있다. 불교가 이 땅에 들어온 것은 300년대지만 그 이전에는 무속신앙(샤머니즘)의 중심이 산이었다. 무속신앙은 풍수지리를 이용해서 좋은 자리에 서낭당을 세워 산신을 모셨다. 우리나라 산사에 있는 산신각(혹은 삼성각)은 불교와 무속신앙이 결합한 흔적이다. 무속은 기복신앙의 기원이다. 길흉화복吉凶禍福을 모두 서낭당으로 가져와서 빌었다. 오늘날 전국 각지의 사찰들은 모든 국민의 휴식처이자 관광지이다. 소풍과 수학여행뿐 아니라 최근에는 갖가지의 사찰체험 행사로 종교를 막론하고 산사로 향하는 발걸음이 잦아지고 있다.

언젠가는 우리나라를 찾아오는 외국인 관광객들을 대상으로 설문조사한 내용을 살펴본 적이 있었는데, 가장 한국적인 것은 무엇인가라는 질문에 그들은 불교와 사찰체험(템플 스테이)을 가장 많이 꼽았다. 관광객들이 한국에 와서 찾는 것은 거대한 현대식 첨단 오락시설이 아니라 한국만이 갖고 있는 독특한 전통문화이며, 외국인들 눈에는 산에 있는 사찰에서 한국의 주거와 복식, 음식문화의 전통과 흔적들이 가장 많이 보인다는 것이다. 영국의 엘리자베스 여왕이 한국을 방문했을 때 안동 하회마을을 찾은 일이나, 최근 하회마을과 양동마을이 세계문화유산으로 등록되는 것 등을 보면 외국인이 우리를 보는 시각이 반영됨을 알 수 있다. 서울 북촌마을이나 전주 한옥촌의 온돌방을 외국인들이 즐겨 찾는

해인사 팔만대장경 판전에서 원택 스님 및 당시 해인사 주지로 계셨던 세민 스님(오른쪽)과 함께

것도 마찬가지다.

국회의원 3선과 약 2년간의 문화관광부 장관을 하면서 시간이 날 때마다 전국의 크고 작은 사찰과 암자를 많이 찾아다녔다. 조계종의 25개 교구본사와 태고종, 천태종 등의 사찰도 이런저런 행사와 인연으로 발길이 닿았다. 스님들을 만나게 되면 언제나 내가 먼저 천주교 신자임을 밝힌다. 하지만 어떤 사찰을 방문하든 간에 맨 먼저 법당에 들러 부처님께 삼배를 하면서 우리나라를 편하게 해주시기를 기원한다. 나라의 어려운 일을 불심佛心으로 극복한 사례가 몽골 침략 때의 팔만대장경이고, 임진왜란 때 승병이다. 불교는 고려와 조선조를 거치면서 호국불교가 되었다. 이런 역사와 문화의 전통은 면면히 이어져 내려오고 있다.

고려의 호국불교 신앙의 진수를 보여주는 행사가 2010년 11월, 국립중앙박물관에서 열렸다. 문화부에서 일했던 덕분으로 학예연구사의 설명을 들으면서 감상할 수 있었다. 국내, 일본, 유럽, 미국 등지에 흩어져 있던 고려와 조선 전기 불화 66점이 〈700년 만의 해후〉라는 행사 이름으로 모아졌다. 해후라는 표현은 전 세계에 흩어진 고려 불화가 700년 만에 한자리에서 전시됐다는 것에서 비롯한다. 우리나라에 10여 점밖에 없는 세계에서 가장 아름다운 종교예술품으로 손꼽히는 고려 불화는, 고려가 개경으로 환도한 1270년경부터 120년간 제작된 작품들이다. 특히 첫 선을 보인 일본 센소사草寺 소장의 물방울 수월관음도水月觀音圖를 비롯해서 아미타불도, 지장보살도 등은 섬세한 기법과 높은 완성도로 고려시대의 회화 수준을 여실히 보여주는 작품으로 큰 화제를 모으기도 했다. 중앙박물관은 종교미술의 최고봉인 고려 불화가 단아한 형태, 붉은색·녹색·청색 등 원색을 주조로 한 화려한 색채를 조화시키고, 호화로운 금니를 사용하여 물 흐르듯 유연하면서도 힘 있는 선묘를 보이고 있다고 설명했다.

고려(918~1392)는 새로운 왕조의 통합이념으로 불교사상을 적극 활용하였다. 팔만대장경과 더불어 불화는 환란이 일어나거나 외부의 침략을 받을 때 불심으로 국난을 극복한다는 취지 아래 그려졌다.《동국이상국집》을 보면 고려 때의 최상국崔相國이 거란 군사를 물리치기 위해 관음상을 그려 점안하는 소疏는 이렇다.

"만약 환란이 일어나거나, 원적이 침범하거나, 전염병이 유행하거나, 귀신과 마귀가 설쳐 어지럽히는 일이 있거든 마땅히 대비大悲의 불상을 만들어 모두가 지극히 공경하는 마음을 기울이며 …(중략)… 그렇게 한다면 적들이 죄다 스스로 항복하여 모든 환란이 소멸되리라."

이 전시회에는 중국의 송·원대의 불화와 일본에서도 그려진 불화도 함께 전시되었는데 그 수준은 불교 불화에 미치지 못했다. 생각건대 우리나라 역사상 가장 훌륭한 종교예술은 고려시대에 활짝 열렸던 것이 아닌가 한다. 조선시대의 불화가 고려 때보다 수준이 미달한 것은 숭유억불崇儒抑佛이라는 시대상황이 예술혼을 질식시켰기 때문이리라. 이렇듯 불교는 호국신앙이라는 종교적 측면만이 아니라 민족문화의 맥을 이어오고 있음을 파악할 수 있는 것이다.

그러나 한 가지는 지적해두고자 한다. 이러한 훌륭한 불교예술은 당시 크게 위세를 떨쳤던 불교의 힘이 밑바탕이 되었다는 점이다. 고려 태조 왕건은 개경에 10대 사찰을 세우고 연등회燃燈會, 팔관회八關會 등 불교의식을 국가행사로 발전시켰다. 왕이나 귀족 가문에서 출가한 승려도 많았으며, 개경의 사찰들은 국가에서 많은 토지와 노비를 주었고 물질적으로 풍부했다. 스님과 노비를 합쳐 1천 명을 넘어 2천 명까지 거느린 절이 있었고 권세를 잡은 스님들의 사치와 향락은 극에 달했다. 먹고 살 것 없는 백성들은 머리를 깎고 먹물 옷을 입어 군역과 노역을 피했다. 그러나 역사의 작용과 반작용은 반드시 나타나기 마련이다. 조선이 건국되고 숭유억불 정책이 시행된 것이나, 면죄부를 파는 등 수도승들의 윤리적인 부패가 극심해지자 가톨릭에서 종교개혁이 일어난 것 등이 이를 잘 보여준다.

나는 종교 간 평화와 교류를 늘 염원해왔다. 서로 다른 종교인들이 만남의 기회를 많이 가질수록 좋은 것이다. 서울 성북구 길상사는 도심 가까운 곳에 자리 잡은 관계로 많은 사람들이 찾는데, 길상사 행사에는 개신교와 천주교 성직자들도 자주 모습을 나타낸다. 원래는 1천 억대가 넘는 호화스런 요정이었지만 80대 노老보살이 염주 하나를 받고 법정 스님에게 넘겼다. 길상사 한편에 노보살의 작은 기념비가 있다. 참 아름다운 인연이다.

길상사에는 누구나 들어가 묵상할 수 있는 선방禪房이 있다. 머리가 묵직할 때 가끔 찾았다. 법정 스님이 서울에 나올 때를 맞춰 두어 차례 뵌 적이 있다. 내가 천주교 신자이면서 절집을 자주 찾는다는 것을 어떻게 아셨는지 "요사이 천불종 신자가 많다"고 하셨다. 천주교 신자이면서 불교를 좋아하는 사람을 그렇게 부르신 것이다. 어느 날은 지나가는 길에 길상사에 잠시 들렀는데, 마침 법정 스님이 나오시는 길이었다. 차를 한 잔 하겠느냐고 해서 사양했다. 우연한 만남이라 조금이라도 귀찮게 해드리고 싶지 않아 그랬는데, 나중에 생각하니 스님의 말씀을 듣는 절호의 기회를 놓친 것이 후회스러웠다.

수행하는 스님들을 성가시게 하는 사람들을 보면 마군魔軍이 따로 없구나 생각했었다. 자기 좋다고 수행 스님께 말을 거는 것이 그렇다. 절집에 흔히 써 붙여놓은 것이 수행하고 있으니 제발 접근하지 말라는 것인데, 실제로 안거 중에 불쑥 찾아오면 공부를 망친다는 말을 자주 들었다.

산은 정부의 적극적인 삼림정책으로 많이 푸르러졌고 국립, 도립, 군립 공원 등으로 지정되어 보호되면서 그만큼 더 국민들의 사랑을 받고 있다. 그러나 전국 유명산의 사찰에 이르는 길은 환경보호 차원뿐만 아니라 전통문화 보호 측면에서도 개선해야 할 점이 많다. 광주 무등산의 증심사나 원효사의 경우 그동안 정부와 시 당국, 무등산보호협의회 등의 노력으로 사찰 경내까지 들어온 유흥음식점이 아래쪽 상가구역으로 이전하였다. 이는 외국인 관광객이나 사찰체험을 위해 찾아오는 일반인의 좋은 반응을 얻고 있다.

    2005년 가을, 부산에서 한·중·일 3국의 불교대회가 열렸다. 매년 번갈아가며 열리는 행사이다. 한국과 중국, 일본은 각각 고유의 문화를 바탕으로 불교를 받아들였다.
    일본은 1950년대 이후 미국, 캐나다 등 북아메리카 대륙과 유럽에 불교를 전파했으며, 젠(선禪의 일본어) 열풍을 일으켰다. 일본은 법화경을 토대로 세계 도처에 평화와 화합의 탑을 세우고 있다. 미국은 티베트 불교와 일본 불교의 포교활동이 눈에 띈다. 중국은 문화대혁명에 훼손되고 파괴되었던 사찰을 복원하는 것은 물론이고 거대한 불사 건립을 국가 차원에서 진행하고 있다. 불교 종주국의 위치를 되찾겠다는 의지를 보여주는 것이다. 실제로 중국 당국은 승려 100만 명 양성계획을 세워 교육하고 있다. 우수한 실력을 갖추고 공산당원으로서 충성도가 높은 인재들을 골라 뽑는다. 우리나라도 1960년대 이후 해외포교 활동이 시작된 이후 최근 미주 대륙과 유럽 각지에서 포교가 늘어나는 추세이다. 한·중·일 3국의 불교가 각각 고유한 특징이 있겠으나 한국 불교의 우수성과 선의 전통은 상대적으로 덜 알려진 측면이 있다. 그러므로 불교계를 중심으로 국가적인 차원에서 원효 스님 등 고승들의 사상을 체계적으로 정리할 필요가 있다. 우리나라를 찾는 외국인들이 관심을 갖는 분야 중에서 불교가 차지하는 비중이 크다는 것을 간과해서는 안 될 것이다. 나는 문화관광부 장관 시절 한국 불교 현대화 계획수립에 착수했었다. 특정 종교를 지원하는 것이 아니라 우리의 전통과 문화의 우수성을 드러내고 체계화시켜 관광객들에게 매력을 느끼게 해야 한다는 생각 때문이었다.

　최근 들어 우리나라 불교에 귀의하는 외국인들이 많아졌다. 무엇인가 짜임새가 덜하고 마구잡이로 개발하려는 중국 불교와, 도심 한복판에 공동묘소와 함께 위치하면서 가족을 거느린 주지스님이 있는 일본 불교에 비해 한국 불교는 은은한 깊이를 느끼게 하고 명상적 분위기가 있기 때문이다. 몇 해 전 계룡산 동화사에 갔을 때는, 동화사에서는 독자적으로 폴란드 등 동유럽 국가들에 비구니 스님을 파견하고 있다는 얘기를 들었다. 현지의 호응을 물었더니 전파의 속도가 좋다고 했다. 미국, 영국, 프랑스, 독일 등에도 우리나라 사찰이 많이 세워지고 있다고 한다.

## 🐚 반야심경과 금강경

　나는 오래된 가톨릭 신자이며 예수 그리스도를 믿는다. 그러므로 예수를 믿는 종교에 대해서는 별다른 망설임 없이 다가간다. 천주교의 전례와 마찬가지로 개신교의 예배 역시 스스럼없이 받아들인다. 신·구교에는 분명한 차이가 있지만 신구약 성경의 말씀을 따르는 공통점이 우선이다. 내 것이 중요하면 상대방의 것도 중요하다고 생각한다. 그러므로 불교에 대해서도 나는 서로 다른 점을 존중하며, 부처님을 공경하고 가르침을 귀중하게 여긴다. 스님들의 설법을 듣거나 대화하는 것은 나의 또 다른 즐거움 중에 하나다.

　또한 나는 불교에 대해 오랫동안 관심을 가져왔다. 특히 12년간의 국회의원 시절 대부분을 문화관광위원회 소속으로, 또 약 2년 동안은 문화관광부 장관으로 재직하며 불교를 접할 수 있는 기회가 많았다. 그리스도교 신자 숫자에 버금가는 신도를 가진 불교를 알아야만 사회가 움직이는 여러 배경을 파악할 수 있겠다는 생각이 들었기 때문이다. 그러나 내가 불교를 알아가는 일은 결코 쉽지 않았다. 열심히 경전을 읽어도 모를 뿐이요, 스님들의 설법을 들어도 모를 뿐이다. 불교에 대한 나의 궁금증은 더욱 커져만 갔다. 속된 말로 '밑천이 짧아서' 그런 것이다. 하지만 그럴수록 불교에 대해 알고 싶다는 욕구는 더해갔다. 경전을 읽거나 해설 테이프를 통한 독학을 해보기로 했다. 먼저 불교 그 자체로의 가르침을 이해하고 불교와 그리스도교, 예수님과 부처님의 가르침에서 상통하는 것을 발견하는 데 재미를 느꼈다. 그리스도교가 유대사회의 기득권층, 즉 바리사이파와 사두사이파와 율법학자들의 지배체제에 맞서 보편적인 사랑을 바탕으로 한 하느님의 나라를 설파한 것처럼 고타마 싯다르타 부처님은 완고한 신분제도와 브라만교의 폐습을 타파하고 모든 사람에게 존엄성과 자유를 숨 쉬게 하여 인간해방을 실현하려 했다는 점이 일맥상통한 것이다.

사찰에서 거행되는 모든 법회에는 〈반야심경〉이 반드시 외워진다. 265자밖에 되지 않는 반야심경에는 불교의 핵심사상이 들어 있다. 반야般若는 산스크리트어이며 지혜智慧라는 뜻으로, 반야심경은 마하반야바라밀다심경摩訶般若波羅蜜多心經을 줄인 말이다. 마하摩訶는 크다는 의미이고, 바라밀波羅蜜은 도피안到彼岸(저쪽 언덕에 다다름)이라는 뜻인데, 큰 지혜를 얻어 고통이 없는 피안의 세계로 가자는 것이 반야심경이라 할 수 있다. 이 큰 지혜가 바로 공空이다.

나는 265자 공부에 우선 공功을 들였다. 관련 서적과 해설 테이프,

불교방송 강의 등을 통해서 어느 정도 뜻을 알 수 있었다. 몇 년 전에 무등산 원효사에 계시는 현지 주지스님을 찾아뵌 일이 있다. 반야심경을 공부하고 있는데 도무지 모르겠다고 말씀드렸더니 스님의 표정이 갑자기 차분해지셨다. 그러고는 일어나 벽장에서 백색 큰 항아리를 꺼내셨는데, 거기에는 265자의 반야심경이 새겨져 있었다. 월하月下 스님의 글씨를 항아리에 새긴 것이다. 그냥 외운다고 되는 것이 아니고 뜻을 잘 알아야 한다는 현지 스님의 충고였다. 무척 감사하고 기뻤다. 큰 항아리는 집 거실에 갖다놓고 이리저리 돌려가며 반야심경을 익히기에 좋았다.

반야심경을 들여다본 뒤 나는 금강경, 법화경, 천수경 등을 살펴보았다. 나 같은 초보자들을 위해 아주 쉽고도 재미있게 풀이한 서적들이 많았다. 어떤 비구니 스님께서는 묘법연화경妙法蓮華經, 즉 법화경을 써가면서 공부할 수 있는 필사용 경전을 선물해주셨다. 하지만 여전히 불경은 봐도봐도 잘 모르겠다는 생각이 들었다. 혼자서 끙끙대는 것보다 어떤 기회든지 스님들을 만나게 되면 물어보게 되었다. 스님들께 직접 들으면 무언가 좀 알 것 같다가도 돌아서면 다시 캄캄해지곤 하였다. 그런데 불경을 접하면서 눈에 띄는 것은 스님이나 불교학자가 아닌 목사님이나 다른 분야의 학자들이 반야심경이나 금강경을 여러 각도에서 해석하는 서적들이었다. 아울러 노벨평화상 수상자이며 티베트 불교의 최고지도자인 달라이 라마와 베트남 불교의 세계적 지도자 틱낫한 스님 등이 저술한 종교 간 교류와 평화, 예수 그리스도에 대한 이해 등을 담은 책들에서 큰 감명을 얻었다.

나는 반야심경의 색불이공 공불이색, 색즉시공 공즉시색色不異空 空不異色 色卽是空 空卽是色 부분에서 가장 긴 시간을 머물렀다. 색色은 물질세계이고 공空은 진공묘유眞空妙有이다. 물질세계는 온통 인과因果와 연기 緣起의 속성에 따라 구성되어 있으므로 그 자체의 고유한 자성自性이 없 다는 것으로 무상無常, 무아無我를 가르치는 지름길에 해당한다. 흔히들 불교는 허무에 빠지게 한다고 말하는데, 반야심경의 이 구절을 뜯어보 면 부처님의 가르침은 색에도 공에도 치우치지 않는 중도中道임을 알 수 있다. 금강경에 응당 머문 바 없이 그 마음을 내라(응무소주 이생기심應 無所住 而生其心)는 가르침이 있다. 열심히 하되 거기에 집착하지 말라는 것이다. 불교가 결코 허무주의가 아님을 단적으로 보여주는 대목이다. 지금 이 순간을 열심히 살라는 것으로, 다만 허상虛像에 집착하지 말라 는 뜻이다. 색이 없는 공은 없고, 공이 없는 색도 없다. 일반대중과 수행 자들에게 대한 경계심을 일깨워주는 대목이기도 하다. 그러나 색의 세 계를 말할 때는 부정적인 세계만을 말하지는 않는다. 물질의 세계 그 자 체는 가치중립적이다. 다만 인간이 바라보는 관점이 문제이다. 일체유 심조一切唯心造, 즉 모든 것은 마음이 빚어내는 것이며 마음의 장난이라 는 것이다. 행복과 불행도 내 마음이 만들어낸다. 물론 외부적인 조건과 환경이 일단 사람을 곤경과 역경에 처하게 할 수 있다. 이것을 제1의 화 살을 맞았다고 치면서 제2의 화살은 맞지 않아야 한다고 법륜 스님은 가르친다. 처한 조건을 바라보고 마음의 짐을 내려놓으란 것이다. 울며 불며 하소연한다고 불행은 떠나지 않는다. 집착에서 벗어나 있는 그대 로를 받아들이고 수행하고 기도하면서 자신이 처한 조건과 환경을 바 꿔나가야 한다는 것이다.

금강경에는 '과거심불가득 현재심불가득 미래심불가득過去心不可得 現 在心不可得 未來心不可得'이란 구절이 나온다. 지난날의 마음을 얻을 수 없고, 지금 있는 마음을 얻을 수 없고, 오지 않는 마음을 얻을 수 없다는 뜻이다. 임제 선사는 바로 지금이지, 다시 시절은 없다고 가르쳤다. '즉시현금 경무시절 卽是現今 更無時節'이다. 지금이 바로 그때이다. 현재를 살라는 말이다.

어떤 사람이 부처에게 살생의 업을 지었으니 살려달라고 애원한다. 부처가 그 사람에게 말한다. 네가 살생의 업을 지었다고 했는데 어느 마음으로 그 업상業相을 일으킨 것인가? 과거인가, 미래인가, 현재인가? 만약에 과거 심으로 일으켰다면 과거가 이미 없어졌으므로 그 마음을 얻을 수 없고, 미래 심으로 일으켰다면 미래가 아직 오지 않았으니 그 마음을 얻을 수 없고, 현재 심으로 일으켰다면 머물러 있지 않으니 그 마음을 얻을 수 없다. 과거, 현재, 미래를 모두 얻을 수 없으니 그런 까닭에 아무것도 일어난 바 없고 어디에서 죄상罪狀을 찾겠느냐고 한다. 과거와 미래는 물론이고 현재도 목에 숨넘어갈 듯 변화무쌍하다는 가르침이다. 미래를 걱정하고 과거를 후회하는 것은 현재를 제대로 살지 못하게 할 뿐이다. 그러나 행위의 원인과 결과에 대한 책임은 면할 수 없는 것이다.

불교에서는 마음에 대해서 많은 예화가 많다. 중국의 선종禪宗은 6세기 초 인도에서 건너 온 달마에 의해서 시작되었다. 달마 대사는 관심일법 총섭제행 觀心一法 總攝諸行이라고 말했다. "마음을 살피는 이 한 가지 일이 모든 현상을 거두어들인다"라는 뜻이다. 마음의 흐름을 잘 지켜보고 거기에서 주인 노릇을 하라는 것이다. 마음을 뺏기지 말라는 것이다. 뺏기면 노예가 되는 것이다. 소림사에서 8년 동안 벽을 대하며 수행하고 있던 달마는 혜가慧可라는 제자를 받아들인다. 달마는 혜가가 "제 마음이 편치 않습니다. 부디 제 마음을 평안하게 해주십시오"라고 하자,

"네 마음을 내놓아 봐라? 그러면 네 마음을 평안하게 해주겠다"고 한다. 한참 지나서 혜가가 자신의 마음을 찾을 수 없다고 하자, 달마는 "자, 이제 네가 너의 마음을 평안하게 해주었다"고 말한다.

이렇듯 고승들은 일상 속에서 일상을 초월한 진실을 실천하며, 늘 깨어 있으면서 자유롭고 해방된 삶을 누렸다. 대주大珠 스님께 어느 제자가 물었다. "스님도 진리를 닦고 수행을 하십니까?" "그렇다네." "어떻게 하십니까?" "배고프면 먹고 잠 오면 잠잔다네." "그것은 아무나 하는 일 아닙니까?" "그렇다면 모든 사람이 수행을 하고 있겠네요." "그렇지는 않지. 사람들은 밥을 먹을 때 밥은 안 먹고 이런저런 생각에 빠져 있고 잠 잘 때 잠들지 못하고 어지러운 꿈에 시달리지. 그게 나와는 좀 다르다네." 촌철살인의 가르침이다.

금강경은 불교사상의 진수를 담고 있다. 여러해 전 저명한 서예가이신 학정 이돈흥 선생께서 원하는 글귀가 있으면 써주겠다고 하셨을 때 나는 금강경의 사구계四句偈인 '범소유상 개시허망 약견제상비상 즉견여래 凡所有相 皆是虛妄 若見諸相非相 卽見如來'를 부탁드려서 글을 받은 적이 있다. 부처가 수보리에게 이른 말로, "모든 보이는 상은 모두가 허망한 것이다. 모든 허망된 가짜의 상을 진실의 상으로 보지 않으면 곧 부처 여래를 보는 것이다"라고 풀이할 수 있다. 상相은 보이는 것이다. 우주에는 보이는 것보다 보이지 않는 것으로 꽉 차 있다. 인간의 감각 능력은 지극히 초라하다. 눈은 독수리에 비하면 거리가 턱없이 짧고, 귀는 먹잇감을 쫓는 맹수에 비해서, 코는 냄새로 여행가방 깊숙이 숨겨놓은 마약을 찾아내는 개에 비해서 모두 크게 뒤진다.

반야심경에 나오는 '무안이비설신의無眼耳鼻舌身意'라는 구절 역시 같은 가르침이라 할 수 있겠다. 이는 인식의 기초를 이루는 여섯 가지 감각기관인 눈, 귀, 코, 혀, 몸, 뜻에 의지해서 속아 넘어가지 말라는 가르침이다. 불교에서는 이 여섯 가지 인식기관을 육근六根이라 한다. 육근은 인식의 주관적 측면을 말하며 이 여섯 가지 인식의 대상이 되는 '색성향미촉법色聲香味觸法'을 육경六境이라 한다. 육근과 육경을 주관, 객관이라 할 수 있다. 즉, '무안이비설신의'는 '나'라는 인식주체의 마음작용을 부정한 것이다. 눈으로 색(물질)을, 귀로 소리를, 코로 냄새를, 혀로 맛을 느끼는 것은 대상이 있어서 연기적으로 감각되는 것일 뿐 자성이 없고 공空에 기초한 것이므로 감각적 인식의 기능은 무無가 된다. 더욱 쉽게 말하면 인간의 감각능력은 삼라만상의 사물을 진실 그대로 파악할 수 없다는 것이다. 또한 구약성서의 히브리서 11장 1절 이하는 "믿음은 우리가 바라는 것들을 보증해주고 볼 수 없는 것들을 확증해 줍니다. … 우리의 눈에 보이는 것이 보이지 않는 것에서 나왔다는 것을 압니다"라고 기록되어 있다.

빙산의 일각에서 빙산은 뾰족이 솟은 것만 보이는 것이고 보이지 않는 부분은 바다 깊숙이 어마어마한 규모로 도사리고 있다. 사람을 보이는 대로 판단했다가 실수했던 경우가 누구에게나 있듯이, 편견과 집착에서, 자기의 마음이 빚어내는 대로 사물을 본다는 것은 지극히 위험한 것이다.

## 🧡 불교와 진화론

미국의 저명한 이론물리학자인 로렌스 크라우스 교수는 자신의 저서인 《무無로부터의 우주》에서, 우주는 빅뱅과 함께 무에서 생겨났으며 단연코 다시 무로 돌아갈 것이라고 주장했다. 크라우스 교수는 "인간을 포함한 우주 속 물질을 구성하는 원자들은 그렇게 해서 형성된 별들의 핵융합 활동 과정에서 만들어지고 초신성 폭발과 함께 우주로 흩어졌다. 지금 우리 몸을 구성하고 있는 것이 그 원자들이다. 따라서 인간은 별의 자식이며 결국 양자들의 요동 덕에 태어났다고 할 수 있다. 인간 또한 양자적 무에서 탄생한 것이다"라고 썼다. 이 이론은 이미 아인슈타인 이후의 현대 물리학에서 정설로 되어왔다.

그러나 이러한 크라우스 교수의 주장에 앞서 로마 교황청은 이미 지난 2004년, 150억 년 전의 빅뱅과 35~40억 년 전 최초의 생명체 출현, 그리고 이후의 모든 살아 있는 유기체들이 유전적으로 연관되어 있음을 인정했다. 37억 년 전 최초의 생명체가 오늘날 지구상 모든 생명체들의 조상이란 것을 인정한 것이다. 하지만 그렇다고 가톨릭교회가 다윈의 진화론을 그대로 인정한 것은 아니며, 다만 유신론적 진화론을 지지하는 것이다. 이 진화론은 진화의 그 긴 과정이 무의식적이고 맹목적인 자연 활동의 결과만은 아니며, 하느님이 진화의 전 과정을 주관했다고 주장한다. 생명의 진화와 유신론, 곧 창조론을 결합시킨 것이다. 이렇게 유신론적 진화론에서 창조와 진화는 화해한다. 말하자면, 우리는 더 이상 진화론과 창조론 가운데 하나를 선택하지 않아도 되는 것이다.

유신론적 진화론은 인간이 진화하는 데 37억 년의 시간이 필요했고, 지구상의 모든 생명체는 조상이 같다는 공동혈통을 인정하며, 인간과 다른 모든 생명체 사이에 생물학적 연속성이 존재하고 장미와 쥐에서 발견되는 DNA가 인간의 심장과 뇌세포에서 발견되는 DNA와 같다는 것과, 인류가 유인원과 공동의 생물학적 조상을 가진다는 것을 인정한다. 그러나 이러한 주장은 보수적인 그리스도교 종파의 입장에서 보면 천부당만부당한 것이다. 성경에 인간은 하느님의 모상에 따라 창조됐으며, 여자(이브)는 남자(아담)의 갈비뼈를 빼내 창조됐다는 기록을 무색케 하기 때문이다. 유신론적 진화론은 하느님이 우주의 생명과 진화과정을 항상 섭리한다고 믿는다. '나'와 꽃과 나무가, '나'와 소나 돼지, 닭이, '나'와 다른 사람이 한 생명이라는 데에 종교의 직관과 과학의 실증이 일치하는 것이다. 나는 때때로 여기에서 위안을 찾곤 한다. 정치적으로, 또 다른 여러 이유로 도저히 상종할 수 없다는 생각이 드는 순간, 저 대상과 나는 불이不二이라는 생각을 의도적으로 떠올리면, 비록 감정의 무게가 덜어지는 그 시간 사이의 차이는 있지만 결국에는 내 마음을 누그러뜨리는 데 도움을 얻는다.

크라우스 교수는 우주가 팽창을 계속해 어느 시점부터는 팽창속도가 빛의 속도를 능가하면서 지구인들의 시야에서 은하들이 사라져버릴 것이며, 결국은 에너지 0의 상태로 소멸한다고 주장한다. 결국 무에서 생겨난 우주는 무로 돌아간다는 것이다. 불교에서 말하는 진공眞空이나 태허太虛의 상태이다. 그러나 이 진공상태는 진공으로만 머물지 않는다. 물리학의 양자역학量子力學으로 보자면 무는 또 다른 새로운 유의 탄생을 예비한다. 무는 언제든 유가 될 수 있고, 유는 언젠가는 무가 된다. 양자역학의 세계에서는 그 차이점은 없어진다.

이런 양자역학의 세계는 불교 반야심경의 색즉시공色卽是空, 공즉시색空卽是色을 떠올리게 한다. 물질이 곧 공함이다, 공함이 곧 물질이다, 유와 무는 불이不二라고 펼칠 수 있는 것이다. 진공묘유眞空妙有, 즉 공空함 속에 무엇이 있다는 것인데, 이 무엇은 생명이 아닐까 한다. 니르바나 nirvāna(열반), 적정寂靜의 세계, 극락과 천당이 이 진공의 무無 안에 있다고 생각한다. 천당과 극락은 유무의 분별이 없을 것이며, 너와 내가 없는 온전하고 완전무결한 생명 그 자체인 것이다. 그리스도교의 교리를 빌리면 부활생명이다. 업業과 죄는 십자가에 못박혀 청산되고 신성神性과 합일合 된, 거듭 태어난 생명이다.

# 동양과 서양의 만남, 천도교

## 🐚 퇴계의 성리학과 동학의 상제사상

문화관광부장관 재직 시절 천도교 중앙본부에 인사차 들렀을 때, 이철기 교령님은 천도교 경전을 고운 글씨로 서명해서 내게 주셨다. 천도교 사상은 인내천 人乃天—사람이 하늘이다, 사인여천 事人如天—사람을 하늘처럼 여겨라, 경천애인 敬天愛人—하늘을 공경하고 사람을 사랑하라는 것 등으로 잘 알려져 있다. 특히 필자는 대통령이 되시기 전까지 김대중 총재의 비서실장으로 3년이 넘게 일했는데, 김대중 대통령의 휘호 중 가장 많이 쓰인 글귀가 바로 천도교의 가르침이다. 실제로 김대중 대통령께서는 독실한 가톨릭 신자로서 하느님을 공경하고 사람을 사랑하는 정치를 펼치셨다고 생각한다.

나는 천도교 경전을 읽으면서 조선 성리학의 큰 봉우리인 퇴계 退溪 선생의 존재론에서 인간과 만물의 물아일체物我一體 사상을 발견하고 큰 관심을 갖게 되었다. 나는 스스로 동학東學을 주창한 천도교 사상의 토대가 조선의 성리학은 물론 천주학으로 일컬어지는 서학西學에도 관련되었음을 본다. 동학은 곧 서학의 반대 개념이라기보다는 서학의 조선화를 꾀했다고 보는 것이다. 물론 짧은 앎에서 나온 얄팍한 지식에 불과한 것이나 필자 나름대로 정리해본다. 먼저 오랜 기간 동안 퇴계의 학문을 곁불 쬐어온 바를 옮기고자 한다.

퇴계의 사상을 이해하기 위해서는 하늘(天)의 개념을 파악하는 것이 필수다. 도道의 큰 근원으로 전제되어 있는 퇴계의 하늘 개념은 하늘과 인간의 관계를 상호 비추어주는 것, 즉 일체성과 상관관계로 파악한다. 퇴계는 조카의 질문에 답하면서, 道와 인격적 주재자主宰者로서의 상제上帝, 그리고 초월적인 대상으로서의 神이라는 이름은 천지의 조화, 곧 모든 우주의 생성변화를 낳는 하나의 궁극적인 존재를 서로 달리 부른 것일 뿐이라고 가르쳤다. 퇴계는 上帝·天·天命·太極·理·道 등 궁극존재에 대한 다양한 명칭들을 모두 하나의 존재에 대한 다른 이름으로 파악한다.

유학에서 하느님 존재에 대한 설명이 이미 있었다는 것은, 천도교는 물론이고 이후 조선에 가톨릭과 개신교가 별 무리 없이 전래된 배경일 수도 있다. 퇴계는 이 우주에서 음양오행이 오묘하게 조화를 이루어 만물이 생성되도록 주재하고 운용하는 존재가 있으며, 그 존재를 상제, 곧 하느님이라 일컫는다. 나는 이것이 그리스도교의 유일신 사상과 크게 다르지 않다고 생각한다. 이러한 퇴계의 하느님 공경사상은 천도교의 핵심이 되는 것이다. 퇴계가 체험적이고 정감적론의 입장에서 천인상응天人相應, 하늘과 사람은 인격적 대상으로 서로 응대한다고 한 것이 바로 그것이다. 퇴계는 말년에 선조宣祖에게 올린 상소문에서 하늘의 분노와 경고를 강조한다.

"임금이 나라를 다스리면서 통치의 도를 잃으면 하늘은 재난을 내려서 임금의 실덕失德을 견책하매, 그래서 허물을 반성하지 않으면 이변異變으로 다시 경고하고 그런 다음에도 과오를 고치지 않으면 임금의 지위를 상실케 하는 천명을 내린다."

하늘과 임금 사이가 마치 군신관계로 비유되는 것이다. 이것이 바로 하늘과 인간의 천인상응天人相應 관계이다. 하늘을 섬기는 방법은 공경(敬)과 정성(誠)을 다하여 상제를 받드는 것이라 하여, 경敬과 성誠을 제기하는데 수운水雲 최제우崔濟愚의 천도교 사상도 이를 되풀이한다.

금장태 서울대학교 명예교수는 자신의 저서인 《퇴계의 삶과 철학》에서 퇴계는 조선유학사에서 중국의 주자朱子를 가장 엄격하게 계승한 석학이며, 동시에 가장 먼저 조선시대의 성리학을 독자적 수준으로 끌어올렸던 거장이라고 주장한다. 경천敬天은 퇴계의 삶과 학문의 중심개념이다. "상제(하느님)를 마주 대하고 모시듯 하라(대월상제對越上帝)"는 것이다. 성리학에서 인간의 성품이 하늘로부터 부여받은 천명天命이요, 천리天理임을 밝히고 있는 것도 인간 존재의 본질이 하늘에서 근원하고 있음을 지적한 것이다.

퇴계와 수운의 사상이 가장 크게 일치하는 부분은 퇴계가 인간 존재에 대해 "王의 형상을 닮아 가장 신령하다"고 한 것이다. 곧 인간이 만물을 생성하는 천덕天德을 지니고 만물을 사랑하여 배양하는 천심天心을 간직하고 있음을 강조하고 있는 것이다. 필자는 우주가 하나의 생명이라고 하는 퇴계의 물아物我 사상은 불교의 생명관뿐 아니라 오늘날 생태환경학적 측면에서도 매우 중요한 개념이라고 생각한다. 숭유억불의 조선시대에 유교의 사상적 틀인 퇴계의 도리道理가 불교의 불이不二 사상과 겹쳤음은 흥미로운 일이다. 같음이 있으면 다름이 있고, 다름이 있으면 같음도 있음으로 조화를 이루는 것이 우주의 법칙이라고 보면 서로 다르다고 배척하는 것은 결국 찻잔 속의 태풍에 불과한 것이리라.

## 천도교와 그리스도교

수운 최제우는 조선 순조 24년(1824년)에 경주에서 태어나 41세 되던 해인 고종 1년(1864년), 동학을 포교하고 사술詐術을 부렸다는 죄목으로 대구의 감영 뜰에서 참수되었다. 그는 37세에 득도하여 38세부터 포덕布德하기 시작한 지 2년 반밖에 지나지 않아 처형된 것이다. 평소 존경해마지 않던 도올 김용옥 선생이《동경대전東經大全》을 펴내면서 서명을 곁들여 필자에게 책을 보내준 인연으로 동경대전을 공부하게 되었다. 그런데 천도교 경전과 함께 읽으니 공부가 더 잘되었다. 퇴계의 사상과 18세기 중엽 이 땅에 들어온 가톨릭의 교리의 성서인《천주실의天主實義》가 수운의 사상 형성에 영향을 미쳤다고 도올 선생은 강조한다. 도올은 그의 책에서 "우리 민족에게 진정 바이블이 있다면 오직 이 한 책을 꼽을 수 있을 것이다. … 반만년 민족사의 고난의 수레바퀴가 이 한 서물瑞物에서 응집되어 신세계의 서광을 발하는 개벽의 심포니라 해야 할 것이다. 그만큼 이 한 서물 속에는 수운이라는 한 인간의 너무도 꾸밈없는 소박한 삶의 모습과, 그 삶에 투영된 민중의 함성이 메아리치고 있다"라고 썼다.

수운은 포덕문 6절에서 득도의 과정을 말한다.

"… 마음이 섬뜩해지고 몸이 떨려서 무슨 병인지 집중할 수도 없고 말로 형상하기 어려울 즈음 어떤 신선의 말씀이 있어 문득 귀에 들리므로 놀라 캐어물은즉 대답하시기를 두려워하지 말라. 세상 사람이 나를 상제라 이르거늘 너는 상제를 알지 못하느냐."

그의 득도 과정은 하느님의 계시를 직접 받은 것으로 묘사된다. 반면 구약성경의 출애굽기 3장은 모세가 불붙은 떨기에서 하느님의 부름을 받는 대목으로, 거기에는 하느님이 모세야, 모세야 하고 부르셨다는 것과 모세가 하느님 뵙기가 무서워 얼굴을 가렸다고 쓰여 있다. 수운은 모세처럼 상제(하느님)의 부름을 받고 공경하고 두려운 마음으로 말씀을 받았다는 공통점이 있다. 즉, 두 사람 모두 하느님을 인격적으로 만났으며 하느님을 유일신으로 받들게 되었다는 것이다. 그렇다면 동학, 천도교는 그리스도교, 유대교, 이슬람과 같은 유일신을 믿는다고 해도 별 무리가 없는 듯하다. 그 명칭이 비록 야훼, 여호와, 알리, 상제 하느님, 한울님, 신, 도道 등으로 다양할지라도 하늘(天)의 주인인 유일신을 공경한다는 것은 동일하다 할 것이다.

천도교 경전 제4장, 천지인·귀신·음양 天地人, 鬼神, 陰陽 서두에는 "천지는 한 기운 덩어리니라. 천·지·인은 도시 한 이치기운 뿐이니라. 사람은 바로 한울 덩어리요, 한울은 바로 만물의 정기이니라"라고 정의한다. 하늘과 땅과 사람의 배합을 선언하는 것이며 특히 사람이 곧 하늘임을 천명하고 있다. 반면 성경의 요한복음 17장 21절 이하에는 "아버지, 아버지께서 내 안에 계시고, 내가 아버지 안에 있는 것과 같이, 그들도 하나가 되어 우리 안에(하나님과 예수님 안에) 있게 하여 주십시오"라는 예수의 말씀이 나온다. 또 로마서 6장 5절에서 바오로는 "그리스도와 같이 죽어서 그분과 하나가 되었으니 그리스도와 같이 다시 살아나서 그분과 하나가 될 것입니다"라고 말하며, 갈라디아서 3장 20절에는 "이제는 내가 사는 것이 아니라 그리스도가 내 안에 사시는 것입니다"라는 말씀이 계속된다. 수운이 말하는 바로 그것이다. 하느님과 사람은 '서로 안에 있음'이다. 천도교 경전 7장은 이렇게 시작된다.

"사람이 바로 한울이니 사람 섬기기를 한울같이 하라.(人是天 事人如天)"

수운은 하느님과 사람은 분리할 수 없다는 것, 하느님과 사람을 따로 떼어서 생각하는 그 자체에서 온갖 사회악은 물론이고 자연과 생명을 경시하는 풍조가 만연되었음을 지적한다. 나와 하느님, 나와 이웃, 나와 자연을 분리하는 것은 망상이라는 것이다. 물아일체 物我一體를 다시 생각해본다. 사실 모든 존재가 타자로부터 분리되어 있다는 생각 자체가 망상이다. '나'라는 존재가 나 아닌 것들 없이 존재할 수 없는 것이다. 가령 '꽃'이 꽃 아닌 것들 없이 존재할 수 있는 것인가? 햇빛, 흙, 물, 공기, 바람, 곤충, 새 들이 없으면 꽃은 꽃으로 존재할 수 없는 것이다. 지수화풍이 만물의 근원이며, 만물은 이 근원으로 돌아간다는 불교사상에 다름 아니다. 이것이 있으므로 저것이 있고, 저것이 없으므로 이것이 없다는 연기緣起사상이다. 어느 것도 독자적인 자성自性을 갖출 수 없으므로 무아無我이며 공空인 것이다.

수운은 시천주侍天主(하늘의 주인을 모시는 것), 인내천을 주요하게 가르친다. 한울님을 모시면서 바로 한울님과 같게 된다는 것이다. 2대 교주 최시형은 제사를 드릴 때도 향아설위向我設位라고 하여, 제사상을 차리고 절을 하는 것은 결국 내 속에 한울님을 모신 자기 자신을 위해 절하는 것으로 여겨야 한다고 했다. 불교에서 불상에 절하는 것은 결국 자기 부처에게 절하는 것이며 자기 속에 있는 불성에 공경을 표시하는 일이라 가르치는 것과 같은 것이다. 제10장에서 천도교 경전은 퇴계 이황의 핵심사상인 경敬과 성誠을 다룬다.

"우리 도는 다만 성敬·경誠·신信 세 글자에 있으니라……."

도올 김용옥 선생은 수운이 조선 유학과 가톨릭 사상에서 일정한 영향을 받았다는 것을 강조한다. 도올은 "임진, 병자 양난兩亂을 거치면서 지식인의 성찰이 현실적으로 역사의 바른 대세를 장악한 것이 아니라, 명분 없는 당쟁에만 휩쓸렸을 뿐 현실을 창조적으로 리드하는 생산적인 작업에 참여할 수가 없었던 것이다. 이러한 관념성은 조선 말기의 위정척사衛正斥邪론으로까지 이어지고 있다. 실학자들이라는 사람들도 진정한 의미에서 대세를 창조적으로 장악하고 현실적 대안을 제시하는 것이 아니라 창조적인 지식인의 역할을 상실한 관념론자들의 관심의 다양화에서 나온 잡설들만을 제기하고 있었던 것이다"라고 진단했다.

수운이 동학을 부르짖은 시대상황을 이같이 보았던 도올은 "인간의 순수한 도덕적 심체 혹은 본성에 대한 열망이 그들의 관념성과 비례하여 증대하였으며, 관념적 순결성은 종교적 열망으로 표출되었다. 이러한 내면적 초월의 열망이 외면화되면 곧 서학(천주학)의 수용으로 전화된다. 성리학은 어렵고 서학은 쉽다. 서학이 조선 민중의 샤머니즘적 파토스(일시적인 격정, 열정)와 결합되면 매우 폭발적인 대중성을 확보하게 된다. 그것은 사상의 공동을 전염병처럼 메꾸어나갔다. 이러한 위기의식 속에서 성리학과 서학이 제시하는 내재와 초월의 모든 패러다임을 만족시키면서 그것과는 전혀 새로운 다른 패러다임을 구축하려는 운동이 19세기 중엽에 조선에 잉태하게 된다. 그 이론적 표현이 기학氣學이었고, 그 실천적 표현이 동학이었다. 동학에 이르러 조선 역사에 내재해온 플레타르키아(민본)의 열망은 이전과는 전혀 다른 새로운 패러다임을 구축하게 된다. 그것이 '개벽'이었다"고 설명한다.

당시 서학(천주학)은 1700년대 말 이벽 등 실학자들을 중심으로 《천주실의》에 대한 연구모임이 자생적으로 일어났으며, 조선 최초의 영세자인 이승훈이 북경에서 천주교 세례를 받고 들어온 뒤로는 더욱 급속도로 전파되었다. 1800년대에 있었던 천주교에 대한 박해로 1만여 명이 순교했으며, 당시 조선 최초의 천주교 신부였던 김대건 등 순교자 103명은 지난 1980년 교황 요한 바오로 2세가 한국을 방문했을 때 성인으로 시성되었다. 이후로도 한국 천주교회는 순교자들의 행적을 조사·발굴해왔으며 앞으로 더 많은 순교 성인이 등장할 가능성이 매우 높아 보인다.

조선 실학의 거두 정약용은 천주학쟁이로 몰려 18년을 강진에 유배되었으며, 그의 동생 정약종은 순교하였고 형님인 정약전은 전라도 흑산도로 유배되었다. 정약용과 정약전은 유배 중 수많은 저서를 남겼다. 도올의 연구에서처럼 수운이 일정하게 서학의 영향을 받은 것은 분명해 보인다. 수운의 처형죄목은 서학西學의 사술詐術을 행했다는 것이었다. 이는 당시 조선의 지배계층이 수운을 천주학쟁이의 아류로 보았음을 말해준다. 앞서 말한 것처럼 천도교 경전에서 수운은 한울님을 유일신으로 섬겼으며, 한울님과 사람의 상응相應을 누누이 밝히고 있다. 여기에서 천도교가 쓰고 있는 한울님과 학계에서 주장하는 하늘님, 하느님의 같고 다름을 굳이 따질 필요는 없다. '상제'는 하늘의 주인이라는 의미이며, 그 표기의 여하如何는 그다지 큰 문제가 되지 않는다고 보기 때문이다.

서학은 성경을 토대로 하느님을 초월적이며 절대적 존재로 설명했다. 하느님은 우주를 창조하고 다스리며 모든 것을 섭리하는 존재이다. 성경에서는 인간에게 신성이 내재함을 말하기도 하고 인간의 신체를 성령이 거주하는 성전으로 묘사하기도 하지만, 그것은 어디까지나 불가분의 관계가 전제되어 있는 것이다. 이에 비해 동학의 경전은 상제(하느님)와 인간의 수평적인 관계구조를 누누이 강조하고 설파한다. 동학은 사람이 곧 하늘(人乃天)이라면서 사람의 우주적 신성을 거침없이 전파했다. 무지렁이, 상놈, 백정 할 것 없이 모두가 바로 하느님이라고 가르치니 '개벽'이 도래했다고 덩실덩실 춤을 출 수밖에 없었던 것이다. 수운은 서학을 조선 민중의 고단한 현실에 부합하는 쪽으로 발전시킨 것이다.

수운은 하나님의 존재를 조선인의 샤머니즘을 통해 규정했다. 도올은 "수운이 '하늘님'(천도교 경전은 한울님)이라 표현했는데 그것은 조선의 민중에게 생활화되어 있는 인격적 '님'이었다. 그 '님'은 철저히 수평적인 것이었다. 그것은 대자연의 생명이며, 음양의 조화였다. 모든 귀신도 이 음양의 조화이치의 표현에 지나지 않는다. 그것이 인간을 위압하는 존재일 수는 없다"고 했다. 조선 민중이 동학에 자발적으로 추종했음은 쉽게 짐작할 수 있다. 속담에 "내 복에 무슨 난리인가?"라는 말이 있다. 복이 있어야 사는 동안 난리라도 한번 일어나 팔자를 고칠 수 있다고 하는 것이다. 난리가 일어나야 세상이 뒤집혀 노비문서도 없애고 양반들 경도 치고, 관아의 곡식창고를 털어 배를 불릴 수 있는 것이고, 눈여겨보았던 여염집 규수도 안아보는 것이다. 지지리도 복이 없는 사람은 평생 짓눌려 숨 한번 제대로 쉬어보지 못하고 배를 곯아야 했던 시절이다.

수운과 천주학의 만남은 흥미롭다. 수운은 1855년 3월 어느 스님으로부터 《을묘천서乙卯天書》를 전해 받았다는 것이다. 도올은 이 을묘천서가 중국에서 가톨릭을 포교했던 예수회신부 마테오 리치Matteo Ricci(1552~1618)가 쓴 《천주실의》라고 주장한다. 천주실의는 한문으로 쓰인 교리문답서이다. 이것은 학계에서 여전히 논란이 되고 있는 부분이다. 어쨌든 우리는 수운이 천주실의를 충분히 소화한 뒤 나름대로 한울과 사람과의 관계를 설정한 것으로 추정할 수 있다. 수운의 물아일체物我一體는 오늘날의 생태환경주의나 그리스도교, 불교에서 일어나고 있는 생명존중사상과 부합하는 측면이 크다. 동학의 사상을 인간소외와 생명경시 풍조를 치유할 수 있는 주요한 사회적 근거로 삼을 수 있지 않을까?

이 땅의 역사를 배경으로 탄생한, 또한 이 땅에 뿌리박은 민중의 삶 속에서 일어난 종교운동들은 존중되어야 하며, 종교가 다르다거나 혹은 여하한 이유로 그것을 경시하거나 배제해서는 안 된다고 생각한다.

2부
# 따름으로 걷는 순례길
-서양종교 순례

### 1장

# 예루살렘, 갈릴리, 요르단 성지

### 🐚 화해와 상생의 도시 예루살렘

나는 2005년 11월 30일부터 12월 2일까지 사흘 동안 이스라엘과 팔레스타인을 공식 방문했다. 이스라엘과는 한국-이스라엘 관광장관 회담과 관광협정 체결을, 그리고 팔레스타인과는 관광장관 회담을 갖기 위한 것이었다. 우리나라와 이스라엘은 1994년 문화협력 협정을 체결한 이래 문화공동위원회를 개최해오면서, 무용, 전시, 공연, 교육, 체육, 영화 등 다양한 분야의 문화교류 사업을 전개하고 있다. 팔레스타인과는 1995년 상호교류와 협력을 개시하여 2005년 6월에는 공식 외교관계 직전 단계인 일반대표부 설치단계로 격상되었다.

이스라엘과 팔레스타인은 그리스도교의 주요 성지가 밀집된 지역이다. 국민의 30% 정도가 개신교, 가톨릭 등 그리스도교를 신봉하는 한국에서도 수많은 신자들이 성지순례와 관광을 위해 이곳을 찾고 있다. 그

이스라엘 장관과의 회담

러므로 우리 정부로서는 이스라엘 및 팔레스타인과의 관광협정을 통해 성지순례자와 관광객의 안전을 도모하는 것이 반드시 필요했다. 반면에 이스라엘과 팔레스타인 정부 역시도 당연히 주요 관광 고객인 한국과 좋은 관계를 맺고 싶어 했다.

우리는 이스라엘 도착 즉시 예루살렘으로 갔다. 양국 관광장관 회담과 관광협정을 체결하는 장소는 예루살렘 성이 마주 보이는 킹 데이비드 호텔(다윗 왕 호텔)로 정해졌다. 나는 천주교 집안에서 자라 세례 교인이 된 지 40년도 훌쩍 넘었지만, 신앙심은 아주 보잘것없는 습관적 신자임을 고백한다. 그러나 신앙심은 비록 미천했지만 예루살렘은 그 이름만으로도 내 가슴을 벅차오르게 했다. 그런데 이렇게 그 예루살렘 성이 바로 보이는 곳에 머무르게 되다니……. 나는 정말 꿈을 꾸는 것만 같았다.

이스라엘 정부는 나에게 안내원과 경호원을 붙여주었다. 짧은 체류 일정이지만 내가 가톨릭 신자임을 고려해 되도록 많은 성지를 돌아볼 수 있도록 배려한 것이다. 덕분에 나는 예수무덤교회, 십자가의 길, 유대인 구역, 통곡의 벽, 시온 산, 최후의 만찬 교회, 다윗 무덤, 성모 마리아 영면 교회, 올리브 동산, 예수탄생교회(베들레헴), 갈릴리와 나사렛의 여러 성지, 유대인 희생자 추모관인 야드 바셈 Yad Vashem 등을 둘러볼 기회를 갖게 되었다.

## 알-아크사, 솔로몬의 성전 위에 세워진 이슬람 사원

새벽 일찍 일어나 후다닥 씻고 기도를 한 뒤에 커튼을 활짝 열었다. 예루살렘 성이 눈부시게 다가온다. "시온의 아침에 빛나는 영광……"으로 시작되는 찬송가가 내 입에서 절로 흘러나왔다. 가장 먼저 눈에 띈 성전은 황금의 돔의 사원인 이슬람의 알-아크라 사원이다.*

알-아크사 사원은 서기 70년, 로마제국에 의해 폐허가 된 솔로몬 성전 터에 세워진 기구한 운명의 성전이다. 본디 이 성전은 다윗 임금 시대부터 출발한다. 다윗은 예루살렘을 차지한 뒤 모세가 호렙 산에서 받은 계약의 궤를 이곳으로 모셔온다. 이로써 예루살렘은 이스라엘의 중심지가 된다. 다윗은 이곳에 성전 건립을 추진하였고 기원전 957년에 그의 아들 솔로몬이 완공했다. 그러나 이 성전은 바빌론의 침공 때 파괴되었다가 페르시아의 도움으로 다시 복구되었지만 그 이전보다 초라했다. 로마의 식민지가 되자 헤롯은 성전을 화려하게 재건했고, 성전 광장은 집회장소가 되어 상인들이 모여들었으며 최고 법정도 거기에서 열리는 등, 거룩한 성전이 아닌 세속적인 성전으로 전락하고 말았다. 성전이 마치 시장판처럼 되어버렸던 것. 요한복음 2장 13절 이하 말씀은 예수님이 세속화된 성전을 정화하는 장면이다. 끈으로 채찍을 만들어 상인들과 환전꾼들을 쫓아버리고 탁자를 뒤엎어버린다. 내 아버지 집을 장사하는 집으로 만들지 말라고 한다. 예루살렘 성은 그야말로 절대 유일신을 믿으며 아브라함을 신앙의 선조로 삼는 다양한 종교들의 축소판이다. 가톨릭과 유대교, 이슬람과 동방정교회의 각국 교회들과 이

---

* 일반적으로 알-아크사로 알고 있는 사원은 무슬림들은 알-사크라 사원으로 부른다고도 한다. 진짜 알-아크사(황금돔 사원)은 지금의 황금돔 사원에서 떨어져 있는 검은 지붕의 사원이라고 주장하는 것이다. 지금에 와서 진짜와 가짜를 명확히 구분하는 것보다, 당시에 보았던 황금돔 사원을 기준으로 이 글을 썼음을 밝힌다.

무함마드가 승천했다고 하는 바위 위에 세운 알-아크사 사원

집트의 콥트 교회, 에티오피아 교회와 이들 종교의 수도단체가 어울려 있다.

 이슬람의 대사원은 638년에 아랍인들이 예루살렘을 점령하고 이슬람의 성지로 정한 상징적인 모스크다. 570년 아라비아의 메카에서 탄생한 이슬람교의 창시자 무함마드는 40세가 되던 610년경 가브리엘 천사로부터 자신이 절대신 알라의 사자使者로 부름 받았다고 한다. 무함마드는 알라가 계시한 말씀으로 613년부터 포교를 시작했으며 632년에 사망했다. 이슬람은 무함마드가 가브리엘 대천사의 안내로 예루살렘으로 와서 승천했으며 지상에서 마지막 흔적을 남긴 바위 위에 성전을 세웠다고 주장한다. 예루살렘을 점령한 칼리프(할리파라고도 함. 종교와 정치권력을 함께 쥔 최고 통치자)가 687년부터 사원을 짓기 시작하여 691년에 완공됐다. 이 사원은 십자군이 예루살렘을 점령했을 때는 다시 주님의 성전으로 개조됐고, 이슬람이 다시 이곳을 정복하면서 이슬람 사원이 됐다. 이스탄불의 성소피아 성당이 콘스탄티노플 시절 그리스도교 성당으로 지어졌다가 오스만튀르크 지배하에서 이슬람 사원으로 바뀐 운명과 비슷하다.

이렇게 숱한 파란과 곡절을 겪게 될 예루살렘 성의 운명을 예감한 것일까? 예수님의 눈물 얘기가 성경에 있다.

"그때에 예수님께서 예루살렘에 가까이 이르시어 그 도성을 보고 우시며 말씀하셨다. 오늘 너도 평화를 가져다주는 것이 무엇인지 알았더라면… 그러나 지금 네 눈에는 그것이 감추어져 있다. 그때가 너에게 닥쳐올 것이다. 그러면 너의 원수들이 네 둘레에 공격 축대를 쌓은 다음, 너를 에워싸고 사방에서 조여들 것이다. 그리하여 너와 네 안에 있는 자녀들을 땅바닥에 내동댕이치고, 네 안에 돌 하나도 다른 돌 위에 남아 있지 않게 만들어 버릴 것이다. 하느님께서 너를 찾아오신 때를 네가 알지 못하였기 때문이다."

― 루카복음 19장 41절

위에서 인용한 구절은 평화를 강조하는 말씀이다. 그렇다면 우리에게 평화를 주는 것은 과연 무엇이겠는가? 그것은 하늘의 뜻이며 하느님의 길을 말하는 것이다.

당시 예루살렘 성은 평화와는 거리가 멀었다. 유대인 지배층인 바리사이파, 사두가이파 대사제 등은 위선적이고 독선적인 우월감에 빠져 살았으며, 지배층은 로마와 결탁하여 민중을 착취했다. 경제적 불평등은 심화됐고 젤롯 당원들은 로마세력과 지배층 타도를 외쳤다. 평화가 깃들 수 없는 사회적 조건이었다. 예루살렘 성 내부가 이렇듯 평화가 없으니 외부의 침략에 맞서 힘을 모을 수 없는 것이다. 마음에 평화가 없으면 세상의 온갖 쾌락과 유혹에 쉽게 넘어간다는 뜻으로도 해석할 수 있다. 누가복음 말씀은 예루살렘 성의 미래를 정확하게 예측한 것이다.

### 십자가의 길

십자가의 길은 예수님이 십자가 처형을 선고 받은 안토니아 성에서 십자가에 못 박혀 매달린 골고다 언덕까지의 처절한 수난의 현장이다. 십자가의 길Via dolorosa은 1294년 리칼두스 신부에 의해 처음으로 그 위치들이 잡혔으며, 1540년경 프란치스코 수도자들에 의해 오늘날의 길이 확정되었다. 그러나 신학자들 사이에는 아직도 논란이 많다. 가장 중요한 성지인 골고다 언덕까지도 다른 의견이 있을 정도이다.

이 길에는 ① 예수 사형선고 ② 예수 십자가 지심 ③ 예수 기진하여 넘어지심 ④ 예수, 성모 마리아와 만남 ⑤ 시몬이 예수를 도와 십자가를 짐 ⑥ 성녀 베로니카, 수건으로 예수 얼굴을 닦음 ⑦ 예수 두 번째 쓰러지심 ⑧ 예수 예루살렘 여인들을 위로함 ⑨ 예수 세 번째 쓰러지심 ⑩ 악당들이 예수 옷을 벗기고 초와 쓸개를 마시게 함 ⑪ 예수 십자가에 못 박히심 ⑫ 예수 십자가에서 죽으심 ⑬ 제자들이 예수 시신을 십자가에서 내림 ⑭ 예수 무덤에 묻히심을 의미하는 14개의 지점이 있다. 나는 각각의 현장들을 차례로 옮겨가면서 기도하고 묵상했다. 예수 수난 14처는 조그마한 공간에서 성물을 제작 판매하는 수녀회를 비롯한 예루살렘의 각 교회들이 나누어 관리하며 수난의 현장을 지키고 있다.

가톨릭교회는 매년 사순절 기간에 〈십자가의 길〉 기도를 바친다. 안

십자가의 길 순례 중에

내자의 설명도 매우 훌륭했지만, 매년 십자가의 길 기도를 바치곤 했던 나로서는 그만큼 이해하는 데 큰 도움이 되었다.

예수는 빌라도 총독에 의해 처형됐지만 실제로는 사회의 변혁을 두려워했던 유대 지배층과 기득권층에 의한 보복 살인이었다. 예수는 강도의 소굴(마태오 21:15-19)이라면서 예루살렘의 "성전에서 팔고 사고 하는 사람들은 쫓아내고 환전상들의 탁자와 비둘기 장수들의 의자를 둘러 엎으셨다." 당시 유대인들은 성전에 제물을 바치는 것이 가장 중요한 의무 중 하나였으며, 깨끗한 제물을 구하려면 상당한 비용이 들어간다. 가난한 사람들은 돈이 될 만한 이런저런 물건을 가져와 제물을 사기 위한 돈을 마련하거나 물물교환으로 제물과 비둘기를 얻었다. 때문에 성전마당은 가난하고 불쌍한 민중들을 상대로 온갖 착취와 부당한 이득을 챙기는 곳이 되었다. 그래서 예수는 악덕상인들에게 채찍을 내리친 것이다.

그런데 이렇게 부도덕한 상인들을 강력하게 비판하던 예수는 그와 동시에 성전 뜰에 있던 소경과 절름발이를 고쳐주었고, 이런 기적에 놀란 아이들이 호산나 다윗의 자손이라고 외치자 대사제들과 율법학자들이 크게 화를 냈다고 마태오복음은 전한다. 성전 마당에 있던 또 하나의 집단적 존재, 곧 대사제와 율법학자들은 613개에 이르는 율법으로 민중을 옭아매는 사법폭력세력인 것이다. 이 사법폭력세력은 성경에서 율법학자와 바리사이파로 언급된다. 마태오복음은 23장 1절부터 36절에 걸쳐서 율법학자와 바리사이파의 온갖 위선과 불법, 부도덕한 행위를 지적하는 예수의 말씀을 기록했다.

악덕상인들에게 강도의 소굴이라고 꾸짖으면서 소경과 절름발이를 고쳐준 것은 세상에 온 예수의 소명이 불의를 배격하고 소외된 인간에 대한 사랑과 자비에 있음을 대조적으로 보여준다. 마태오복음뿐 아니라 마르코, 루카복음에도 율법학자들과 바리사이파에 대한 예수의 분노는 여실히 드러난다. "너희들은 화를 입을 것이다. 이 땅에서 흘린 무죄한 사람들의 피 값이 너희에게 돌아갈 것이다"라는 예수의 비판은 유대 지배층과 기득권층에게 엄청난 위협이 되기에 충분한 것이다. 그들은 예수가 지배체제의 전복을 위해 군중폭동을 선동하는 것으로 보았다. 대사제와 지배층은 예수가 하느님의 아들이라고 자처한 것에서 십자가 처형의 직접적 이유를 찾았지만 이는 구실에 불과한 것이다. 만약 예수의 가르침과 지적에 대해 민중의 열렬한 호응이 없었다면 한갓 거짓 예언자, 또는 미친 사람쯤으로 무시했을 것이다.

유대 지배층과 헤롯 왕과 빌라도 총독의 치밀한 계산 속에서 예수는 십자가에 못 박혔다. 여기에서 유대 군중의 역할에 대해 따져볼 필요가 있겠다. 예수가 예루살렘에 입성할 때 호산나를 외치고, 옷자락을 바닥에 깔아주고, 종려나무가지를 흔들어 환영하던 그 군중과 빌라도 앞에서 예수를 십자가에 못 박으라고 외쳐대던 그 군중은 다른 무리인가? 단정할 수는 없겠지만 나는 그 군중이 그 군중이라는 생각을 늘 한다. 병자를 고치고 마귀를 쫓아내는가 하면, 죽은 나사로를 살려내고 빵 다섯 개와 물고기 두 마리로 오천 명을 먹이는 기적을 일으킨 예수를 군중들은 따르지 않을 수 없었을 것이다. 헤롯 왕까지 예수의 기적을 보고 싶어 했을 정도였다. 유대 민중들은 이러한 초능력을 가진 예수가 하늘의 도움으로 기적을 일으켜 로마군을 박살내고 로마세력을 몰아내는 메시아 역할을 해주기를 바랐을 것이다. 그러나 유대인들의 바람은 곧 무너졌다. 뭐 좀 할 줄 알았는데 무기력하게 체포당하고 조롱당하는가 하면 매를 맞기까지 하니, 기대감이 허탈감으로, 나아가 배신감으로 뒤바뀌어 못 박으라고 외친 것은 아닌가 하는 생각을 한다.

 성경에서는 기적이 일어난 순간에는 한없이 감격하면서 하늘에 감사를 드리다가도 다시 고생길에 접어들거나 곤란에 처하게 되면 지도자에게 반기를 드는 백성의 모습이 자주 나온다. 모세의 인도로 이집트를 탈출한 유대 백성들이 그렇다. 홍해를 갈라 시나이 반도로 탈출하게 한 기적은 이미 망각의 늪으로 빠졌다. 백성들은 이집트 땅에 있었으면 고기도 먹고 배고프지 않았을 텐데 공연히 따라 나와 이 고생을 한다고 투덜거렸다. 모세는 하느님께 기도하여 만나를 내려주게 해 백성들을 먹여주었다. 목이 말라 도저히 못 살겠다는 아우성에 모세는 지팡이로 바위를 쳐 물이 샘솟게 했다. 모세가 먹고 마시게 해주는 기적을 보여주었는데도 유대 백성은 이를 금방 까먹고 우상을 섬기다 하늘이 내린 불 뱀에 물려죽게 되자 또 모세가 구해준다. 그러나 이렇게 숱한 기적이 일어났음에도 백성들의 끊임없는 불만이 계속 터져 나오자 모세는 결국 하느님에게 가나안 땅으로 들어가지 못할 것이라는 말씀을 듣기까지에 이른다.

유대의 대사제들과 지배층은 빌라도를 압박하여 예수 처형에 끌어들인다. 유대의 왕은 로마 황제뿐인데 스스로 왕이라고 자처하는 예수를 그냥 놓아두면 황제에 대한 불충이 될 것이라고 몰아붙이며, 예수를 십자가에 못 박으라고 아우성치는 유대인들이 폭동을 일으킬지도 모른다고 빌라도를 압박했다.

예수 처형은 유대인과 메시아의 관계가 완전히 단절되고 이후 역사에서 유대인이 크게 미움을 받아 온갖 박해와 살육을 당하는 계기가 된다. 예수와 헤롯 가문의 악연은 성경에서 잘 보여주고 있다. 예수 탄생과 관련해 헤롯은 메시아가 이 세상에 태어났다는 소리에 놀라 동방박사들에게 탄생지를 알려주면 자기도 경배하겠다고 거짓말을 한다. 아기 예수를 없애버릴 심산이었으나 동방박사들이 돌아오는 길에 헤롯에게 들르지 않아 무산된다. 헤롯은 이에 대해 두 살배기 아래 남자 아이들을 모조리 죽여버린다. 성모 마리아와 성 요셉은 천사의 인도를 받아 아기 예수와 함께 이집트로 피신한다. 헤롯은 자기 동생의 아내 헤로디아를 처로 맞아들인 일과 그 밖의 잘못한 일을 비판했다고 하여 세례자 요한을 감옥에 가두었다가 헤로디아의 딸이 요청하자 요한의 목을 벤다.

헤롯은 예수의 3년간의 공생활에서 많은 기적이 일어나자 요한이 다시 살아났을까 하는 두려움에 시달리며 예수를 한번 만나보고 싶어 했는데, 예수가 갈릴리 사람이라고 하며 빌라도가 예수를 자기에게 보내자 매우 기뻐하였다. 헤롯은 예수에게 기적을 한번 베풀어보라고 했고,

이것저것 캐물었으나 아무런 대답을 듣지 못하자 자기 경비병들과 함께 예수를 조롱하고 빌라도에게 돌려보냈다. 성경은 헤롯과 빌라도가 전에는 서로 반목하고 지냈지만 바로 그날 다정한 사이가 되었다고 기록했다. 헤롯 집안은 역대로 로마에 충성을 맹세하는 괴뢰 역할을 해왔다. 헤롯 영주는 예수 사후에도 교회 박해의 끈을 놓지 않았다. 사도행전 12장은 헤롯이 요한의 형인 야고보를 칼로 베어 죽이고 베드로를 감옥에 가두었다고 기록하고 있다. 과월절이 지나면 베드로를 유대인 앞에 끌어내 심판하고 처형할 작정이었다. 그러나 베드로는 주의 천사의 도움으로 쇠사슬을 벗어 던지고 감옥에서 나온다.

 헤롯은 권력과 탐욕에 젖어 산 가장 저주 받은 인간상을 상징한다. 예수가 공생활 동안 입에 담은 심한 말이라고는 바리사이파에게 위선자들이라고 한 것과 장사꾼들에게 강도의 소굴로 만들었다고 말한 정도였는데, 헤롯을 두고는 '여우'라고 다소 격정적인 표현을 하셨다. 루카복음 13장 31절 이하는 "그때 몇몇 바리사이파 사람들이 예수께 가까이 와서 어서 이곳을 떠나시오 헤롯이 당신을 죽이려 합니다"라고 말하자 예수께서는 "그 여우에게 가서 오늘과 내일은 내가 마귀를 쫓아내어 병을 고쳐주고 사흘째 되는 날이면 내일을 마친다고 전하여라"고 한다. 만약 헤롯이 이렇게 여우처럼 교활하고 간사하지 않았다면 로마에 빌붙어 살 수 없었을 것이다. 여우 헤롯의 죽음에 대해 사도행전 12장 23절에는 "…헤롯이 그 영광을 하느님께 돌리지 않았기 때문에 주의 천사가 곧 헤롯을 내리쳤다. 이리하여 그는 벌레에게 먹혀 죽어버리고 말았다"고 나온다. 여우가 죽으면 벌레가 먹기 마련이다. 예수와 헤롯 가문의 악연은 생명과 죽음, 빛과 어둠의 관계이며 진리와 거짓, 정의와 불의, 평화와 불화의 관계인 것이다.

빌라도는 26년에서 36년까지의 유대 총독이다. 전승에 따르면 빌라도는 로마인의 평균보다 작은 체구에 볼품없이 생겼는데, 그는 이러한 외양의 약점을 탁월한 지략으로 극복했다. 실제로 예수 수난 과정에서 빌라도는 이런저런 이유로 예수 처형을 회피하려 든다. 또 예수를 헤롯에게 보내 그쪽에서 알아서 처리해주기를 바랐다. "나는 이 사람에게서 죄를 발견하지 못했다", "나는 이 사람의 피에 책임이 없다. 너희들 임금이니 너희들이 알아서 하라"는 등 정치수완을 발휘하려 들었다. 빌라도는 처가의 도움으로 출세했다는데 그래서인지 아내의 말에는 민감했다. 아내가 꿈 얘기를 하면서 예수를 처형하지 않았으면 좋겠다고 하자 그대로 따르려고 했다. 빌라도가 "나는 이 사람의 피에 책임이 없다"고 한 것에 대해 유대인들이 그 사람 피에 대한 책임은 우리와 우리 자손이 진다고 했다는 성경의 기록은 유대인들이 이후 2천여 년 동안의 핍박을 받는 하나의 근거가 된다.

빌라도는 예수에게 "나는 당신을 살릴 수도 있고 죽일 수도 있다"고 말하면서 당신은 도대체 누구냐고 묻는다. 뭔가 심상치 않음을 직감한 것이 틀림없으나 당장의 권력 유지가 우선이었다. 열혈단의 잦은 반란으로 골머리를 앓았던 빌라도는 예수 처형을 요구하는 유대인들의 외침을 방관했을 때 일어날지 모를 큰 폭동을 우려했던 것이다. 총독으로서 책임을 면하기 어렵고 로마로 소환되어 목이 달아날 수도 있었기 때문이다.

이스라엘과 팔레스타인 방문을 마치고 돌아오는 여정에 스위스 취리히 공항에서 비행기를 갈아탔다. 12시간 정도 시간 여유가 있어 융프라우를 다녀왔는데, 가는 도중에 안내원이 필라투스 산에 대해 설명했다.

그 산은 해발 2,132m로 스위스 중부 루체른 호의 서쪽에 있다. 안내원은 빌라도 총독이 예수 사후 자리에서 물러나 필라투스 산에서 죄를 뉘우치며 칩거했다고 설명했다. 헤롯과 빌라도는 예수의 십자가 처형과 직접적인 관련 때문에 예수 사후 2천 년 가까이 그리스도교의 성경과 기도문에 의해 그들의 이름이 끊임없이 저주받고 있다. 지옥도 이런 지옥이 없을 것이다. 특히 신앙고백(사도신경) 기도문에 "본디오 빌라도 통치 아래서 고난을 받고 십자가에 못 박혀 죽으시고……" 부분이 나온다. 예수를 배반한 유다처럼 태어나지 말았어야 했던 처지가 된 인물인 것이다.

예수의 십자가 형벌은 33년이고 로마가 그리스도교를 인정한 것은 콘스탄티누스 황제 때인 313년이다. 그 사이 280년간은 그리스도교에 대한 숱한 피의 박해로 점철되었다. 빌라도 총독이 예수의 죽음과 부활에 대한 종교적 이해가 있었더라면 하는 가정을 해본다. 그렇다면 그리스도교 공인이 좀 더 빨랐을 것이며 로마 콜로세움에서 그리스도교인들이 사자의 밥이 되고 불에 태워지는 참극은 없었을 것이 아닌가 하는 생각을 했다. 그러나 종교나 제도는 희생이 수반되어야만 그 가치가 비로소 뿌리를 내린다는 것이 역사의 교훈이다. 민주주의가 피를 먹고 자라온 것처럼 예수 수난은 하느님의 어린양이 희생되어야만 그 피의 값, 즉 보혈로 인류를 죄에서 구원한다는 예정론에 따르는 것이라면 핍박은 영광에 이르는 길이 되는 것이다.

### 통곡의 벽

예루살렘 성전 산의 서쪽 벽 일부는 '통곡의 벽Wailing Wall', 히브리어로는 '하코텔 하마아라비'라고 불리는데, 그 이름에 대해서는 다음과 같은 두 가지 유래가 전해진다. 하나는 예수가 죽은 뒤 로마군이 예루살렘

통곡의 벽 앞에서

을 공격하여 많은 유대인을 죽였을 때 이 같은 비극을 지켜본 성벽이 밤이 되면 통탄의 눈물을 흘렸다는 설에서 유래된 것이고, 다른 하나는 유대인들이 성벽 앞에 모여 성전이 파괴된 것을 슬퍼했기 때문에 붙여진 이름이라는 설이다. 유대교인들에게 성전은 곧 야훼 하느님이 거처하는 곳이므로 이 벽은 매우 중요한 성역이다.

통곡의 벽에 접근하기 위해서는 준비가 필요했다. 한국대사관에서 유대인들이 쓰는 모자인 키파Kippah를 준비해왔다. 그것을 쓴다고 유대교인이 되는 것을 아닐 테지만 어떻든 벽에 바짝 다가가고 싶었다. 수많은 유대교인들이 소리 내어 경전을 읽고 벽에 머리를 찧으며 열심히 기도하고 있었다. 벽 틈새에는 수많은 종이쪽지들이 꽂혀 있었는데, 이는 벽을 방문한 사람들이 자기의 소원을 적은 쪽지들로 유대교 방식의 신심행위인 것이다. 나도 소원을 적어서 벽에 꽂아 넣었다. 유대인들의 수난의 역사를 살펴보면 유대교도들의 기도가 왜 그렇게 애절한지를 절감하게 된다. 갈급한 사람은 매달리게 되는 것이 아닌가?

**예수무덤교회**

성경에는 예수의 십자가 처형 장소가 골고다Golgotha 언덕이며 묻힌 곳은 골고다 근처의 새 무덤이라고 기록되어 있다. 골고다 언덕은 성벽 밖에서 성문에 이르는 길로 올라가며, 무덤의 주인은 유다 최고의회 의원인 아리마테아 출신 요셉이라고 했다. 그리스도교를 공인한 로마의 콘스탄티누스 황제의 어머니 헬레나 성녀는 324년에 예루살렘으로 성지순례를 왔다. 그녀는 예수 무덤에 대해 궁금하게 여겼는데, 그 무덤 위에 로마의 신전이 세워졌다는 사실을 알고 아들인 황제에게 요청하여 326년에 신전을 헐고 10년간에 걸쳐 예수무덤대성전을 지었다. 당시 규모는 길이가 150m, 폭이 70m나 되는 대단히 웅장한 규모였다고 한다. 헬레나 성녀는 예수무덤성전뿐 아니라 예루살렘 열 군데의 성지 위에 성전을 건립했다. 그러나 지금의 무덤교회는 페르시아에 의한 파괴와 보수, 이슬람군에 의한 파괴와 그리스도교 세력에 의한 재건축 이후 십자군 시대인 1149년에 다시 건축되었으며, 그 후에도 다시 지진으로 파손되는 등 파란만장한 역사의 소용돌이를 거쳐야 했다. 무덤교회는 소유권, 관할권, 보수작업의 주체를 놓고 가톨릭과 그리스 정교, 아르메니아 정교 등 종교 간의 분쟁과 영국, 프랑스, 러시아, 요르단, 터키 등 각국의 이해관계가 뒤얽혀 재건축과 보수에 우여곡절이 많았다.

### 예수무덤교회 내부

예수무덤교회 내부는 동방교회 전통인 성물 이콘Icon과 거대한 향로와 촛불이 인상적이었다. 나는 예수의 시신을 놓고 향료를 발랐다는 대리석판에 손을 올려보았다. 예수 무덤 입구 앞에는 엄숙한 표정의 동방정교 사제가 지키고 있었다. 나중에 알고 보니 무덤교회는 가톨릭, 그리스 정교, 아르메니아 정교가 우선권을, 그리고 시리아 정교, 이집트 콥트 교회, 에티오피아 교회가 공동 관리한다는 것이다. 무덤은 이들 교회

예수무덤교회 내부

가 돌아가면서 지킨다.

잠시 무릎을 꿇고 기도할 때 '예수가 이미 부활하셨는데 이 무덤의 의미는 무엇일까?' 하는 생각이 문뜩 떠올랐다. 예수를 믿으면 누구나 예수를 자기 안에 모시고 살아가는 것이다.

**성모 마리아 승천성당과 최후의 만찬 성당**

성모 마리아는 예수 승천 이후 제자들과 함께 지내면서 성령강림을 체험한다. 가톨릭의 묵주기도 영광의 신비 3단은 "예수님께서 성령을 보내심을 묵상합니다"로 시작한다. 기도 시작 전 해설에는 "제자들이 어머니와 함께 예루살렘 다락방에 모여 있을 때 성령의 불꽃이 혀의 모양으로 내려와 제자들의 마음을 거룩한 사랑으로 불타게 하시고 그들에게 모든 진리를 깨우쳐주시며 말씀의 은혜를 내려주셨습니다. 그리고 풍성한 은총으로 성령에 이끌린 어머니의 기도와 사도들을 통하여 인류 구원을 위한 교회 활동을 시작했다"고 되어 있다.

성모 마리아는 동정녀로서 성령에 의해 예수를 잉태한다. 가브리엘 천사가 당신께서 하느님의 어머니가 되리라는 기쁜 소식을 가지고 나타나 "은총이 가득한 이여 기뻐하여라. 주님께서 너와 함께 계시다"라고 인사하자 마리아는 "보십시오! 저는 주님의 종입니다. 말씀하신 대로 저에게 이루어지기를 바랍니다"라며 하느님 아버지의 뜻에 겸손하게 따랐다고 성경은 기록했다. 이러한 성경의 기록을 바탕으로 가톨릭의 성모 공경은 시작되었다. 가톨릭은 성모 마리아가 예수님에 의해 하늘에 불러 올려졌음을 가르친다. 시온 산에 있는 성모승천성당은 콘스탄티누스 황제의 어머니 헬레나 성녀가 예루살렘 성지순례를 계기로 무덤교회 등을 건축한 데 이어 383년에 지어졌다. 그 후 다른 성지의 성전처럼 이슬람에 의해 파괴되고 다시 지어지고 또 파괴되고 또다시 지어지는 수난을 겪다가 1910년에 오늘날 모습으로 완공됐다. 독일의 베네딕트 수도회가 관리하고 있다.

최후의 만찬 성당 역시 1333년 프란치스코 수도회가 처음 지었으나, 이후에는 이슬람과 유대교 사원으로 개조되는가 하면 소유권 분쟁으로 순탄치 못했다. 최후의 만찬이 있었던 방은 2층에 있다. 최후의 만찬은 가톨릭의 핵심 전례인 성체성사의 기원이 된다. 공관복음서에서 "예수님께서는 빵을 들고 감사를 드리신 다음 그것을 떼어 사도들에게 주시며 말씀하셨다. 이는 너희를 위하여 내어주는 내 몸이다. 너희는 나를 기억하여 이를 행하여라." 또 "만찬을 드신 뒤에 같은 방식으로 잔을 들어 '이 잔은 많은 사람의 죄를 용서해주려고 흘리는 나의 피니라'고 말씀하셨다." 최후의 만찬은 십자가 수난으로 몸이 찢기고 피를 흘림으로써 죄를 사하기 위한 성스러운 행사임을 암시하는 것이다. 개신교에서도 성찬식을 매우 중요시한다. 이 최후의 만찬 장소에서 예수는 많은 말씀을 남긴다. 간단히 정리해보면 이렇다.

유다의 배신을 예고, 높이 되려면 섬기는 사람이 되어라 하시고, 베드로가 세 번 부인할 것을 예고하시고, 제자들의 발을 씻기시며 서로 사랑하라는 새로운 계명을 주시고, 나는 길이요 진리요 생명이라고 선포하고, 성령을 보내주실 것을 약속하시고, 나는 포도나무요 너희는 가지로다 하고 가르치셨다.

수난 전날이므로 예수의 말씀은 곧 유언이다. 최후의 만찬장은 그래서 매우 의미가 깊은 성소다. 별로 넓지도 않은 이 같은 다락방에서 하늘만큼 큰 사랑의 역사가 일어난 것은 무척 감격스러운 일이다. 감동적인 가르침과 방의 크기는 정비례하지 않는 것이다.

**예수탄생교회**

베들레헴! 이름만 들어도 그리스도교인이라면 누구나 경배심이 솟아날 것이다. 베들레헴의 예수탄생교회는 하느님의 아들이 태어난 곳이며 그리스도 교회의 태생 성지라는 종교적 의미와 함께 지난 2,000년간 세계의 역사와 문화의 권력판도를 요동치게 한 현장이다.

"구세주 탄생하셨도다. 모두 다 달려가 경배하세……" 하는 크리스마스 성가는 너무나 익숙하다. 예수탄생교회는 동방정교회의 분위기가 물씬 풍긴다. 성당 내부엔 동방정교의 현란한 이콘과 길게 늘어뜨린 향로와 촛대 등이 그렇다. 성당 입구는 작은 동굴인데 머리를 숙여야만 한다. 당연한 것이라 여겨졌다. 예수님 탄생에 머리 숙여 경배해야 하기 때문이다.

이 성당은 이미 여러 번 언급한 바 있는 콘스탄티누스 황제의 어머니 헬레나 성녀가 324년 성지 순례 중 이곳에 와서 처음 성당을 지은 것이다. 헬레나 성녀는 이 기간 중 예수무덤교회 등 많은 성당을 동시에 착공하도록 아들 황제를 설득했으며, 성당은 339년에 완공됐다. 이후 여느 성지의 성당처럼 지진, 파괴, 화재 등을 겪다가 지금의 성당은 531년 유스티니아누스 황제가 완공한 것으로 세계에서 가장 오래된 성당으로 꼽힌다. 이 성당은 예수성탄성당이라 하며 이슬람의 점령 당시에도 온전했다. 이슬람은 예수가 하느님의 아들이라는 것을 인정하지 않았지만 동정녀 마리아에게서 태어난 예언자라고 꾸란에 명시하고 있기 때문이다. 성당 안에는 예수가 탄생한 말구유가 놓였던 곳에 작은 동굴을 만들어 주위를 벽 모양의 구리금속으로 에워쌓았다. 이 작은 동굴은 그리스 정교 소유이다. 예루살렘과 팔레스타인 지역의 모든 성지와 성당은 각국 교회와 수도단체가 그 관할권을 행사한다.

베들레헴의 예수탄생교회

예수는 탄생한 직후부터 이집트로 피신하는 등 수난이 시작되는데, 결정적이라 할 수 있는 예언은 시메온에게서 나온다. 요셉과 성모 마리아를 섬뜩하게 한 말이다.

"보십시오! 이 아기는 이스라엘에서 많은 사람을 쓰러지게도 하고 일어나게도 하며 또 반대를 받는 표징이 되도록 정해졌습니다. 그리하여 당신의 영혼이 칼에 꿰찔리는 가운데, 많은 사람의 마음속 생각이 드러날 것입니다."

가톨릭 방송에서는 예수의 일생을 그린 영화를 자주 방영하곤 하는데, 올리비아 핫세가 마리아 역을 맡은 영화에서는 마리아가 시메온의 예언에 예수를 안고 돌아가면서 몹시 못마땅하다는 듯 시메온을 뒤돌아보는 장면이 나온다. 예수 수난은 바로 성모 마리아의 영혼이 칼에 꿰찔리는 것이었다.

**예수탄생예고성당**
나사렛에 있는 예수탄생예고성당이 현대식 건물인 것에 우선 놀랐다. 곡절이 많았음을 뜻하기 때문이다. 이 성당은 5세기경에 마리아의 집터라고 여겨진 곳에 처음으로 지어졌고, 그 이후에는 다른 성지의 성당들과 비슷한 역사를 지닌다. 1730년에 프란치스코 수도회가 조그마한 규모의 성당을 지었는데 1960년부터 새로 짓기 시작하여 1969년 완공됐다. 성당에 들어서면 바로 아래로 내려가는 계단이 나오는데 그 밑에 바로 예수탄생 예고 동굴이 있다. 울퉁불퉁한 돌바닥으로 되어 있으며 곡식저장소 등 생활공간이 이어져 있다. 가톨릭의 성모송 기도가 바로 이곳을 연상시킨다.

"은총이 가득하신 마리아 기뻐하소서, 주님께서 함께 계시니 여인 중에 복되시며 태중에 아드님 또한 복되시나이다……."

가브리엘 천사가 나사렛 지방의 마리아에게 나타나 수태고지(예수를 성령으로 말미암아 잉태했다고 알림)를 한다. 마리아는 요셉과 약혼한 처녀로 그때까지 남자를 알지 못했는데 날벼락이 떨어진 것이다. 오들오들 떠는 마리아에게 가브리엘 천사는 말한다.

"두려워 마라, 너는 하느님의 총애를 받았다. 보라 이제 네가 잉태하여 아들을 낳을 터이니 그 이름을 예수라 하여라. 그 분께서는 큰 인물이 되시고 지극히 높은 분의 아드님이라고 불리실 것이다……."

또한 가브리엘 천사는 "성령께서 너에게 내려오시고 지극히 높으신 분의 힘이 너를 덮을 것이다"라고 마리아를 안심시키는데, 이에 대한 마리아의 다음과 같은 대답은 하느님 뜻에 순종하는 귀감이 된다.

"보십시오. 저는 주님의 종입니다. 말씀하신 대로 저에게 이루어지기를 바랍니다."

흔히들 가톨릭은 성모 마리아를 믿는다는 말을 듣는데 사실은 그렇지 않다. 가톨릭은 하느님의 아들 예수 그리스도를 믿는다. 다만 마리아를 예수의 어머니로 공경할 뿐이다. 성모송과 묵주기도를 하는 것은 마리아와 함께 하느님께 바치는 기도이다. 즉 마리아에게 우리를 위하여 하느님께 빌어달라는 부탁하는 기도이다. 따라서 예수를 중심으로 하지 않고 마리아를 중심으로 하는 묵주기도는 오히려 성모님을 슬프게 한다고 가톨릭교회는 가르친다.

### 올리브 산의 성당들

올리브 산은 예수의 공생활에서 가장 많이 등장하는 지역이다. 성경은 예수가 예루살렘 성전을 오고 갈 때마다 올리브 산을 경유했으며, 올리브 산에서 예루살렘을 내려다보며 멸망을 예고하고 눈물을 흘렸고, 낮에는 성전에서 가르치고 밤에는 올리브 산에서 쉬었다고 기록하고 있다.

예수는 최후의 만찬을 나눈 뒤 제자들과 함께 올리브 산으로 갔고, 겟세마네 동산에서 피땀으로 기도한 후 체포되었다. 십자가에 못 박혀 돌아가신 뒤 사흘 만에 부활하여 올리브 산에서 제자들이 보는 가운데 승천했다. 이러한 올리브 산이므로 곳곳마다 사연을 기념하는 경당이나 성당이 많다. "아버지, 나의 아버지, 아버지께서는 무엇이든 다 하실 수 있으시니 이 잔을 나에게 거두어주소서. 그러나 제 뜻대로 마시고 아버지의 뜻대로 하소서" 하는 기도를 드린 곳이 겟세마네다. 십자가 수난을 앞두고 이를 피하고 싶은 인간적인 애절한 심정으로 절규하면서 기도

한 곳이다. 첫 성당은 300년대 말 헬레나 성녀의 성지순례를 계기로 예수무덤교회, 예수탄생교회 등에 이어 차례로 세워진 것으로 추정된다. 이후 페르시아에 의해 파괴되고, 다시 지어지고 또다시 파괴되었으며, 현재의 성당은 1924년에 완공됐다.

  올리브 산 위의 예루살렘이 내려다보이는 곳에서 예수가 눈물을 흘린 곳에는 예수눈물성당이, 승천한 곳으로 여겨지는 곳에는 예수승천성당, 제자들에게 주님의 기도를 가르쳐준 장소에는 예수기도성당 등이 있다. 올리브 산의 여러 성당을 둘러보면서 한국의 순례자들을 많이 만났는데, 그들의 진지한 기도 모습에서 깊은 신앙심을 느낄 수 있었다.

## 갈릴리 호수와 인근 성지

**갈릴리 호수에 울려 퍼진 애국가**

  이스라엘 성지를 순례하면서 도저히 이해가 안 되는 것 중 하나는 그곳이 젖과 꿀이 흐르는 땅이라는 표현이다. 구약성서에서 모세가 유대 백성을 이끌고 이집트에서 탈출하여 향한 곳은 하느님이 주신 젖과 꿀이 흐르는 땅이라 했는데, 순례 도중 어디를 보아도 척박한 땅만 있을 뿐이었다. 그러나 드디어 갈릴리 호수에 가까이 이를수록 젖과 꿀이 흐르는 땅이라는 게 조금씩 실감이 났다.

  갈릴리 호수는 남북 21Km, 동서 14Km, 둘레 53Km이며 이스라엘 사람들은 바다라고 부른다. 호수 주변은 휴양지가 되었다. 갈릴리 호수 주변에는 바나나, 무화과, 오렌지, 포도를 비롯해서 농산물이 풍부하다. 호수는 식수와 농업용수, 공업용수 등을 공급한다. 또한 호수 주변에는 성지와 성당이 많다. 예수의 공생활 중 상당부분이 갈릴리 호수를 중심으로 이뤄졌기 때문이다.

갈릴리 호수! 예수가 베드로 등 제자들을 부르고 풍랑을 잔잔케 하고 호수 위를 걸었으며, 호숫가에서 제자들에게 물고기를 구워 아침을 먹게 한 그 호수. 나는 감개무량한 마음으로 두 손으로 종지를 만들어 물을 떠 마셨다. 예수님이 마셨던 같은 물을 먹는다 생각하니 성령이 온 몸에 삽시간에 퍼지는 듯했다.

금강산도 식후경이라고 했던가! 점심식사는 갈릴리 호수에서 잡아 올린 물고기다. 이 또한 예수와 제자들이 구워먹고 5천 명을 먹인 빵 다섯 개와 물고기 두 마리와 같은 그 물고기일까 하는 생각이 스쳤다.

모두들 열심히 물고기 뼈를 발라내며 맛있게 먹고 있는데, 일행 중 한 사람이 "요사이는 관광객이 많아서 양식한 물고기가 대부분……"이라고 말하는 바람에 즐거웠던 분위기가 순식간에 깨졌다. 그러나 내가 "그 소리는 하지 말지……" 하고 섭섭해 하고 있을 때 식당 주인이 나와 "이 물고기들은 직접 낚아 올린 것"이라고 해명해주었다. 누가 알겠는가? 물고기에게 물어보란 말인가?

이렇게 이런저런 생각을 하며 일행들과 점심식사가 한창일 때 바로 코앞에 펼쳐진 갈릴리 호수에 떠 있던 유람선 한 척이 점점

갈릴리 호숫가에 펼쳐진 태극기

식당 쪽으로 다가왔다. 식당을 덮치려는 건 아닐 테고 왜 이렇게 바짝 접근하는 것인가, 혹시 점심 이후 우리 일행을 태우고 호수유람을 시켜주려 하는 걸까 하며 생각하는 중에 붉은색의 연막탄 연기가 갑자기 솟아오르고 유람선 정면에 서 있던 청년이 대한민국 태극기를 양팔을 벌려 활짝 펼쳐 보이는 동시에 식당 실내에는 애국가가 우렁차게 터져 나왔다. 일행은 깜짝 놀라 모두들 먹다 말고 얼른 기립했다. 이때 대한민국 문화관광부 장관의 이스라엘 방문을 환영한다는 안내방송이 나왔다. 함께 식사를 하던 외국인 관광객들도 박수를 치며 환영해주었다. 갈릴리 호수에서 울려 퍼진 애국가와 활짝 펼쳐진 태극기! 예수님도 분명 듣고 보았을 것이다. 나는 '예수님 보셨지요? 우리나라를 축복해주시옵소서' 하며 짤막하게 기도를 했다.

**오병이어성당**

성경에는 빵 다섯 개와 물고기 두 마리로 5천 명 또는 4천 명을 먹였다는 내용이 있다. 보통은 오병이어의 기적이라고들 하는데, 4대 공관복음서 모두에 이 기적이 등장한다. 오병이어성당 역시 기적이 이루어졌던 실제 장소에 대한 논란 속에서 처음 성당이 세워진 뒤 파괴와 보수를 거듭했다. 성당 터는 1,300년 동안 폐허 속에 방치되었다가 1911년에 발굴되었는데 빵 다섯 개를 담은 그릇과 양옆에 물고기 두 마리를 새긴 비잔틴 시대의 모자이크가 발견되었다. 지금의 기념성당은 1982년 개축된 것이다.

### 베드로수위권성당

부활한 예수가 제자들에게 나타나시어 함께 식사하고 베드로에게 수위권을 준 사건을 기념하는 성당이다. 제자들이 밤새도록 고기를 한 마리도 잡지 못하자 예수는 배 오른쪽에 그물을 던지라고 말했으며, 제자들이 이에 따르자 그물을 끌어올릴 수 없을 만큼 많은 고기가 잡혔다고 한다. 요한복음 21장에 제자들이 육지로 나오자 예수가 숯불을 피워놓고 물고기를 굽고 있었고 빵도 있었다는 내용이다. 이 성당은 1934년에 지은 것인데 예수와 제자들이 물고기와 빵으로 아침을 들었다는 큰 바위가 놓여 있다.

### 8복(참 행복)선언성당

오병이어성당에서 얼마 떨어지지 않는 곳에 8각형 돔과 4면이 회랑으로 둘러쳐진 성당이 나온다. 성당 회랑 아래로는 갈릴리 호수가 펼쳐진다. 1930년에 가톨릭 프란치스코 수도회가 건립했다.

8복 선언은 하느님 나라의 참 행복을 가르친 것으로 가난하고, 슬퍼하고, 온유하고, 외로움에 굶주리고, 자비롭고, 마음이 깨끗하고, 평화를 이루며, 외로움 때문에 박해받는 사람은 행복하다는 가르침의 말씀이다. 이러한 행복 선언은 거꾸로 정반대의 사회적 신분이나 조건에 놓인 사람은 불행하다는 것을 의미한다. 성경은 이웃을 돌보지 않고 탐욕을 부린 자는 영원한 고통에서 벗어나지 못한다는 것을 여러 곳에서 지적한다. 그러나 8복 선언으로 인해 예수의 가르침이 급진적인 것으로 받아들여졌으며, 유대 지배층과 기득권층, 헤롯에게 상당한 심리적 위협을 가했다고 여겨지는 대목이다.

### 예수가 가르친 회당과 베드로집터성당

카파르나움Capharnaum은 갈릴리 호수 북서쪽이며 공관복음서 등에 따르면 예수가 이곳에서 많은 기적을 행하고 복음을 선포한 곳이다. 호수와 바로 인접한 포구로서 번창했음을 보여주듯 폐허가 된 오래된 회당이 있다. 베드로집터성당 옆인 이 회당에서 예수는 군중들을 가르쳤을 것이다.

이 회당을 거닐면서 느낀 점은 육성이 구석구석까지 전달될 수 있을 정도의 크기라는 것이다. 베드로집터성당의 주변은 발굴이 한참 진행 중인 관계로 어수선했다. 옛 주거 지역인 것으로 보았다. 두 차례에 걸친 고고학자들의 발굴에서 2세기경에 지어진 작은 회당을 찾아냈는데, 이 회당에서 그리스어로 쓰인 '베드로'라는 팻말과 어선의 그림이 발견되었다. 이 성당은 5세기 초에 팔각정 형태로 지어졌다가 614년 페르시아의 침략 때 폐허가 되었다. 프란치스코 수도회가 1,300여 년이 지난 1990년에 어선 모양을 본 뜬 팔각정 성당을 지었다. 2층 성당에 들어서면 베드로의 집터가 바로 아래에 있다. 수석 제자인 베드로의 집에는 머리 둘 곳 없는 예수가 자주 들러 묵었을 것으로 추정된다.

성경을 살펴보면 베드로는 급하지만 매우 순진한 성격인 것으로 보인다. 예수가 "어린이처럼 되지 않으면 결코 하늘나라에 들어가지 못할 것이다"(마태오 18:1-5)라고 한 것을 보아 이 수석 제자는 나이는 들었어도 전혀 때가 묻지 않았던 인물이었던 같다. 예수는 비록 무식하고 지혜가 부족할지라도 의심하지 않고 하늘나라를 받아들일 수 있는 사람인가를 꿰뚫어보았을 것이다.

# 요르단 강 지역과 이집트 카이로의 성지

알-카즈네 사원

2006년 국회 통일외교통상위원회의 재외공관 국정감사에서 나는 아프리카·중동 반에 소속되어 일했다. 10월 13일부터 24일까지 아랍에미리트, 이집트, 쿠웨이트, 요르단, 리비아의 한국대사관에 대한 업무보고와 감사가 진행됐다. 감사가 끝난 뒤 위원들은 몇 군데의 성지를 돌아보았다.

요르단은 한반도 절반의 크기에 인구는 600만 정도로, 고대 로마, 그리스도교와 이슬람 문화 유적 등이 풍부하여 관광수입으로 먹고사는 나라다. 기원전 100년 고대 라바트 인들의 산악도시이며, 중동과 아라비아 대상교역의 중심지였던 요르단 남부의 페트라Petra는 청동기시대의 대표적인 유적지로, 요르단 GDP의 20%를 벌어들이는 세계적 관광지이다. 이곳은 영화 〈인디아나 존스〉로 더욱 유명해졌다. 정교한 조각으로 절벽을 통째로 깎아 세운 높이 25m의 '알-카즈네al-Khazneh' 사원은 세계 7대 아름다운 건물로 꼽힌다. 1,500여 년 동안 잊고 있었던 이 도시는 지진에 의한 지각변동으로 그 모습을 드러냈다. 자원이 빈곤한 요르단 역시 조상 덕을 톡톡히 보는 나라다.

### 예수가 세례 받은 요르단 강

요르단 강은 북쪽 시리아에서 물방물이 떨어져 갈릴리 호수를 지나 사해로 흘러간다. 360Km를 흐르는 팔레스타인에서 가장 길고 큰 강으로 신구약성경에서 자주 등장하며, 예수에게 세례를 준 요한의 주요한 활동무대이기도 하다.

세례자 요한은 낙타털 옷을 입고 허리에 가죽 띠를 두르고 메뚜기와 들꽃을 먹으며 살았다 (마태오 3:1 이하). 대단한 야성을 지닌 인물로 거침없이 외치고 비판하다 헤롯에 의해 목이 잘려 죽는다. 그는 요르단 강 부근의 모든 마을을 돌아다니며 "회개하고 세례를 받아라. 그러면 죄를 용서 받을 것이다"라고 선포하였다 (루카 3:3 이하). 군중들이 어떻게 해야 회개하는 것이냐고 묻자, 요한은 "속옷 두 벌을 가진 사람은 한 벌을 없는 사람에게 주고 먹을 것이 있는 사람은 이와 같이 남과 나누어 먹어야 한다"고 가르친다. 예수의 가르침을 미리 예고한 것이다.

요한은 자기는 메시아가 아니며 그리스도가 가까이 오셨다는 것을 밝힌다. "나는 너희에게 물론 세례를 준다. 그러나 나보다 더 큰 능력을 지니신 분이 오신다. 나는 그분의 신발 끈을 풀어드릴 자격조차 없다. 그분께서는 너희에게 성령과 불로 세례를 주실 것이다."

"그즈음 예수가 세례를 받으러 요르단 강으로 찾아오셨다. 그러나 요한은 제가 선생님께 세례를 받아야 할 터인데 어떻게 선생님께서 제게 오십니까? 하고 굳이 사양하였다. 예수께서 요한에게 지금 내가 하자는 대로 하여라. 우리가 이렇게 해야 하느님께서 원하시는 모든 일이 이루어진다고 대답하셨다. 그제야 요한은 예수께서 하자고 하시는 대로 하였다. 예수께서 세례를 받으시고 물에서 올라오시자 홀연히 하늘이 열리고 하느님의 성령이 비둘기 모양으로 당신 위로 내려오시는 것이 보였다. 그때 하늘에서 이런 소리가 들려왔다. 이는 내 사랑하는 아들 내 마음에 드는 아들이다."

— 마태오복음 3장 13절

성경은 이처럼 예수와 요한이 처음 대면하고 예수가 세례를 받는 과정을 상세히 기록했다. 이 세례로 예수는 3년간의 공생활을 시작한다. 예수가 세례 받은 곳으로 추정되는 지점으로 접근하기 위해서는 요르단 군의 경계지역 호수를 거쳐 들판을 한참 지나야 했다.

요르단 강을 국경으로 이스라엘과 요르단은 동서로 나뉜다. 생각보다 삼엄하지는 않았지만 유대교와 이슬람 국가의 경계선이다. 요르단 강은 뿌연 흙탕물에 강폭이 좁았다. 강가에는 예수세례교회를 세우려는지 잔뜩 파헤쳐져 있는 발굴현장이 있었다. 일행은 강가로 내려가 강물에 손을 담그고, 강물을 찍어 이마에 바르는 등 각자 나름대로 자발적인 세례식을 가졌다. 예수가 몸을 담갔던 그 지점에서 요르단 강물에 손을 담그니 이스라엘에 방문했을 때 갈릴리 호수 물을 손으로 떠 마셨던 기억이 새삼스럽게 떠올랐다. 강 건너 이스라엘 쪽을 바라보니 비록 강변과는 조금 떨어져 있지만 이스라엘 나름대로 요르단 강 성지를 개발하려는 듯 보였다. 되

요르단 강에서의 세례식

돌아 나오면서 동방정교의 성당을 들러 촛불을 켜고 감사의 기도를 올렸다. 아무 말 없이 묵직한 표정으로 서 있는 사제에게 인사를 했으나, 그는 그저 미소 지을 뿐이었다. 동방정교회이지만, 그리스인지 아르메니아인지 아니면 어느 나라 관할인지는 알 수 없었다.

### 모세, 바위를 쳐 물이 나오게 하다 - 므리바 샘

이집트에서 유대 백성을 탈출시켜 나온 모세는 백성들의 불만에 자주 시달린다. 먹을 것이 없다, 마실 물이 없다, 차라리 이집트 노예생활이 좋았다……. 백성들의 이러한 불만은 하느님이 모세를 꾸짖게 하고 급기야는 모세가 가나안 땅으로 들어가지 못하게 되는 원인이 된다.

모세의 샘(므리바 샘)

"그러나 야훼께서는 모세와 아론을 꾸중하셨다. 너희는 나를 믿지 못하여 이스라엘 백성 앞에서 내 영광을 드러내지 못하였다. 그러므로 너희는 내가 이 회중에게 줄 땅으로 그들을 인도하여 들이지 못하리라."

백성을 위해 선정을 베푸는 것을 기본전제로 하는 것이지만, 지도자의 위치가 얼마나 외롭고 고달픈 것이며 하늘에 이르기까지 무한책임을 져야 함을 일깨워주는 대목이다. 민수기 20장 1~13절은 이 과정을 생생하게 전해준다.

"백성들이 모세와 아론에게 몰려와서 따졌다. 너희는 어찌하여 야훼의 회중을 이 광야로 끌어내어 우리와 우리 가축이 함께 죽게 하느냐? 어쩌자고 우리를 이집트에서 데리고 나와 이 못된 고장으로 이끌었으며 어찌하여 우리를 곡식도 무화과도 포도도 석류도 자라지 않고 마실 물도 없는 이곳으로 끌어내었느냐."

시달리다 못한 모세가 땅에 얼굴을 대고 하느님께 엎드리자 하느님은 바위를 터지게 해서 물이 나오게 해주겠다고 한다. 모세는 백성을 불러 모아 말한다. "반역자들아 들어라, 이 바위에서 물이 터져 나오게 해주랴?" 그러고 나서 모세가 지팡이로 그 바위를 두 번 치니 물이 콸콸 터져 나왔다. 회중과 가축들이 그 물을 마셨다. 모세가 지팡이로 쳐 물을 솟아나게 했다는 므리바 샘의 바위 위에는 집을 지어놓았다. 물을 마시면서 매사에 불평하고 투덜거리는 게 어디 구약 속의 유대 백성뿐이겠는가 하는 생각과 함께 모세를 가나안 땅으로 들어가지 못하게 한 하느님의 꾸중이 지금도 계속될 수밖에 없다는 생각이 들었다.

### 모세가 죽음을 맞이한 느보 산

모세가 느보 산 Nebo Mt.에서 생을 마감함으로써 가나안 땅에 들어가지 못한 것을 두고 지도자 역할의 한계와 책임분담을 거론하는 정치인들이 있다. 이를테면 어떤 지도자의 역할은 어디까지이며, 그 이후에는 후계자 또는 새로운 역할에 부합하는 인물에게 권한을 넘겨야 한다는 것이다. 지금까지 고생했다고 해서 끝까지, 혹은 죽을 때까지 군림하거나 권좌에 눌러 앉으려 해서는 안 된다는 것을 모세의 죽음에 비유하는 것이다. 가령 통일의 초석을 놓았으나 정작 통일된 나라는 못 보고 눈을 감게 된 지도자, 온갖 고초를 겪으며 복지국가의 기틀을 잡았지만 국민이 행복해하는 모습을 보지 못하고 생을 마감한 지도자 역시 이와 같지 않을까? 예술 분야에서도 새로운 장르를 시험하고 도입한 인물을 "○○의 아버지"라고 부르는 것과 마찬가지이다. 좋

느보 산에서

은 뜻으로 하는 말이다. 모세는 온갖 고생을 다하고 후계자인 여호수아에게 영광을 넘긴 지도자인 것이다.

자동차를 타고 구불구불한 산길을 따라 느보 산에 도착했다. 느보 산은 봉우리가 셋이다. 4세기경에 모세기념성당이 지어진 곳이 발굴되었는데, 이곳은 성경에 나오는 "느보 산 피스가 꼭대기"로 여겨진다. 꼭대기에는 조금 허술하게 보이는 모세기념성당이 있는데 이 성당은 프란치스코 수도회가 1932년 발굴 터 위에 지은 것이다. 성당 안에는 531년에 제작되었다는 시골풍경과 사냥하는 모습의 모자이크가 있다. 또한 가나안 땅과 모압 평야, 예리코, 요르단 강이 내려다보이는 전망대에는 십자가를 구리 뱀이 감싸고 있는 모습의 조형물이 세워져 있는데, 이는 유대 백성이 하느님과 모세에 반기를 들고 우상을 섬기다 불 뱀에 물려 죽은 사건(민수기 21:4-9)을 기념하는 것이다. 모세는 불 뱀에 물린 사람들을 구하기 위해 구리 뱀을 만들고는 백성들에게 이를 쳐다보면 죽지 않는다고 가르쳤다.

교황 요한 바오로 2세는 대희년인 지난 2000년에 이곳을 방문했다. 전망대에서 내려다보니 예리코 쪽은 푸른 숲이고 나머지는 누렇고 황

량한 광야다. 신학자들은 지금의 요르단 강이 옛날에 비해 강폭이 매우 좁아졌으며 이는 흐르는 물의 양이 크게 줄었기 때문이라고 주장한다. 수량이 풍부했으면 지금처럼 황량한 광야의 모습은 아닐 것이다. 이곳은 구원의 역사 중 하나의 매듭을 짓는 주요한 성지이다.

### 이집트 카이로의 예수피난교회

마태오복음 2장 13절 이하는 갓 태어난 예수를 데리고 요셉과 마리아가 이집트로 피신했음을 기록하고 있다.

> "동방박사들이 돌아간 뒤, 꿈에 주님의 천사가 요셉에게 나타나서 말하였다. 일어나 아기와 그 어머니를 데리고 이집트로 피신하여 내가 너에게 일러 줄 때까지 거기에 있어라. 헤롯이 아기를 찾아 없애버리려고 한다."

요셉은 일어나 밤에 아기와 그 어머니를 데리고 이집트로 가서 헤롯이 죽을 때까지 거기에 있었다. 주님께서 예언자를 통하여 "내가 내 아들을 이집트에서 불러내었다"고 하신 말씀이 이루어지려고 그리된 것이다. 마태오복음은 계속해서 헤롯이 두 살배기 아래 사내아이들을 모조리 죽였다고 했다. 어린 예수와 요셉과 마리아가 나사렛으로 돌아온 것 역시 요셉의 꿈에 주의 천사가 나타나 아기의 목숨을 노리던 자들이 죽었다고 말한 것에 따른 것이다.

예수피난교회는 성가족Holy Family교회라고도 불리는데 이집트 카이로의 구도심 성벽 옆에 있다. 교회 주변은 재래시장을 끼고 있어서 매우 혼잡하고 소란스러웠으며 입구도 조금은 너저분했다. 그다지 넓지 않은 내부(길이는 17m, 폭 15m, 높이 3m)는 이집트 콥트 교회 양식을 따라 조금은 생경한 분위기였고, 순례자들은 촛불을 켜 제대에 봉헌했다. 지하에는 예수 가족이 거의 4년 동안 살았다고 한 동굴이 있는데 내부는 공사 중이었다. 여기에는 성모 마리아와 요셉 부부가 아기 예수를 키우면서 사용했던 샘이 잘 보존되고 있었다.

이집트 토착교회인 콥트 교회는 그리스도교회 역사에서 아주 중요한 위치를 차지한다. 이집트 인구 7,300만 명 중 약 6%가 콥트 교인이다. 콥트 교회는 640년 이슬람 정복자들이 그리스도교를 박해하면서 비롯되었다. 이집트에는 서기 50년 성 마르코에 의해 그리스도교가 포교되면서 유럽이나 중근동, 소아시아 등 어느 지역보다 일찍이 그리스도 신앙이 뿌리를 내렸다. 3세기 후반까지 알렉산드리아를 중심으로 교세가 확장되었는데, 로마에서는 박해가 심했으나 이곳은 상대적으로 평온을 유지했다.

그리스도교의 수도원 문화도 이집트에서 시작됐다. 270년경 성 안토니오가 홍해 연안에서 은둔생활을 한 것을 수도원의 창시로 본다. 안토니오 성인은 이집트의 부유한 가정에서 태어났는데 "가진 것을 팔아 가난한 사람들에게 나누어주어라"는 복음 말씀에 감화되어 많은 상속재산을 나누어주고 광야로 들어갔다. 성인과 수도자들은 노동을 통해 자급자족했으며 바구니 짜기 등으로 비용을 마련했다. 이후 수도원은 아시아, 유럽, 아프리카로 파급된다. 그러나 콥트 교회는 로마 가톨릭교회나 전 세계의 개신교회와는 근본적인 차이점을 안고 있다. 콥트 교회는 예수의 인성보다는 신성을 강조하는 단성론을 믿는다. 이 같은 단성론과 예수의 인성·신성의 양면성을 믿는 양성론은 451년 종교재판에서 맞붙어 결국 양성론이 이기게 된다. 이 재판 결과에 따라 로마의 마르시안 황제는 단성론을 믿는 알렉산드리아의 대주교를 추방하게 되고, 이 알렉산드리아파가 독립적인 콥트 교회가 된 것이다.

　콥트 교회는 성탄과 부활절에 40일 또는 55일 동안 금식한다. 밤에만 약간의 채식이 허용될 뿐이다. 콥트 교회 조직은 로마처럼 교황(pope)을 수장으로 각 교구에 주교를 두고 있다. 콥트 교회의 종교의식은 예루살렘의 초기 그리스도교 의식에 뿌리를 두고 있으며 삼위일체를 신봉한다. 지금의 교회는 303년 로마 황제 막시밀리안 시대에 시리아에서 순교한 성 세르지우스와 바쿠스를 기념하여 세워졌고 10~11세기에 개축됐다. 교회 입구에는 성 세르지우스 교회라 쓰여 있으며 바로 한 블록 옆에는 유대인 회당인 모세기념교회가 있다.

## 2장

# 바티칸

### 🐚 교황 베네딕트 16세의 즉위식을 가다

　2005년 4월 22일 이탈리아 로마를 향해 떠났다. 24일에 있을 교황 베네딕트 16세의 즉위식에 대한민국 경축사절 단장으로 참석하기 위한 것이었다. 문화관광부 장관은 종교담당 주무장관인데다 내가 가톨릭 신자임을 고려해 청와대에서 그렇게 결정했다. 사절단은 성염 교황청 대사와 이길재 전 국회의원, 김원석 평화방송 상무이사, 박의근 보나에스 대표이사 등 나를 포함해 모두 5명으로 구성되었다. 특히 이탈리아 방문은 이번까지 해서 세 번째지만 로마는 처음이었다. 1999년과 2000년에 한·일 월드컵을 위한 국회지원특위위원으로 활동하면서 밀라노를 방문했을 당시에는 일정이 짧아 이곳저곳을 방문할 수 없었기 때문이다. 로마는 예루살렘, 산티아고 콤포스텔라와 함께 그리스도교 3대 성지로 불린다. 언젠가는 꼭 방문하고 싶었던 도시다.

우리는 김수환 추기경님과 같은 비행기로 출국 길에 올랐다. 추기경님과는 내가 김대중 총재 비서실장, 노무현 대통령후보 비서실장을 역임할 때 몇 번 만나 뵈었고, 문화관광부 장관이 되어서도 인사를 드린 적이 있다. 가운데 통로를 두고 왼쪽 자리는 추기경님 좌석이 오른쪽 자리엔 내 좌석이 준비되어 있었다. 나는 승무원에게 내 자리를 뒤쪽으로 옮겨줄 수 있느냐고 물었다. 김수환 추기경님과 나란히 같은 줄에 앉아 가는 것이 왠지 결례일 것 같아서였다. 나중에 한국에 돌아와서 김수환 추기경님을 뵈었을 때 "그때 정 장관이 나에게 자리를 양보했었지……"라고 말씀하셨다. 양보가 아닌데도 말이다. 뒤로 자리를 옮기기 잘했다는 것은 비행기가 이륙하고 나서 곧바로 입증되었다. 천주교 대구대교구의 수녀님들이 두 분씩 짝을 지어 차례차례 김수환 추기경님께 인사를 드리는 것이었다. 일일이 손을 잡고, 격려하고 대화하느라 추기경님은 매우 분주했다.

도착한 날 교황청 대사관저에서 만찬이 있었다. 만찬장에서 김수환 추기경님은 다음과 같이 말씀하셨다. "한국 가톨릭의 교세를 보더라도 추기경이 더 나올 수 있을 텐데 내가 죽지 않고 버티고 있어서인지 새로운 추기경이 지명되지 않는 것 같다. 교황 즉위식이 끝나면 각 국가에서 온 사절단의 단장을 교황님이 알현할 것인데, 정 장관이 한국에 새로운 추기경님을 주십사고 말할 수 있겠느냐"고 물으셨다. 나는 "그렇게 하겠다"고 대답했다. 성염 대사는 나에게 좋은 조언을 해주었다. 교황께 말할 때 내가 돈보스꼬 성인의 제자라는 것을 먼저 밝히라는 것이었다. 돈보스꼬 성인은 프란치스코·살레시오 성인의 발자취를 따라 청소년 교육을 위한 살레시오 수도회를 창설한 분이다. 살레시오 수도회는 전 세계에 많은 교육기관을 세웠는데 광주의 살레시오 학교들도 그 일환으

교황 베네딕트 16세를 알현하는 고 김수환 추기경

로 1950년대 말 설립됐다. 덧붙이자면, 성염 교황청대사는 내가 졸업한 광주 살레시오 고등학교 7년 선배이다. 성직자를 꿈꿨으나 뜻을 이루지 못하고 성서학을 연구, 서강대학교 교수를 역임하셨다. 라틴어 실력은 국내에서 알아주는 수준급이다.

다음 날은 교황 즉위식이 열리는 베드로 대성당과 광장 등 바티칸 시국을 둘러보았다. 대성당의 제대 쪽에서 바로 왼쪽 큰 기둥 가운데쯤에 돈보스꼬 성인의 석상이 세워져 있음을 확인했다. 즉위식은 24일 오전 10시부터 오후 1시까지 거행될 예정이었다. 가톨릭 예식의 엄숙함을 잘 아는 나로서는 미리부터 세심한 준비를 해야 했다. 공식행사는 3시간이었지만 일정표를 보니 호텔에서 8시 40분에 출발하여 베드로 광장에는 9시 10분까지 도착하도록 되어 있었다. 당연히 전날부터 식이

요법에 들어갔다. 음식을 조금 먹어두어야 당일 탈이 없다. 즉위식 당일 아침식사는 아예 생략하였다. 물이라도 한 잔 마셨다가는 즉위식 도중 화장실을 찾게 될 위급상황이 발생할 수도 있기 때문이다. 전날 사전답사를 통해 확인한 바로는 화장실을 가려면 수많은 인파를 헤치고 몇 십 분을 헤매야 했다. 게다가 즉위식이 끝나더라도 사절단장으로 교황을 알현해야 했기 때문에 1시간 정도 추가시간을 고려해야 한다. 결론부터 말하자면, 베드로 광장과 베드로 대성당에서 보내야 할 시간은 대략 5시간 이상이었다. 물론 VIP 신분으로 참석해서 5시간이지 일반인들은 전날부터 밤을 새거나 새벽 일찍 도착해야 한다.

한국 가톨릭의 교세를 고려한 것인지 한국 사절단장 지정석은 꽤 앞쪽에 있었다. 스페인의 카를로스 국왕 내외, 룩셈부르크 헨리 대공 내외, 오스트리아 대통령, 폴란드 대통령, 독일의 슈뢰더 총리 내외, 아르헨티나 대통령과 이탈리아 대통령 등이 참석했다. 내 바로 옆 자리에는 미국 사절단장으로 부시 대통령의 동생인 젭 부시 플로리다 주지사가 자리 잡았다. VIP석에 앉은 인사들 중 일부는 자리를 이석하는 모습도 보였으나 대체로 꿈쩍도 하지 않고 앉아 있었다. 즉위식이 끝난 후 교황청은 교황 베네딕트 16세와의 알현 순서를 호명했다.

나는 전날 함께 동행한 외교통상부 과장에게 교황께 말씀드릴 정중한 영어 표현을 부탁했다. 그럭저럭 하는 깡통영어로 인사할 수는 없는 노릇이었기 때문이다. 차례가 다가오면서 사절단장들이 교황께 인사하는 모습을 살폈다. 교황께서 연세가 많아 제대 중앙에 앉아서 하례를 받는다는 양해가 있었다. 사절단들은 선채로 허리를 숙여 인사하거나 무릎을 꿇어 교황 눈높이에 정면으로 맞춰 인사를 했다. 가톨릭 교세가 대단한 유럽 국가들의 원수들도 무릎을 꿇어 알현하였다. 나도 그렇게 하

기로 했다. 최대한 예의를 갖추
는 것은 내가 가톨릭 신자라는 것
과 또 우리나라에 새로운 추기경
을 지명해주십사 하는 부탁을 드
려야 했기 때문이다. 잔잔한 미소
를 짓는 교황 앞에서 무릎을 꿇고
먼저 반지에 입을 맞추었다. 가톨
릭에서 주교 이상의 품계를 받은

교황을 알현하는 필자

성직자들은 권위를 상징하는 반지를 낀다. 지금은 덜하지만 중세와 근
세에 이르기까지 한쪽 무릎을 꿇은 채 반지에 입을 맞추는 '침구'는 거의
의무에 가까웠다.

교황 베네딕트 16세를 알현했을 때 먼저 대한민국 국민과 노무현 대
통령의 따뜻한 축하인사를 전했다. 그리고 다시 반지에 입을 맞추고 또
하나의 임무를 시작했다. 나는 또박또박 천천히 내 오른쪽 뒤편을 가르
치면서 '돈보스꼬 성인의 제자'라고 말했다. 그러자 교황께서는 활짝 웃
으면서 "OH! You Salesian!" (아! 당신 살레시안이군요)라고 반겨주었다. 이때다
싶은 심정으로 "한국 천주교회는 새로운 추기경의 지명을 간절히 원하
니 허락해주시기 바랍니다"라고 덧붙였다. 이에 교황님과 뒤에 서 있던
추기경들이 껄껄 웃었다. 베네딕트 16세는 고개를 끄덕거려주었다. 나
는 아주 기분이 좋았다. 김수환 추기경께 이러한 내용을 말씀드렸더니
수고했다며 역시 기뻐하셨다. 나는 귀국하자마자 노무현 대통령께 교
황께 추기경 추가지명을 요청하심이 좋을 듯하다고 건의했고, 노 대통
령은 축하를 겸한 친서를 통해 새로운 추기경 지명을 요청하였다. 나중
에 정진석 대주교님이 추기경으로 지명되었을 때, 추기경님은 정 장관

덕분이라고 치하해주셨다.

교황 즉위식 전날, 나는 사전답사를 겸해 바티칸 시국을 돌아보았다. 먼저 전임 교황 요한 바오로 2세가 묻힌 지하무덤을 찾아 묵념했다. 요한 바오로 2세는 1984년 한국천주교 200주년 기념행사 및 103위 성인 시성식과 1989년 세계성체대회에 참석하기 위해 두 차례 한국을 방문한 바 있다.

바티칸은 300여 년 동안 그리스도교를 박해하고 수많은 순교자의 피를 흘리게 한 로마제국의 심장부에 터를 잡고 있다. 44만㎡의 면적에 상주하는 주민이 900여 명인 전 세계에서 가장 작은 도시국가로, 이 나라의 원수는 교황이다. 또한 1506년에 조직된 교황의 근위병은 약 100여 명으로 스위스인들로만 구성되는데, 이들의 전통의상은 미켈란젤로의 작품이다. 전쟁의 와중에서 교황의 신변을 보호했던 헬베키아(스위스의 옛 이름) 젊은이들의 용맹함이 근위병의 모태가 되었다. 바티칸은 1929년 이탈리아 정부와 체결한 라테란협정에 따라 영토로 인정됐다. 그리고 바티칸시국 밖으로는 성 바오로 대성당, 성 요한 성당, 성모 마리아 성당, 천사의 성 등이 바티칸의 영토가 되었다.

바티칸은 그리스도교의 파란만장했던 시대의 역사를 고스란히 지니고 있다. 성부, 성자, 성령의 삼위일체를 부인하는 아리우스파를 신봉하는 동고트족이 로마를 침공 지배했던 500년대 초반은 교회와 정치의 격동기였다. 비잔틴 지지파는 심마쿠스(498~514년 재위) 교황에 맞서는 대립교황을 내세웠고, 이것이 결국 로마와 비잔틴의 분열을 초래하였다. 비잔틴의 영향력이 강화되자 이탈리아에 거주하던 동고트 왕은 가톨릭을 심하게 박해하였다. 교황은 비잔틴 황제와 동고트족 왕들에 의해

바티칸 시스티나 성당 앞에서

번갈아 즉위와 폐위를 거듭하게 됨으로써 교회의 혼란은 극에 달했다.

오늘날의 바티칸은 가톨릭교회의 중심답게 수많은 관광객과 순례자들로 붐볐다. 엄청난 규모의 회화, 조각 등 미술품과 건축물 하나하나가 보물들이다. 미켈란젤로의 명작 〈최후의 심판〉이 그려진 시스티나 성당을 방문했을 때 보니 영어, 프랑스어, 스페인어, 심지어 일본어까지 무선 해설기가 있었는데 한국어 해설기는 없었다. 나는 교황청 대사관과 협조하여 이 문제를 해결한 바 있다.

## 🐚 바티칸과 종교개혁의 역사

**성 베드로 성당과 카타콤**

　예수에게 반석이라는 이름으로 불림을 받은 베드로 성인이 첫 교황이다. 전승에 따르면 베드로 성인은 64년 또는 67년에 십자가에 거꾸로 못 박혀 로마에서 처형되었으며 네로 황제의 경기장 북쪽 공동묘지에 묻혔다고 한다. 2세기 중엽 이 무덤 위에 작은 성당이 지어지고 313년 콘스탄티누스 황제가 그리스도교를 공인하는 밀라노 칙령을 발표한 직후부터 대성당 건립이 시작되었다. 베드로 대성당의 건축에는 거의 1800년이 걸렸다. 대성당은 수많은 미술과 건축의 대가들에 의해 꾸준히 확장되었으며, 1300여 년대 초까지 '사도들의 왕'(베드로) 무덤에 참배하려고 전 유럽에서 순례자들이 쇄도하였다. 그러나 1305년 프랑스의 위세에 눌려 교황청을 아비뇽으로 옮겨감으로써 1377년까지 로마는 방치 상태에 놓이게 됐다. 그 후 바티칸의 베드로 성당이 1천여 년의 세월 속에 붕괴되기 시작하자 1505년 교황 율리우스 2세는 대성당 건립을 결정한다. 그 결과 대성당은 1612년 앞부분이 완성되면서 현재의 모습을 갖추게 된다. 성당의 길이는 187m, 폭은 58m, 높이는 15층 건물에 해당된다.

　로마 외곽에 있는 카타콤Catacomb은 터키의 카파도키아처럼 지하 신앙생활의 근거지이며 무덤이었다. 지표면에서 가장 가까운 무덤이 가장 오래된 것으로, 초기 그리스도교인들이 로마제국의 박해를 피하기 위해 무덤 아래 굴을 파서 지하에 생활공간을 마련한 것이다. 굴을 따라 내려가다 보면 수없이 많은 벽 무덤들을 볼 수 있으며, 조금 넓은 공간은 이들의 집회장소로 쓰였다고 한다. 경기장에 강제로 끌려 나가 사자 밥이 되면 뼈를 수습하여 이곳에 무덤을 만들어주고 영원한 안식을 위해 기도했다. 그리스도교에 대한 박해는 처음에는 국지적이고 돌발적이었다. 초기의 그리스도교인들이 기존질서에 위협적 존재로 인식될 만큼 강력한 세력으로 간주되지 않았기 때문이었다. 그러나 그리스도교가 세력을 크게 확장한 250년 데키우스 황제 때부터는 탄압이 본격적으로 시작되었다. 이러한 박해는 303년 클레시아 황제 때 극에 달했으며, 313년 콘스탄티누스 황제가 그리스도교를 정식으로 공인하면서 막을 내렸다. 밤이 깊으면 새벽이 오는 것처럼 박해의 피바람의 세월은 10년을 넘기지 못한 것이다.

로마는 여전히 발굴 중이다. 로마시청 뒤쪽은 옛 로마제국 시절의 중심지였는데, 광장과 관청의 유적들이 발굴되고 있다. 지표면에서 10m쯤 아래에 있는 유적지를 보니 활기 넘쳤던 옛 도시의 모습이 눈앞에 펼쳐지는 듯했다. 로마를 둘러보면서 가장 의아스러웠던 것은 파시스트 무솔리니가 지었다는 전쟁승리기념관으로, 터무니없이 거대하면서도 건축예술의 미학적 측면이 무시됐다는 평가를 받고 있다. 그 건물은 도시미관에 어울리지 않을 뿐 아니라 로마의 역사성과도 동떨어져 보였다. 독재자들은 무엇이든 어마어마하게 지으려 한다는 것이 동서고금을 막론하고 비슷하게 나타나는 것 같아 씁쓸한 생각이 들었다.

### 루터와 칼뱅의 종교개혁

역설적이지만 1506년 교황 율리우스 2세가 로마에 베드로 대성당의 초석을 놓은 것이 마르틴 루터의 종교개혁을 불러일으켰다. 베드로 대성당의 건축자금을 조달하기 위해 교황이 면죄부 판매를 승인하였던 것이 종교개혁의 도화선이 되었기 때문이다.

　면죄부란 돈을 내면 죄를 사하여준다는 증서로, 죗값에 따라 면죄부 값도 다양했다. 당사자뿐 아니라 조상들의 죄까지 돈으로 면제해주었으며, 천국에 가지 못하고 그렇다고 지옥에는 가지 않는 연옥의 영혼을 위해서 면죄부를 사라는 것이다. 강간이나 낙태는 금화 다섯, 성직자가 간음하면 금화 여섯, 성직자가 연인을 두면 금화 일곱, 이런 식이었다. 그러니 돈이 있으면 죄를 짓고 죗값을 치르면 될 일이었다.

　1517년에 면죄부 판매권이 독일 마인츠의 대주교 알베르트에게 넘어오게 되자, 당시 아우구스티누스 수도회의 수도사이자 비텐베르크 대학의 신학 교수였던 마르틴 루터는 면죄부 판매를 비판하고 95개의 질문사항을 담은 서한을 대주교와 다른 신학자들에게 보냈다. 그것은 단지 면죄부의 부당성을 주장하는 것으로, 그 당시의 루터 자신은 종교개혁과 프로테스탄트(개신교)의 등장까지는 생각하지 못했다.

　루터의 서한은 독일 가톨릭에서 큰 방향을 일으켰다. 루터는 믿음을 통해서만 구원받으며 하느님으로부터 의로움을 인정받는다고 주장했다. 한 발 더 나아가 1519년에는 교황의 무오류성을 부인하고, 1520년에는 독일의 각 지방 영주들에게 교회개혁을 청원했다. 급기야 루터가 교황권을 그리스도의 적이라고 주장하게 되자 교황청은 1521년 루터를 파문하였고, 1522년에는 신성로마제국의 반역자로 낙인찍었다. 그러나 이러한 가톨릭의 강력한 탄압은 종교개혁에 대한 열망을 더욱 촉진시켰다. 독일어를 아는 지식인 사회에서는 성직자에게 결혼을 못하게 하는 가톨릭교회가 성직자의 간음에 금화를 받고 면죄부를 준 것에 대해 교황을 포주로 빗대어 공격하는 인쇄물이 나돌기도 했다. 또한 그 당시 구텐베르크의 금속활자 발명으로 비롯된 인쇄술은 종교개혁에 강력한 원동력을 제공하였다. 금속활자로 찍어낸 성경은 1450년부터 1500년까지의 50년 동안 2천만 권에 달했는데, 이는 중세시대 1천 년 간 수도자들에 의해 만들어진 필사본보다 훨씬 많은 것이다. 루터는 인쇄술을 최대한 활용하여 1523년까지 종교서적 500여 종을 만들어냄으로써 새로운 사상을 확산시켰다. 어떤 종교든 쇄신과 개혁은 시대를 뛰어넘어 끊임없이 지속되어왔다. 베드로 대성당을 건축하기 위한 면죄부 판매는 추악하기 이를 데 없는 것이었다. 루터교는 그리스도교 신앙의 순수성을 인간 세계에만 맡길 수 없다는 하느님의 역사가 작용한 것으로 볼 수 있다.

1530년에는 루터교인들이 신성로마제국 황제 샤를 5세에게 신앙고백서를 제출했다. 이 〈아우크스부르크 신앙고백〉은 루터교의 주요 교리를 공식적으로 기록한 것이다. 샤를 5세는 가톨릭의 분열을 원치 않았으며 교황에게 공의회 소집을 촉구했다. 그러나 트렌트 공의회는 1545년에서야 소집됐으며, 결국 1555년 아우크스부르크 평화협정에서 영주들은 가톨릭과 루터교 중 어느 한쪽을 선택하기로 합의했다.

독일을 몇 차례 여행하면서 느낀 점이 있다. 루터교의 영향이 가톨릭과 엇비슷하다는 것이다. 체코 프라하에서 독일 베를린까지 기차로 이동하는 동안 독일지역 곳곳에 많은 루터 교회가 눈에 띄었다. 고색창연한 가톨릭 성당에 비해 루터 교회는 평범하지만 산뜻한 외관이 인상적이었다. 산과 마을과 잘 어울리는 건물들이다. 실제로 독일 인구 8천 3백만 명 중 루터교인은 35%, 가톨릭교인은 34%로 거의 비등하다. 루터교는 독일을 비롯하여 북유럽 국가들과 에스토니아, 라트비아에 넓게 분포하고 있다. 노르웨이는 루터교가 95%에 달하며 스웨덴 85%, 핀란드 90%, 덴마크 95%에 이를 정도로 압도적이다. 에스토니아와 라트비아는 60% 정도가 루터교이다. 반면에 스페인, 이탈리아, 프랑스 등은 가톨릭교인들이 95%까지 이른다. 유럽연합EU 국가들의 경우 그리스도교는 로마 가톨릭과 루터교, 동방정교, 칼뱅교, 기타 개신교 등으로 다양한 교파를 이루고 있다. 그중에서 독일 가톨릭의 총본산은 쾰른 대성당이다. 이곳은 예수 탄생 때 베들레헴으로 경배를 온 동방박사 3인의 유골함이 있는 그리스도교 성지이다. 독일 최초로 고딕양식으로 건축되었으며 정교한 장식이 특징이다. 또한 독일에서 가장 규모가 큰 대성당으로 1248년부터 1880년까지 무려 600년 동안 지어졌는데, 높이가 157m, 폭이 86m, 건물 안의 총 길이는 144m에 이른다. 제2차 세계대전 때 미군은 성당 보호를 위해 인근 지역에 폭격을 하지 않았다고 한다.

2007년 5월, 나는 FIFA 본부가 있는 스위스 취리히를 방문하였다. 정몽준 당시 대한축구협회 회장의 제안으로 한국에서 열리는 2007세계청소년월드컵 조직위원장을 맡았을 때다. 제프 블래터 FIFA 회장을 면담하고 FIFA 직원들과 업무를 협의하기 위해 취리히에 머무는 동안, 나는 도심과 가까운 호수를 산책하다가 장 칼뱅의 동상 앞에 섰다. 용맹스러운 구국의 영웅 상 같지 않은 동상이 있기에 접근했던 것이다. 스위스 역시 독일처럼 칼뱅교 등 개신교(44%)와 가톨릭(49%)이 팽팽하게 세력 균형을 이루고 있는 나라이다.

장 칼뱅(1509~1564)은 프랑스인이었지만 스위스 제네바에서 주로 활동했다. 칼뱅 역시 성 베드로 대성당을 짓기 위한 면죄부 판매에 반발하며 종교개혁을 주창하게 된다. 칼뱅의 가장 특징적인 교리는, 선택받은 자들은 영원한 구원을 어느 정도 확신한다는 믿음을 포함한 운명예정설과 금욕적 자본주의의 토대를 마련한 것이다.

칼뱅이 예정설을 들고 나온 것은 가톨릭이 면죄부를 팔았기 때문인데, 칼뱅은 구원이 면죄부에 있는 것이 아니라 하느님이 이미 결정하는 것이라고 주장했다. 그러나 이런 주장은 "그렇다면 구원받을 수 없는 사람은 신앙을 가질 필요가 없는 것 아니냐"는 회의론에 직면하게 된다. 이에 대해 칼뱅은 "어느 누가 구원을 받았는지 아무도 모르기 때문에 좌절하거나 허무주의에 빠질 일이 아니다"라고 주장했다. 칼뱅은 "구원받을 사람이 이미 결정되었으며 그 누구도 구원받게 될지 알 수 없다. 따라서 자신이 선택될 수 있기 때문에 충실하게 살아야 하며, 하느님이 주신 재능을 활용하여 양심적으로 돈을 벌어야 한다"는 논리를 폈다. 개인적인 욕심이나 낭비, 무절제한 행위를 해서는 안 되며, 오로지 하느님의 선한 뜻에 알맞도록 돈을 벌고 써야 한다는 것이다. 10을 벌 수 있는 사람이 게으름을 피워 5를 벌면 그는 죄인이다. 마치 신약성경에서 예수가 달란트의 비유를 들어 재산을 늘리지 못한 종은 주인에게 혼이 난다는 내용(마태오 25:14 이하, 루카 19:11 이하)과 같은 것이다. 돈을 벌어 부를 축적하려면 절제 있는 생활을 해야 하며, 이는 욕심을 채우려 부를 쌓는 것이 아니라 부를 위해 부를 축적하며 부가 다시 부를 키우고 투자가 투자로 이어지는 자본주의의 선순환을 뜻하는 것이다. 이러한 칼뱅의 사상은 상공업이 발전한 지역으로 쉽사리 퍼져나갔으며, 금욕주의적 프로테스탄트를 탄생시켰다. 이것이 자본주의 정신과 합리주의 정신에 큰 영향을 끼쳤다.

    칼뱅은 자신의 사상에 따르지 않는 그리스도교인들을 매우 엄격하게 다루었다. 그는 스위스에 종교재판소를 만들어 형벌을 가했다. 이에 대한 반발로 칼뱅의 반대파가 가톨릭과 합세하여 전쟁이 일어났으며, 가톨릭이 승리하게 된다. 칼뱅의 종교개혁은 발상지인 스위스보다는 그가 태어난 곳인 프랑스에서 더 활발하게 전개되었다. 칼뱅은 자신의 개혁사상을 담은 책 《기독교 강의》를 프랑스 왕 프랑수아 1세에게 바쳤다.

이렇게 가톨릭의 면죄부 판매는 당시 유럽 전체에서 큰 반발을 불러왔다. 프랑스 역시 독일 못지않은 반가톨릭 정서가 넓게 퍼져 있었다. 프랑스의 칼뱅교도인 위그노들은 1539년 파리에서 첫 번째 종교회의를 개최한 후 신도 수가 급격히 늘어, 1562년에는 일정 부분 종교적 자유를 보장받았다. 그러나 프랑스 왕은 신성로마제국처럼 종교와 정치의 일원화를 원했고, 이로 인해 가톨릭과 개신교 사이에 전쟁이 일어났다. 1572년 8월 23일~24일 밤, 성 바르톨로메오 축일에 파리를 비롯한 몇몇 대도시에서 위그노에 대한 학살이 발생했다. 그 후 1589년에는 칼뱅교도였던 앙리 4세가 프랑스 왕위에 올랐지만 전쟁은 그가 가톨릭으로 개종한 1593년까지 끝나지 않았다. 앙리 4세는 1598년 낭트 칙령을 통해 위그노에게 평등한 권리를 허용하고 보조금을 지급했으며, 프랑스 전역에서 위그노 수비대가 조직되는 것을 허용하였다. 그러나 낭트 칙령은 효력을 제대로 발휘되지 못하였고, 신·구교 대립이 계속되면서 1685년 퐁텐블로 칙령으로 마침내 무효화되었다.

프랑스는 현재 가톨릭이 80%에 이르며 개신교는 3% 정도에 불과하다. 독일과 북유럽 국가들에게 루터교가 확실하게 자리 잡은 것과 비교하면 프랑스에서는 종교전쟁을 겪으면서도 칼뱅교는 뿌리를 내리지 못한 것이다.

프랑스 파리에는 유명한 '몽마르트르' 거리가 있다. 예술가의 거리로 세계인의 관광지이다. 좁은 길에서 가난한 예술가 지망생들이 행인들을 상대로 초상화를 그려주거나 화방들이 즐비하다. 선술집은 젊은이들로 넘쳐난다. 그러나 역사적으로 몽마르트르는 수많은 위그노들이 학살된 박해의 장소로, '몽'은 언덕을, '마르트르'는 순교자를 의미한다. 즉 '순교자의 언덕'이라는 뜻이다. 이곳을 굉장한 예술의 거리라고 생각하고 가면 다소 실망할 수도 있다. 프랑스어는 발음상 우아하게 들린다. 프랑스의 샹송이 크게 유행한 것은 프랑스어 덕분이기도 하다. 우리나라에서도 카페나 음식점에서 '몽마르뜨'라는 간판이 간간히 눈에 띈다. 학살이 일어난 지명 이름이 낭만의 이름으로 쓰이고 있는 것은 아이러니라고 할 수밖에……. 아마도 부르기에 멋이 있어서 그런 것 같다. 더 기발한 것은 상호가 '몽마르쥬'라는 호프집이다. 목 마르지요를 연상케 한다. 노래연습장이나 유흥주점, 안경점이 '라데빵스'라고 간판을 붙인 것도 보았다. 프랑스 고유지명을 뜻하는 단어가 한국에서는 술집 상호쯤으로 쓰이고 있는 것이다.

### 3장

# 동방정교회와 소피아 성당

## 🐚 동방정교회와 그리스도교 분열의 역사

2004년 8월 11일에 데살로니가에 도착했다. 문화관광부 장관으로서 아테네 올림픽 개회식에 참석하기 위해서였다. 개회식은 13일 그리스 수도 아테네에서 열리게 되지만 11일은 한국과 그리스의 축구경기가 데살로니가에서 예정되어 있었다.

데살로니가! 서울을 출발하기 전부터 무척 설렜다. 데살로니가를 생각하면 바오로 사도가 먼저 떠오른다.

> "항상 기뻐하십시오, 늘 기도하십시오, 어떤 처지에서든지 감사하십시오. 이것이 그리스도 예수를 통해서 여러분에게 보여주신 하느님의 뜻입니다."
>
> — 데살로니가 전서 5장 16절 이하

그리스도교 신자라면 이 말씀을 모르는 사람이 없을 것이다. 씹으면 씹을수록 맛이 난다는 말이 있는데, 이 말씀은 고난이 닥쳐왔을 때 비로소 그 깊은 뜻을 알게 해준다.

데살로니가서는 예수가 십자가에 못 박혀 죽었다 부활한 사건에 대해 예수 사후 10여 년이 조금 지난 50년경에 기록한 서간문으로, 신약성경 가운데 가장 먼저 쓰인 것이다. 바오로 사도가 서간문을 쓰기 전까지는 예수의 가르침이 모두 구두로 전파되었다. 데살로니가는 바다와 인접한 곳으로 알렉산더 대왕의 마케도니아의 수도였으며, 콘스탄티노플을 거쳐 유럽과 소아시아를 연결하는 거점이었다. 데살로니가는 당시 마케도니아를 지배한 로마 총독이 주재했다.

축구경기가 끝난 뒤 늦은 저녁식사를 마치고 호텔에 들었다. 호텔 방에는 그리스어와 영어로 함께 쓰인 신약성경이 놓여 있었으며, 나는 가방을 내려놓자마자 데살로니가 서간문을 펼쳤다. 데살로니가에 와서 데살로니가서를 읽으니 이보다 더한 기쁨이 어디 있을까 하는 생각이 뇌리를 스쳐간다. 여기서 바오로 사도는 데살로니가로 가고 싶었으나 가지 못하는 자신의 심정과, 그래서 디모테오를 보낼 수밖에 없는 이유를 설명한다. 데살로니가 서는 주님의 날은 갑자기 올 것이며 진리를 믿지 않고 불의를 좋아하는 자들은 심판을 받는다는 내용 등으로 바오로 사도의 꼼꼼한 가르침을 잘 보여준다.

다음날 나는 데살로니가가 동방정교 Orthodox Church의 매우 중요한 성지인 것을 알게 되었고, 여행이란 언제나 소중한 공부의 기회가 된다는 것을 다시금 깨달았다. 데살로니가가 그저 알렉산더 대왕의 동상과 마케도니아의 위용을 자랑하는 성벽 등 관광의 도시인 줄로만 알았던 것이 부끄러웠다. 사전에 공부가 안 된 탓이다. 데살로니가는 동방정교회 신학교육의 본부였던 것이다. 또한 데살로니가는 슬라브족이 정교회 신앙을 받아들이는 데 결정적인 역할을 한 그리스 선교사 키릴(827~869)과 메소디우스(825~884) 형제의 고향이기도 하다. 이들 형제는 슬라브족에게 그리스도교를 전도하기 위해서 우선 슬라브 문자를 만들었으며, 그들에게 문자를 가르치고 라틴어 성경을 슬라브 문자로 번역하였다. 키릴과 메소디우스 형제는 그리스도교 전도보다는 오히려 슬라브족을 문맹에서 벗어나게 한 것으로서 슬라브족의 사도로 추앙받고 있다. 당시 그리스도교는 라틴어 성경을 절대시하였다. 라틴어 성경을 다른 문자나 언어로 번역하는 것은 철저히 금기시되었기 때문이다. 키릴과 메소디우스 형제는 862년 오늘날의 세르비아 지역인 베오그라드에서 전교활동을 하던 중, 로마교회를 신봉하는 게르만족이 이 지역을 점령하자 추방된다. 슬라브어로 미사를 집전했다는 것이 추방사유였다. 그럼에도 이들 형제는 슬라브족 선교사를 많이 양성하였으며, 그리스, 불가리아 등 발칸반도와 보헤미아, 우크라이나, 폴란드 등 슬라브족에게 그리스도교를 전파할 수 있는 교두보를 만들었다.

동방정교회는 명칭처럼 로마 가톨릭의 서방교회와 대칭되는 개념이다. 동방교회로 분리되기 시작한 계기는 서기 325년부터 시작된 공의회가 예수 그리스도의 본성과 예수와 하느님과의 관계에 대한 논쟁을 벌인 것에서 비롯되었다. 428년 콘스탄티노플의 총대주교 네스토리

그리스정교회 대주교들의 예방

우스는 그리스도 안에서 신성과 인성 두 개의 구분된 위격이 있다는 이단적 견해를 가르쳤다는 이유로 431년 에페소 공의회에서 파문을 당하게 된다. 그렇게 해서 그리스도는 신성만을 가진다는 단성론파 교회와 네스토리우스 총대주교의 양성론파 교회로 나뉜 것이다. 동방정교와 로마 가톨릭이 완전히 결별한 직접적인 이유는 로마 교황이 베드로를 잇는 그리스도 교회의 수장首長이라는 전통이 확정되고 교황은 오류가 없다는 무오류가 선언된 것 때문이었다. 이에 동방교회가 격렬하게 반대하면서 두 교회는 완전히 갈라서게 된다. 이후 동방교회의 중심이었던 콘스탄티노플(이스탄불)이 1453년 오스만튀르크에 의해 함락되자 동방교회의 중심은 슬라브 교회, 즉 러시아로 넘어가게 된다.

## 🐚 종교 공존의 상징, 소피아 성당

지난 2005년 6월, 불가리아 흑해연안 도시 낫세바에서 열린 세계관광기구 집행이사회 회의에 참석한 후 돌아오는 길에, 이라크에 주둔하고 있는 대한민국 자이툰 부대를 위문 방문하였었다. 이때 이스탄불에서 비행기를 바꿔 타기 위해 10시간 정도 머물면서 이슬람 사원을 비롯하여 동방정교회의 핵심 상징이었던 성 소피아 성당을 찾았다.

성 소피아 성당은 비잔틴 제국의 가톨릭 성당으로 세계 건축사상 8대 불가사의 중 하나로 꼽히는 건축물로 537년 유스티아누스 황제에 의해 건립되었다. 성당에는 15층 건물 크기에 해당하는 높이 56m의 거대한 중앙 돔과 많은 보조 돔이 있다. 거대한 중앙 돔은 다시 네 개의 소형 돔으로 연결되는데, 이런 양식은 비잔틴 건물의 표본이다. 이 건물은 이슬

세계 건축사상 8대 불가사의로 꼽히는 성 소피아 대성당

람 세계에도 영향을 미쳐 이스탄불 회교사원들에서도 볼 수 있는 비잔틴과 이슬람 문화의 융합이라는 독특한 건축양식을 낳게 했다. 그러나 1453년에는 오스만튀르크가 콘스탄티노플을 점령하고 회교사원으로 개조했다. 이슬람 세력은 성 소피아 성당을 그대로 보존한 채 성물은 모두 치우고 내부를 온통 회색으로 칠했는데, 성당 내부를 둘러보았을 때 회색 칠이 벗겨진 곳에 성화가 드러난 곳이 군데군데 보였다.

세계적인 건축물로 손꼽히는 성 소피아 성당은 건립 후 916년 동안은 로마교회와 동방교회의 성당으로, 그 후 477년 동안은 이슬람 사원으로 사용되었다가 1935년부터 박물관으로 전환되었다. 박물관에는 초기 그리스도교 성화와 이슬람의 문양이 공존되어 있어 동서양의 그리스도교·이슬람교 문화가 융합된 모습을 잘 보여주고 있는 살아 있는 역사 교육의 현장이다.

성 소피아 성당 근처에는 블루 모스크라는 이슬람 사원이 있다. 1616년에 완공된 이 사원은 성 소피아 성당을 정신적으로 제압하기 위해 지어졌다고 한다. 그러나 성 소피아 성당처럼 중앙에 기둥이 없는 돔을 건축할 수 있는 기술이 부족했던 탓으로, 당시 이슬람 세계에서는 가장 유명한 건축물이었음에도 결국은 성 소피아 성당의 건축양식을 모방하는 수준이었다. 블루 모스크는 6개의 첨탑을 가진 전통적인 이슬람 건축양식인데 내부의 벽면은 실크로드를 통한 문화교류의 영향으로 중국풍의 청색 타일로 장식되어 있다. 높이는 43m, 지름 23m의 돔으로 덮인 내부는 26개의 채색유리를 통해 찬란한 햇살이 비친다.

동방정교는 로마 가톨릭의 일원화된 조직체계와는 달리 나라별로 총대주교가 수장이 된다. 동방정교의 특징은 가톨릭보다 화려한 장식과 성물, 그리고 선채로 예배의식을 진행하는 것이다. 특히 성당 내부에 의자가 없는 것이 특징이다.

아테네에 머물렀을 때에도 국립도서관 옆에 자리한 아름다운 정교회 성당을 둘러보았다. 문화관광부 장관으로 일할 때 서울 아현동의 그리스정교회에서 대주교로 있던 분이 아테네 성당의 주임사제로 지냈다는 얘기를 나중에 들은 적이 있다. 세계관광기구 집행이사회 회의 때는 소피아 성당은 물론 새벽 일찍 호텔 근처의 정교회 성당에서 기도를 올리기도 했는데, 그것이 나에게는 조금도 어색하지 않았다.

최근 들어 로마 가톨릭과 각국의 동방정교회의 화해가 두드러지고 있다. 이는 '갈라진 형제교회'라는 표현 속에서도 잘 드러난다. 우리나라에는 6·25전쟁 때 참전한 그리스군의 군종으로 따라온 동방교회 사제가 처음으로 한국에 포교를 시작하면서 알려졌다.

# 4장
# 수도원 순례

## 🐚 베네딕트 성인과 수비아코 수도원

2010년 무렵에 한국에 소개된 독특한 영화 한 편이 있었다. 알프스 산맥 기슭에 자리 잡은 가톨릭 수도원의 생활사를 1년 넘게 담은 기록 영화다. 〈위대한 침묵〉으로 이름 붙여진 이 영화는 독일의 필립 그로닝 감독이 무려 19년을 기다린 끝에 촬영 허가를 받아 제작했다. 수도원의 성무에 방해되지 않도록, 단 한 사람이 조명 없는 카메라로 촬영한다는 매우 까다로운 조건이었다.

2시간 40분 동안 상영되는 흑백필름의 이 영화는 어떠한 음향도 없이 그저 물이 흐르듯 고요히 흘러간다. 새벽기도와 노동, 검소한 식사 그리고 다시 기도와 명상이 반복되는 일상이다. 카메라는 수도사 한 사람 한 사람의 얼굴을 정면으로 비추고 있다. 그들의 얼굴은 무표정했지만 몸에서는 그윽한 향기가 풍겨 나오는 듯했다. 모든 것을 하느님에게 의탁한 무념의 상태인 것이다. 수도사들은 그 깊은 산속에서 고독과 벗하면서 무엇을 얻고자 하는 것일까?

이 영화는 작은 영화관에서 상영되다가 입소문을 타고 전국으로 퍼져나갔으며, 관객들이 그런대로 모여들었다고 한다.

얼마 전 나는 향적 스님이 프랑스의 한 가톨릭 수도원에서 1년 동안 생활한 경험을 쓴 책을 읽었다. 스님은 춥고 배고프고 고단한 수도생활을 담담하게 그리고 있다.

영화 〈위대한 침묵〉 포스터

불교와 가톨릭의 수행은 세속의 인연을 끊고 무념무상의 상태에서 환희를 느끼거나 모든 순간순간을 하느님과 함께하는 기쁨을 얻는 것이다. 요즘에는 종교와 상관없이, 단기계획으로 열리는 수련모임도 활발하다. 개신교의 수양회, 금식 기도원 입소나 천주교의 피정, 불교의 단기출가와 선 프로그램 등. 특히 사찰체험(템플스테이)을 하는 사람들이 제법 많아지고 있다. 마음수련, 식이요법 프로그램, 공동체 생활 등이 이런저런 스트레스에 찌든 현대인들을 불러낸다. 여기서 천주교의 피정이란 피세정념避世靜念의 줄인 말이다. 세상을 피해 조용히 생각한다는 것이 본래의 뜻일진대, 피정避靜하면 조용한 것을 피한다는 것으로 인식하는 경향이 있다. 오랫동안 써온 표현이라도 제대로 고쳤으면 하는 생각이 든다.

그리스도교 수도원의 역사는 성 안토니우스 St. Antonius(251년경~356년)로부터 시작된다. 그는 하느님을 숭배하는 일에 모든 것을 바치기 위해

수비아코 수도원

사막으로 홀로 들어가 금욕적 삶을 살면서, 제자들이 모여 들면 수행 장소를 다른 곳으로 옮겼다. 이집트 사막에 처음으로 수도원이 세워진 것은 320년 파코미우스Pachomius 성인에 의해서였다. 성 파코미우스 수도원의 규칙은 동, 서방 교회에 많은 영향을 미쳤다. 한편 모세가 십계명을 받은 시나이 산 아래에는 성 카타리나 수도원이 사막 가운데 자리 잡고 있는데, 이 수도원 역시 비슷한 시기에 세워진 것이다. 이슬람을 창시한 무함마드가 이집트를 정복했을 때 '이 수도원은 파괴해서는 안 된다'는 명령을 문서로 남겼는데 이것이 전해내려 오고 있다.

서양으로 국한했을 때 초기 수도원의 역사에서 가장 중요한 인물은 성 베네딕트St. Benedict(480년경~550년경)이다. 베네딕트 성인은 로마의 동쪽인 수비아코Subiaco에서 은거하며 수도자의 삶을 살았으나, 제자들이 모여들고 수도원이 자리를 잡게 되자 생을 마감하기 20년 전에 수비아코를 떠나 로마와 나폴리 사이에 있는 몬테카시노로 들어간다. 베네딕트의 이름이 붙은 수도원 규칙은 서양의 지배적인 수도 생활방식으로 자리 잡았다. 이 규칙은 성 바실리우스(330년경~379년경)가 제정한 동방정교회 수도원 규칙에도 반영되었다. 한편 동, 서방의 수도원 수는 11세기 말까지 1천 곳이 넘었으며, 13세기 초반에는 탁발 수도회인 도미니크회와 프란치스코회가 설립되기에 이르렀다. 이후에는 공동으로 기도하는 형식에 대한 견해 차이로 예수회 등이 새로 창설됐으며, 19세기 동안 가톨릭 안팎에서 수도회가 크게 성장하였다.

2005년 4월, 교황 베네딕트 16세의 즉위식에 사절단으로 바티칸을 방문했던 나는 즉위식 다음날, 성염 교황청 대사의 안내로 사절단 일행과 함께 수비아코 수도원을 방문했다. 짧은 체류일정을 고려하여

수비아코 수도원 앞에서

이곳저곳 겉핥기로 둘러보기보다는 유서 깊은 성지를 찾기로 한 것이다.

1,500여 년을 이어온 수도원은 아슬아슬한 절벽과 금방이라도 무너져 내릴 것 같은 바윗덩어리 사이에 자리 잡고 있었다. 지금은 자동차 길이 나 있지만 베네딕트 성인이 동굴을 파고 수행했을 때는 비탈진 외길이었다. 베네딕트 성인은 누르시아의 귀족가문 출생으로 로마에서 공부하다가 로마의 도덕적 부패에 환멸을 느껴 수도자로 귀의하였다. 성인은 수비아코에 12개의 수도원을 세웠는데, 12라는 수는 완전성과 공동체의 능력을 상징한다. 1206년에 프란치스코 수도회를 창립한 프란치스코 성인도 이곳에서 수도생활을 했다.

2010년에 열반하신 법정 스님은 장익 주교님의 안내를 받아 이곳 수비아코 수도원과 프란시스코 성인의 유적지를 돌아보면서 수도원의 성스러움과 옛 성인들에 대한 존경심이 우러나왔다고 밝힌 적이 있었다. 법정 스님은 "기독교의 사랑과 불교의 자비는 사실 똑같은 것이다. 다만 그 문화적인 배경과 특수성에서 다른 표현이 생긴 것뿐이다"라고 말씀하셨다.

나는 1970년대 초 대학생 시절, 서울 필동에 있는 베네딕트 수도원을 자주 방문하였다. 여러 대학교의 가톨릭 학생들과 베네딕트 수사들이 성경을 공부하고 친목을 다지는 '유니따스'라는 모임에 참여했기 때문이다. 그때 베네딕트 수도회가 기도와 노동, 겸손을 특별히 강조한다는 것을 알게 되었다. 한국에는 1800년대 말 이미 독일의 베네딕트 수도회가 서울에 진출하여 목공, 인쇄 등 기술교육을 가르쳤으며, 이후 일제강점기에는 함경도 함흥 근처 덕원에 수도원과 신학교를 세우고 우리 청소년들을 교육시켰다. 천주교 광주대교구장을 지낸 윤공희 대주교가 덕원신학교 출신이다. 함흥의 덕원신학교는 베네딕트 수도사들이 지은 서양식 건물로 함흥 일대에서 큰 구경거리였다. 덕원신학교는 북한에 공산정권이 들어서면서 폐쇄되었고 많은 독일인 수도자와 신부, 수녀들이 죽음의 행진에서 희생됐다. 일부 수도사들은 한국전쟁 이후 독일로 귀환했다가 수도원이 경상북도 왜관에 자리를 잡자 복귀했다. 한국에서는 베네딕트를 분도라고 줄여 부른다. 베네딕트회가 유독 강조하는 겸손은 라틴어로 후밀리타스Humilitas이다. 어원은 후무스Humus(땅, 흙)에서 기인한다. 자신이 흙으로 빚어진 존재, 즉 인간임을 받아들일 용기를 가진 자만이 관상을 통해 하느님께 오를 수 있다.

베네딕트 성인은 겸손의 실천을 그리스도 안으로 성장해 들어가는 것이라고 했다. "누구든지 자신을 높이는 자는 낮아지고 자신을 낮추는 자는 높아질 것이다"(루카 18:14)라는 성경의 가르침을 베네딕트 성인은 강조했다. '기도하고 일하라'라는 짧은 문장은 베네딕트회의 삶을 특징짓는다. 베네딕트 성인에게 노동의 의미는 첫째 수도승들의 생계자립에 도움을 주고, 둘째 이웃에 봉사하는 것이며, 셋째 노동을 통해 하느님께 영광을 돌리는 것이다. 수비아코 수도원에서는 세심한 설명과 함께 극진히 안내를 했다. 수비아코의 수도사들은 산 아래 수도원에서 공동생활을 한다. 낡아 해어진 수도복과 영양이 부족한 탓인지 핏기가 없는 얼굴이었지만 나이가 꽤 들어 보이는 수사는 수비아코를 떠날 때까지 미소를 잃지 않았다.

2006년 토리노 동계올림픽 개회식 때에는 예수 성의를 보관하고 있는 유서 깊은 지오바니 바티스타 성당을 방문한 적이 있다. 성의는 예수를 십자가에서 내린 뒤 시신을 감싼 것으로 전해지는 가로 1m, 세로 4m 정도의 천으로, 예수의 얼굴이 흐릿하게 나타나 있는데 성의의 진위 여부는 여전히 찬반양론이 제기되고 있다. 최근 '히스토리채널'에서 방영된 내용을 보면 전문가들이 예수의 수의를 탄소연대측정한 결과 1200~1300년대 사이의 혈흔이라고 주장하는 등 공방은 여전히 계속되고 있다. 이 수의가 토리노 성당으로 옮겨져 보관되기 시작한 것은 1572년이다. 수의는 1898년부터 일반에게 공개되었는데, 이때 한 아마추어 사진작가가 찍은 사진에 육안으로 보이지 않던 예수 얼굴이 나타나고, 1931년에는 전문작가가 찍은 사진에서도 예수의 얼굴이 드러나면서 더욱 유명해졌다. 성당 지하 박물관에는 엄중한 보안장치 속에 예수 수의와 관련한 많은 자료들이 보관되어 있다고 한다. 나는 그곳에서 엽서로 된 예수 얼굴 사진을 구입할 수 있었다.

　토리노에서의 또 하나의 경이로운 체험은 해발 962m의 피르치리아노 산에 우뚝 솟은 성 미가엘 수도원 방문이었다. 서기 900년 말부터 조금씩 건축된 이 수도원의 정상에 오르면 알프스 산맥이 선연히 드러난다. 교황 요한 바오로 2세도 이곳을 다녀갔다. 성당 내부는 매우 조촐하고 수도자들의 숙소는 가난과 순명을 드러내는 듯하다. 옛 사보이 왕국의 역대 왕들이 이곳 수도원 바닥에 묻혀 있다. 속세의 걱정거리가 어느덧 사라지는 느낌이 들 정도로 경건하기 이를 데 없는 성지였다.

## 🐚 왜관 베네딕도 수도원 체험

문화관광부 장관 퇴임을 며칠 앞둔 2006년 3월 17일, 경상북도 왜관에 있는 베네딕도 수도원을 방문해, 이형우 아빠스(수도원장)의 배려로 1박 2일간의 수도원 체험을 할 수 있었다. 그런데 내가 그곳에 가기 며칠 전 강금실 전 법무장관이 손님 숙소에 머물면서 열심히 기도했다고 한다.

베네딕도 수도원은 일반인 누구나 방문할 수 있지만, 수도사들이 생활하는 수도원 안에는 아빠스 허락이 없이는 들어갈 수 없

왜관 베네딕도 수도원 성당

다. 남자들만의 공간인지라 여성은 아빠스도 허락할 수 없다고 했다. 나는 오후 늦게 도착하여 저녁기도부터 수도사들과 함께 지냈다.

식사 전 기도시간이 다가오자 검은 수도복을 입은 수도사들이 소리 없이 성당 입구에 줄을 지어 섰다. 모두 모이면 입장하기 위해서이다. 평상복 차림의 나를 쳐다보는 수도사는 없었다. 옆에 누가 있는지, 앞 수도사는 누구인지 전혀 신경을 쓰지 않았다. 저녁기도는 장엄한 그레고리안 성가로 시작되었다. 저녁기도 후 각자의 방에서 머물다가 식당에 들어왔다. 수도사들이 입장하고 자리에 앉았을 때도 역시 고요하다.

아빠스가 종을 쳐 식사시간을 알리자 역시 소리 없이 음식을 먹기 시작한다. 나는 아빠스 옆에 앉았는데 역시 이 이방인의 존재에는 아랑곳하지 않는 눈치다. 조촐하게 차려진 식단이었는데 나에게만 계란지짐이가 주어졌다. 손님대접을 한 것이다. 머쓱했지만 감사하는 마음으로 소리 나지 않게 조심하며 맛있게 먹었다.

저녁식사 후에는 휴식을 취한 뒤 하루를 마감하는 기도를 한다. 수도원에서는 나에게 2층에 있는 방을 제공했다. 책상과 의자, 침대가 있고 화장실이 딸린 방이다. 가톨릭 수도원의 공통된 형태인 중앙에 마당을 두고 동서남북 네 곳은 건물로 둘러져 있다. 적막감이 흐르는 밤, 숨소리도 작게 하면서 세상에서 지은 죄를 살피고 회개하면서 밤을 보냈다.

아침에는 오전 5시에 일어난다. 5시 20분에는 성당에서 기도하고 6시 30분에 미사를 올린다. 미사에는 근처 베네딕트 수녀회의 수녀들과 수도원에서 일하는 직원, 그리고 손님 숙소에서 피정을 하는 일반인들이 참석했다. 사제 서품을 받은 수도사와 그렇지 않은 수도사가 있다. 각자의 소명의식에 따라 선택하는 것 같다. 아침식사는 7시 10분이다. 매우 간단한 식사였는데 독일인 수사가 기억에 남는다. 토스트 한쪽에 가루로 타는 커피, 그리고 방울토마토와 같은 자주색 무를 반쪽으로 쪼개서 식사를 했다. 그저 먹었다는 표시 정도이다. 마음에 점을 찍는 것이다.

식사 후 나는 수도원을 둘러보았다. 기도와 노동을 하는 곳이 베네딕도 수도원이다. 채색유리인 스테인드글라스를 만드는 곳에서는 일감이 넘쳤고 작업은 더디게 진행되었다. 채색유리는 수입해야 하고 가톨릭뿐 아니라 많은 개신교회에서도 주문이 들어온다고 한다. 철공소와 목공소는 수도원에서 필요한 다양한 종류의 성물들을 제작하고, 교회에 필요한 긴 의자와 탁자들을 만든다.

수사들의 일솜씨는 일반 사회의 기능공들보다 앞서야만 한다. 주문과 품질을 따지는 것이 매우 까다롭기 때문이다. 그래서일까 일하는 솜씨가 매우 능숙하다. 가톨릭용 성경과 성가집의 대부분은 이곳에 있는 인쇄소에서 찍고 묶어낸다. 80세가 된 독일인 수사신부는 가톨릭 교육용 비디오를 열심히 제작하고 있었다. 모든 것이 자급자족이다. 쌀도 수도원 근처 논에서 경작한 것이다. 베네딕트 성인이 수도원 규칙을 정했던 때가 500년대 초이니 1,500여 년간 전통을 묵묵히 이어온 것이다.

독일에 본부를 두고 있는 베네딕도회는 지난 2007년 겸재謙齋 정선鄭歚(1676-1759)의 한국 산수화 그림첩을 한국에 영구임대 형식으로 반환한 바 있다. 겸재는 진경산수화眞景山水畵라는 우리 고유의 화풍을 개척한 인물이다. 이 그림첩은 구한말 선교와 교육을 위해 조선에 온 독일인 수도사가 구입한 것으로, 베네딕도회 총 아빠스가 한국을 방문하여 겸재 그림첩을 반환하고 국회를 방문하였다. 당시 김원웅 국회 외교통상위원장과 함께 베네딕도 수도회 일행과 간담회를 가졌는데, 이형우 아빠스와 수사님들을 1년여 만에 다시 반갑게 만났었다.

### 5장

# 유대교에서 만난
# 민족의 고난과 구원의 메시아니즘

## 🐚 유대교를 알아야만 하는 이유

조금 오래된 일이지만 유대교를 알아야만 근현대사를 이해하는 데 도움이 된다는 것을 알게 되었다.

1976년 내가 언론사에 입사하여 신문기자가 된 이래, 이스라엘과 이웃 중동국가들의 반복되는 전쟁과 평화, 팔레스타인과의 영토 분쟁, 유대인 정착문제는 외신의 주요 기사거리였다. 도대체 알다가도 모를 일이 그곳에서 벌어지고 있었다. 의구심이 생긴 것은 그뿐만 아니다. 2차 세계대전 기간 중 히틀러의 나치정권은 도대체 무슨 이유로 유대인을 600만 명이나 학살했으며, 또한 1948년 이스라엘 건국의 배경은 무엇인가를 알기 위해서는 그 배경에 대한 사전학습이 필수적으로 수반되어야 했다. 이것들은 유대교 신앙의 생성과 변천과정, 유대교와 다른 종교 간의 관계, 전 세계에 생활터전을 갖고 있는 유대인들의 생존과정을 대충이라도 파악하지 않으면 이해할 수 없는 문제들이었다. 개인적으로는 가톨릭 신자 입장에서도 왜 유대인이 예수를 배척하고 십자가 처형을 그토록 외쳐댔는가 하는 점도 궁금했다.

나는 1980년 신군부에 의해 강제해직된 뒤 한국 내에서 취업의 기회가 막혔다. 결국 1981년 미국 뉴욕에 주재하고 있는 반독재신문에 들어가기로 하고 위장된 신분으로 여권과 비자를 발급받아 미국에 갈 수 있었다. 그 후 1982년, 미국에 망명한 김대중 대통령을 모시고 한국인권문제연구소에서 일하면서 〈행동하는 양심〉을 만들었다. 인권문제연구소에는 1988년에 귀국하여 〈한겨레신문〉 창간에 참여하기까지 6년 동안 재직하였다.

미국에서 생활하면서 나는 아주 독특한 복장이지만 아무런 거리낌 없이 거리를 활보하는 사람들을 종종 볼 수 있었다. 바로 유대인들이었다. 검고 높은 중절모자, 머리를 양 갈래로 따 내리고 사시사철 검은 양복을 입는 사나이들이었다. 뉴욕, 필라델피아, 워싱턴을 거치는 미국생활 중 많은 곳에서 유대인 회당이나 유대인 회관Jewish Center을 볼 수 있었다. 미국 이민 1세대에 속하는 우리나라 초기 교민들은 대개 식료품점, 과일·채소 상점, 수산물 상점, 세탁소 등을 운영하여 기반을 잡아가는데, 이러한 점포 상당수는 유대인으로부터 인수받는 경우가 많았다.

1880년경부터 물밀듯이 미국으로 이주해온 유대인들은 밑바닥에서부터 일어났다. 유대인들은 미국 사회에서조차 깍쟁이, 구두쇠, 손톱만큼의 여유가 없다는 등 질시를 받았지만 눈 하나 깜짝하지 않았다. 그들은 육체노동을 통해 돈을 벌면 더 큰 규모의 사업에 진출하여 인력을 고용하였다. 자식들은 엄격한 가정생활과 유대교 교리에 따른 철두철미한 교육을 통해 의사, 변호사, 회계사 등 전문 직종으로 진출시켜 계급 상승을 노렸다. 유대인은 이민 100년을 전후하여 미국의 정치, 외교, 경제, 학술, 언론 분야에서 막강한 영향력을 행사하는 민족으로 성장하였다. 그 결과 오늘날에는 유대인의 정치후원금에 의존하지 않는 미국의 정치인이 없을 정도가 되었으며, 미국 내 유대인 사회는 이스라엘을 지탱하는 든든한 버팀목으로 성장하였다.

2010년 여름, 클린턴 전 대통령과 힐러리 국무장관의 외동딸 첼시가 유대인과 결혼했는데 개신교 목사와 유대교 랍비가 공동으로 주례를 해야 할 만큼 유대인의 파워는 대단하다.

## 유대교와 유대인의 역사

**민족의 고난과 메시아니즘의 탄생**

여러 민족들이 외세의 침입과 점령, 피정복 상태에 놓이는 것은 역사에서 흔한 일이다. 그러다가 평화를 오랫동안 누리기도 하고 국력이 강해지면 이웃나라를 침략하기도 한다. 이처럼 모든 세계사는 민족의 흥망성쇠와 영토의 확장/축소가 시대와 세대를 뛰어넘어 변화무쌍했던 사실을 잘 보여준다.

그러나 2,000여 년이 넘게 외세의 잦은 침략 정복에도 모자라 민족 전체가 노예로 전락해야 했던 수난사를 가진 민족은 아마도 유대 민족이 유일할 것이다. 또한 아예 나라도 없이 세계의 각지로 흩어져 살아야 했던 민족도 유대인 말고는 없다. 기원전 720년 전 북쪽의 이스라엘, 980년에 남쪽의 유대 왕국이 바빌로니아에게 정복당하기 전까지, 유대 민족은 다윗과 솔로몬 왕 시대에 최고의 전성기를 누렸다. 이 시기에 유대 민족은 예루살렘에 야훼의 말씀이 새겨졌다는 법궤를 모신 성전을 지었다. 유대인들은 법궤 속에 있는 십계명이 모세가 호렙산에서 하느님의 계시를 받아 새긴 것으로 믿었던 것이다.

유대 민족은 앗시리아와 바빌로니아에 나라를 뺏기고 노예로 끌려갔다 돌아온 이후, 로마 침략 때까지도 주변 강대국들에게 지속적으로 시달린다. 기원전 587년부터 이스라엘을 건국한 1948년까지 2,500년의 역사는 고통과 압박으로 얼룩졌다. 이러한 가운데 악한 자의 지배는 끝이 나고 선한 자는 결국 승리한다는 선과 악의 이분법을 토대로 한 종말론적 메시아니즘이 형성되었던 것이다.

유대교의 역사는 유대 민족의 역사이며, 모세5경을 비롯한 구약성경이 곧 유대 민족의 역사기록이기도 하다.

세계 여러 대륙에 오랫동안 흩어져 살아온 탓에 문화와 종교의식의 차이가 있음에도 불구하고 유대인 누구나 구약성서를 믿고 자신이 아브라함과 이삭과 야곱의 자손이라 믿는다. 아브라함은 그리스도교와 이슬람의 신앙의 선조이다. 유대교와 이슬람은 아브라함의 후대, 즉 이삭과 이스마엘에서 갈라진다. 이슬람은 아브라함의 첫 번째 부인 하갈과 첫 아들 이스마엘의 순수혈통을 잇는다고 주장한다. 어떻든 아브라함은 그리스도교, 유대교, 이슬람교 공동의 조상이며, 이들 종교는 구약성경을 공유한다.

유대인들은 선민의식 하나로 역사를 헤쳐 왔다. 하느님으로부터 선택받은 민족이라는 것이다. 그런데 선택된 민족이라는 이러한 배타의식이 중세와 근현대사에서 유대 민족이 세계 각지에서 핍박당하고 살육당하는 주요한 이유가 되었다.

예수 등장 당시 이스라엘 지역에는 유대교가 20여 개의 파벌로 나뉘어 있었다. 바리사이파, 사두가이파, 에세네파, 젤롯당파가 대표적인 파벌들로 신약성경에 등장한다. 예수에게서 위선자들이라며 가장 신랄하게 비판을 받는 바리사이파는 율법 수호 세력으로, 모세5경을 바탕으로 세부적인 율법을 만들었다. 그들은 내세에 대한 강력한 믿음을 지니고 하느님의 계시론과 섭리론을 확립시켰다. 《탈무드》를 통해 잘 알려진 '랍비'의 전통도 바리사이파에서 나왔다. 사두가이파는 성전을 담당하는 특권층이었으며, 그들은 성경에 나오는 것처럼 부활을 부정한다. 또한 모세5경을 신봉하고 유대교 전통을 이으면서 로마와 타협하여 신분을 유지했다. 그러나 그들은 바리사이파의 초자연적인 신앙을 거부한다. 한편 젤롯당파는 열심당원으로 로마를 무력으로 뒤엎으려 했던 세력이다. 빌라도가 과월절에 죄수 한 명을 석방하는 유대의 전통에 따라 예수와 함께 세우고 선택하라고 했던 사람이 젤롯당파의 바라빠이다. 한편 금욕적인 공동생활을 했던 에세네파는 쿰란 광야에 수도원을 짓고 초월적인 신앙에 몰두했다. 유대교의 경전은 모세5경(창세기, 탈출기(출애굽기), 레위기, 민수기, 신명기)과 율법서인 토라 그리고 예언서 등인데, 기원후 90년 히브리어 경전 3부 24책이 경전으로 확정됐다.

유대교는 율법의 종교이다. 예수가 율법으로 해가 뜨고 해가 지는 바리사이파를 비판한 것은 유대교와 그리스도의 확실한 갈림길이다.

"… 어떤 바리사이가 자기 집에서 식사하자고 그분을 초대하였다. 그리하여 예수님께서 그 집에 들어가시어 자리에 앉으셨다. 그런데 그 바리사이는 예수께서 식사 전에 먼저 손을 씻지 않으시는 것을 보고 놀랐다. 그러자 주님께서 그에게 이르셨다. 정녕 너희 바리사이들은 잔과 접시의 겉은 깨끗이 하지만 너희의 속은 탐욕과 사악으로 가득하다. 어리석은 자들아 겉을 만드신 분께서 속도 만들지 않으셨는가? 속에 담긴 것으로 자선을 베풀어라. 그러면 모든 것이 깨끗해질 것이다"

- 루카복음 11장 37절

이 말씀은 바리사이파의 이중적 삶을 비판한 것이다. 성경에서 예수 다음으로 바리사이파와 율법학자에 대해 강력하게 비판한 사람은 바오로 사도이다. 익히 알려진 것처럼 바오로는 유대인 중의 유대인이고, 최고 수준의 교육을 받은 유대인 성골 출신으로 그리스어에도 능통하여 서간문을 직접 쓸 정도로 학식이 풍부했다. 또한 자신의 입으로 고백하듯이 바오로는 예수를 믿는 그리스도교인을 잡아서 죽이는 일에 가장 앞장섰던 인물이었다. 그런 바오로가 다마스쿠스로 가는 길에서 예수를 만나 회심을 한 후 유독 율법학자들을 비판하는 것이다. 이것은 바오로 사도의 갈라디아인들에게 보낸 편지에서 특히 잘 드러난다.

"… 여러분은 율법에 따른 행위로 성령을 받았습니까? 아니면 복음을 믿어서 성령을 받았습니까? 여러분은 그렇게도 어리석습니까? 성령으로 시작하고서는 육으로 마칠 셈입니까?" "… 그러니 하느님 앞에서는 아무도 율법으로 의롭게 되지 못한다는 것이 분명합니다. 의로운 이는 믿음으로 살 것이다 하였기 때문입니다. 율법은 믿음과는 관련이 없습니다." "… 믿음이 오기 전에는 우리가 율법 아래 갇혀, 믿음이 계시될 때까지 율법의 감시를 받아왔습니다. 그리하여 율법은 우리가 믿음으로 의롭게 되도록, 그리스도께서 오실 때까지 우리의 감시자 노릇을 하였습니다. 그러나 믿음이 온 뒤로 우리는 더 이상 감시자 아래 있지 않습니다. 여러분은 모두 그리스로 예수님 안에서 믿음으로 하느님의 자녀가 되었습니다. 그리스도와 하나 되는 세례를 받은 여러분은 다 그리스도를 입었습니다. 그래서 유대인도 그리스인도 없고, 종도 자유인도 없으며 남자도 여자도 없습니다. 여러분은 모두 그리스도 예수님 안에서 하나입니다. 여러분이 그리스도께 속한다면, 여러분이야말로 아브라함의 후손이며, 약속에 따른 상속자입니다."

이처럼 바오로 사도는 누누이 율법에서 벗어날 것을 강조한다. 그리스도교와 유대교는 예수의 피와, 율법으로 반목하게 되는 것이다.

**유대인의 대이주**

이스라엘의 남쪽 끝 지점인 마사다는 유대 민족의 교육과 학습장소다. 영화 등을 통해 전 세계에 잘 알려진 곳으로, 유대인들이 죽음으로 로마군에 끝까지 항거했던 성지이다.

예수 사후 30여 년이 지난 66년, 유대교파에서 가장 민족적 색채가 강한 젤롯(열심)당이 봉기하여 갈릴리 땅을 점령하고 예루살렘의 영주들을 타도했다. 이에 서기 70년 로마군은 예루살렘을 포위하고 성전을 완전히 파괴하였고, 젤롯당은 남쪽으로 밀려나 헤롯이 요새로 지었던 마사다에 진을 치고 항거했다. 로마군이 마사다 요새로 진입했을 때는 젤롯당 유대인 960명은 모두 자결한 뒤였다. 이후 132년에도 로마에 항거하는 무장투쟁이 일어났으나 실패했다. 유대인들은 로마를 상대로 한 독립무장 투쟁이 패배한 이유 중 하나로 예수를 믿는 그리스도교인들이 투쟁 대열에 합류하지 않았기 때문이라며 이들을 민족의 반역자로 내몰았다. 이후 로마는 예루살렘에 유대인이 살지 못하게 했다. 이로 인해 2세기 무렵에 유대인은 여러 지역으로 흩어졌다. 그러나 바오로 사도의 서간문을 보면 유대인은 70년의 봉기 훨씬 전부터 로마, 그리스, 지금의 터키, 시리아 등 중근동과 이집트, 리비아 등 북아프리카 지역 등의 지중해 연안 각국에 이미 정착해 있었던 것을 알 수 있다.

유대인들은 이처럼 여러 지역에 거주하면서 무역업과 제조업 등으로 살아갔으며 3세기 말에는 프랑스, 독일 등 유럽 속으로 들어간다. 중세의 유대인 사회는 지중해 연안의 서쪽 끝인 스페인부터 페르시아의 동쪽 끝까지 모든 주요 도시에 뿌리를 내렸다.

무함마드가 알라의 계시를 받았다고 주장하며 610년에 창시한 이슬람은 613년부터 포교를 시작한 후, 700년대 초에는 북아프리카 전체를 수중에 넣는다. 이슬람은 점령지에서 유대인 사회를 용인했다. 유대교를 그리스도교와 마찬가지로 아브라함 신앙의 자손인 '경전의 백성'이라고 인정한 것이다. 이슬람 정권은 유대인들에게 특별 인두세 납부, 특별한 의복 착용 등 몇 가지 제약을 가했으나 군복무 면제와 사법자치권, 종교의 자유를 허용했다. 또한 유대인 교육기관도 인정해줌으로써 이슬람 제국 전역에서 유대인들은 무역과 상업, 금융업을 통해 부를 축적할 수 있었으며 이슬람 권력의 고위직에도 진출했다.

그러나 이 같은 이슬람의 관용 정책과 달리 그리스도교 국가들은 유대인들을 예수 십자가 처형 책임의 굴레에서 풀어주지 않았다. 1095년, 이슬람 세력을 몰아내고 예루살렘에 그리스도교 왕국을 세운 십자군은 현지 유대인을 학살했는데, 이는 예수 피에 대한 책임과 이슬람 세력에 빌붙어 살았다는 이유에서다. 또한 이와 마찬가지로 1차 십자군 전쟁 당시에도 독일 라인 지방에서는 유대인 학살이 벌어졌다. 예수를 십자가에 못 박으라고 외치는 유대 군중들에게 빌라도가 "나는 이 사람의 피에 책임이 없소" 하자 유대인들은 "그 사람 피에 대해서는 우리와 우리 후손들이 책임지겠다"고 한 성경 기록이 이후 역사에서 유대 민족에게 피바람을 일으키는 단서가 된 것이다.

그리스도교가 지배하던 중세 유럽인들은 유대인들에게 땅을 소유하지 못하게 하고 무역이나 상업도 금지시켰다. 이에 따라 생계가 막힌 유대인들은 고리대금에 의존하게 되는데, 이러한 행위가 유대인에 대한 반감을 더욱 악화시키게 했다. 예수의 죽음에 대한 책임, 배타적인 종교와 문화, 무역 등으로 쌓아올린 부, 고리대금 등 이 모든 것이 유대인 사회를 더욱 궁지로 내몰았다. 심지어 가톨릭 성당에는 유대인을 한껏 조롱하는 벽화들이 등장하였는데, 예를 들면 돼지고기를 먹지 않는 유대인에게 억지로 돼지고기를 먹게 하는 모습을 담은 그림들도 있었다. 그토록 유대인들이 멸시와 배척의 대상이 된 것이다. 유럽 사회의 이 같은 유대인 거부 움직임은 1182년 프랑스, 1290년 영국에서도 구체화되었다. 유대인을 죽이거나 쫓아내는 일이 다반사로 일어났다.

그러나 이 같은 유럽 지역의 유대인 배척과는 달리 스페인 지역에 거주하던 유대인들은 비교적 평온한 삶을 누렸다. 톨레도의 경우가 그렇다. 톨레도는 로마의 지배 후 6세기경 서고트족이 들어오면서 서고트 왕국 수도로 번성하였던 도시로, 711년 이슬람에 의해 정복되어 1085년 그리스도교 세력이 이슬람을 패퇴시킬 때까지 이슬람의 중심지였다. 1085년 이후의 톨레도는 그리스도교, 유대교, 이슬람교 등이 어울려 사는 다국적 문화의 도시가 됐다. 톨레도에는 서로 다른 민족의 말을 통역할 수 있게 가르치는 교육기관이 있었으며, 이슬람과 유대교의 철학, 과학 등 선진학문이 라틴계로 전파되는 구실을 톡톡히 담당했다. 이에 따라 톨레도의 유대인들은 1492년 스페인 전역에서 유대인이 추방

될 때까지 상업과 금융업에 종사하면서 안정된 생활을 하였다. 유대인이 톨레도를 스페인의 수도로 발전시키는 데 큰 역할을 한 것이다. 톨레도에는 유대교 회당(시나고그)이 있다.

1492년에 쫓겨난 유대인 후손들은 19세기 말과 20세기 초 유럽 각국에서 유대인 해방이 이뤄지자 다시 옛 고향으로 돌아왔다. "고향으로 돌아온 유대인이 조상이 쫓겨나기 전까지 살았던 집을 찾아가 대대로 내려온 열쇠를 꽂았더니 문이 열렸다"는 안내자의 설명은 믿거나 말거나이다. 연어가 산란을 할 때면 부화된 그곳을 찾기 위해 온갖 고초를 겪는 것처럼 유대인의 조국에 대한 열망과 조상의 흔적을 되밟기 위한 비상한 노력은 실로 감탄할 일이다. 유대인은 스페인 남부, 안달루시아 지역이 이슬람의 지배하에 있을 때에도 평온한 삶을 누렸다. 그러나 여타의 유럽 지역에서는 학살당하고 쫓겨나는 고난의 세월을 이겨내야 했다.

유럽에서 유대인들이 탄압의 굴레에서 벗어나는 시점은 나폴레옹 시대에 들어서면서부터이다. 나폴레옹은 1806년 유대인 명사회의를 소집하여 유대인에 대한 해방을 선포하는데, 이를 계기로 중부와 북부 유럽 국가들에서 유대인들은 모처럼의 자유를 얻는다. 그러나 1882년 러시아에서 유대인 대학살이 발생하면서부터 반유대인 폭동은 리투아니아, 우크라이나, 폴란드 등으로 번져나간다. 그 결과 각국의 유대인 지도자들은 유대교의 종교적 전통을 거주 국가들의 문화에 접목시켜야만 유대인에 대한 증오와 반감을 줄일 수 있다는 판단 아래 유대교 개혁운동을 펼치게 된다.

한편 이처럼 절박한 상황에 처한 유대인들은 조국을 건설해야 한다는 운동을 전개해 나갔다. 바로 '시오니즘'이다. 팔레스타인으로 돌아가, 2,000년 동안 꿈에 그리던 이스라엘을 건국해야만 더 이상의 민족수난이 멈출 수 있다는 결론에 도달한 것이다. 그러나 유대인들의 생존을 위한 몸부림이 이렇다 할 돌파구를 찾지 못하게 되자 1881~1914년 사이 약 200만 명의 유대인이 미국으로 이주한다. 아르헨티나, 브라질 등 남아메리카 대륙도 유대인들에게는 신대륙으로 여겨졌다. 수많은 유대인들이 서유럽과 남아프리카, 캐나다, 오스트레일리아, 팔레스타인 지역 등으로 뿔뿔이 흩어져 살길을 찾아 나선 것이다.

그러나 유대인들은 미국에서도 거센 반유대주의를 헤쳐 나가야 했다. 2차 세계대전 이후에도 미국의 명문대학과 의과대학에서는 유대인 입학생 정원을 제한했으며, 유대인이 집을 사려면 이웃의 동의가 필요했다.

### 히틀러의 나치 정권에 의한 홀로코스트

독일의 나치는 1차 세계대전에서 패한 이유가 유대계 사회주의자, 자유주의자, 평화주의자들의 배신 때문이라고 믿었으며, 러시아 볼셰비키 혁명도 유대인들의 음모라고 확신했다.

1933년, 정권을 장악한 히틀러는 반유대인 법령을 만들고 유대인과 접촉금지, 유대인의 재산등록, 유대인 회당 파괴 등 탄압을 강화했으며, 유대인 사회는 나치경찰의 통제하에 들어갔다. 1939년의 폴란드 침공 이후 히틀러의 유대인 말살계획은 더욱 노골화되며, 결국 1945년까지 유대인 600만 명이 유럽의 집단수용소에서 학살되었다.

그런데 히틀러 나치정권의 이러한 유대인 말살정책에는 좀 더 근원적인 정치철학이 도사리고 있었음을 찾아볼 수 있다. 나치정권을 피해서 영국이나 미국으로 건너갔던 독일의 많은 사회학자들과 과학자들은 독일 역사의 특수성이 파시즘을 태동케 했다는 일치된 견해를 보였다. 독일에서 바이마르 공화국이 무너진 뒤 민주주의와 근대화의 경로를 정상적으로 거치지 못한 것이 전체주의로 흐르게 했다는 것이다. 또한 독일에서 외국인혐오증(제노포비아Xenophobia)이 유독 심해서 폭력적인 역사가 전개됐다는 것이다.

그러나 이보다 더욱 섬뜩한 이론은 나치 폭력의 배경을 성경에서 끄집어내는 것이다. 1920년대 독일의 문예비평가 발터 벤야민Walter Benjamin은 폭력을 신화적神話的 폭력과 신적神的 폭력으로 나누어 고찰했다. 신화적 폭력은 그리스 신화에서 흔히 등장하는 신들의 전쟁을 말하는 것이며, 신적 폭력은 구약성경의 민수기 16장 '코라의 반역'에서 인용된다. 코라는 모세가 속한 레위 지파의 증손이다. 그는 모세와 그의 측근들만이 군중들에게 군림하고 권력을 독점한다며 반대세력을 규합했다. 민수기 16장은 모세가 야훼에게 공정한 심판을 부르짖자 땅이 입을 벌려 코라에게 딸린 사람들과 재산을 모조리 삼키고 불살라버렸다고 기록하고 있다. 코라와 그 일파들을 어떠한 경고나 위협도 없이 말살해버린 것이다. 유대인의 경전으로 꼽히는 구약성경의 민수기가 유대인의 말살을 정당화하는 구실이 된 것을 어떻게 이해할 수 있을 것인가? 이에 대한 벤야민의 신적 폭력이라는 독특한 분석에 의하면 그러한 성서의 전승이 결국 수많은 생명을 한꺼번에 휩쓸어버리는 나치의 유대인 학살을 잉태케 했다는 것이다.

한편 슬로베니아의 철학자인 슬라보예 지젝Slavoj Žižek은 벤야민이 말하는 신적 폭력의 구체적인 사례로 프랑스 대혁명 당시 자코뱅당의 공포정치, 1919년 러시아 공산혁명 당시 붉은 군대의 테러리즘 등을 들고 있다. 지젝은 신적 폭력이 순수한 혁명적 폭력이라고 주장하면서 자본주의 세계 체제가 저지르는 구조적 폭력에 맞서는 대항폭력이라고 주장했다. 쿠바와 볼리비아에서 인민혁명을 주도한 체게바라는 "진정한 혁명가는 위대한 사랑의 감정에 이끌린다"고 한 것에 비유, 지젝은 "신적 폭력은 그 내부에 뜨거운 사랑을 간직한다"고 말했다.

정치철학적 분석이야 어쨌든, 나치의 극악무도한 반인륜적 범죄는 유대인 나라를 만들어주자는 시온주의 운동으로 퍼져나갔다. 그러나 시온주의 운동에 따른 유대인들의 대규모 팔레스타인 이주는 그곳에 이미 살고 있던 팔레스타인인들과의 새로운 분쟁을 불러일으켰다. 국제연맹이 팔레스타인 통치를 영국에 맡겼으나 유대인과 아랍인들의 분쟁을 해결할 수는 없었다. 결국 국제연맹에 이어 탄생한 국제연합은 1947년에 합의한 유대인과 팔레스타인의 분할결정에 따라 1948년 이스라엘의 독립을 선포하게 된다. 그러나 중동지역은 1948, 1954, 1967, 1973년에 전쟁이 일어났으며 지금도 전쟁은 계속되고 있다.

## 🐚 통곡의 벽과 홀로코스트 추모관

그리스도교 성지와는 사뭇 분위기가 다른 '통곡의 벽'이라 불리는 서쪽 담벼락 Western Wall을 가보았다. 예루살렘을 처음 방문하는 순례자나 관광객은 예루살렘을 바라볼 때 가장 확연히 눈에 띄는 황금색 돔 형태의 웅장한 건물이 이슬람 사원이라는 데 놀라면서 실망스러워 한다. 바로 그 이슬람 모스크 밑 부분의 벽이 통곡의 벽이다. 이슬람 모스크는 예루살렘을 정복한 무슬림 세력들이 솔로몬이 세웠던 성전을 허물고 그 위에 지은 것인데, 유대교인들은 그곳 담벼락을 성전 삼아 기도하는 것이다. 경전을 독송하고 머리를 찧어가면서 열정적으로 기도하고 또

소원을 적은 쪽지를 담벼락 틈새에 끼워 넣는다.

  신앙적 측면에서 유대인들은 통곡의 벽에서 기도하고, 야드 바솀Yad Vashem 홀로코스트 추모관에서 수난사를 기억하며 굳건히 싸워나갈 것을 결의한다. 야드 바솀은 예루살렘에 있는데 국빈 초청 시 반드시 안내되는 곳으로, 제2차 세계대전 중 나치가 학살한 600만 명을 추도하기 위해서 세워졌다. 유대인의 비극을 이스라엘 후손들에게 잊지 않게 하고 전 세계인에게 평화를 지향하도록 하자는 뜻에서 1953년 이스라엘 국회가 추진해 조성했으며, 2005년에는 역사박물관도 완공했다.

  나는 예의를 갖추기 위해 대사관에서 마련한 유대인 모자를 쓰고 들어가 그곳의 추도비에 대한민국 문화관광부 장관 이름으로 헌화했다. 전시관에는 학살된 200만 명의 이름이 보존된 이름관, 학살당한 22개 수용소를 담은 기억의 전당 등이 있다. 입구에는 "용서하라, 그러나 기억하라Forgive but Remember"라는 글귀가 씌어 있다. 참으로 가슴이 아팠다. 특히 학살당한 어린이들의 장난감과 머리끈, 작고 예쁜 구두들을 볼 때 인간이란 도대체 어디까지 악랄할 수 있는가를 생각했다. 두려움에 질린 눈망울과 초췌하고 비루한 차림의 희생자들의 영정 앞에서 눈물이 흘러내렸다. 기록필름은 계속 상영됐다. 남녀노소 할 것 없이 모두 발가벗겨진 채 걸어가는 죽음의 행렬, 곧 죽을 목숨이지만 어린아이를 꼭 껴안고 한발 한발 떼는 어머니 등 참혹하고 처참하기 그지없는 장면이었다. 다른 한쪽에서는 의기양양한 히틀러 군대의 사열모습과 담담한 표정으로 수용소를 시찰하는 독일군 수뇌부의 모습들이 펼쳐졌다. 이곳은 방문한 사람 누구나가 나치의 만행에 치를 떨 수밖에 없도록 조성되어 있다. 왜, 나치는 이처럼 악마 같은 짓을 했는가? 가슴이 먹먹해졌다. 곳곳을 안내하면서 설명해준 중년 여성은 자기 부모도 수용소에

야드 바셈 홀로코스트 추모관

서 희생됐다고 말했다.

　이 추모관은 매년 정기적으로 독일에서 성금이 지원되며, 역대 독일 총리들이 반드시 방문하는 필수코스다. 얼마 전에도 메르켈 총리가 다녀갔다는 보도를 접했다. 과거를 철저하게 사죄하고 반성하는 독일과 위안부 문제에 대해 철저히 외면하고 있는 일본이 선명하게 비교되는 대목이다.

　그리스도교, 유대교, 이슬람교는 모두 중동지역에서 시작했다. 중동의 종교적 근원은 고대 메소포타미아 문명이며 이 문명의 주인공은 수메르Sumer족이다. 수메르족은 태초에 전지전능한 절대신이 우주를 창조했다고 믿었다.

　이들 종교는 절대신과 예언자들에 의해 시작됐다. 예언자는 절대신(하느님, 야훼, 알라)과 인간 사이에서 의사를 전달하는 존재였던 것이다. 그러나 이렇게 하나의 문명에서 비롯되었고, 아브라함이라는 예언자를 신앙의 선조로 여기고 있지만, 그리스도교와 유대교, 이슬람은 정치와 권력의 판도 변화에 따라 유럽 전역에서 각축하고 대립하며 살육하는 역사를 빚어낸 것이다. 하기야 그리스도교와 이슬람의 1천여 년 동안의 크고 작은 전쟁 또한 같은 유일신의 계시를 기록한 예언서에서 그 뿌리를 두고 있는 것에 비추어보면, 역사 이래 모든 나라와 민족은 스스로 편리한 대로 하느님, 야훼, 알라, 신(神)을 정형화했음을 부정할 수 없을 것이다. 그리스도교와 이슬람교는 각각 야훼와 알라를 믿고 용맹분전하라는 수많은 구절들을 들고 나왔었다.

　종교적 신념이 신앙의 차원에 머물지 못하고 선과 악의 개념으로 치달을 때, 절대신은 오로지 승리하고 제압하여 고난을 이겨내는 배타적

민족주의 이데올로기의 차원으로 격하될 수밖에 없는 것이다. 종교 상호간의 이해를 넘어 서로 다른 점을 인정하고 존중하지 않는다면 지난 2,000년간 지속돼온 종교 간 대립의 역사는 앞으로도 영원히 멈추지 않을 것이다.

언젠가 우연히 개신교 예배에 참석했다가 어느 장로님의 기도에 놀란 적이 있었다. 고려는 불교 때문에 망했고, 조선은 유교 때문에 망했는데, 대한민국은 기독교의 힘으로 하나님의 축복을 받아 일어섰다는 것이었다. 너무나도 손쉬운 이분법적 발상이다. 이러한 단순한 도식으로는 종교 간 평화를 얻기란 요원한 일이라는 생각이 들었다. 종교 간 평화는 신앙 대상의 서로 다름을 인정하는 바탕이 전제되어야 하는 것이다.

## 6장
# 같은 조상 아브라함의 종교, 이슬람

 한남동 모스크를 방문하다

2005년 초봄의 어느 날 오후, 서울 한남동의 이슬람 사원을 찾아갔다. 이슬람을 좀 더 잘 알아야겠다는 생각이 들어서였다. 회당 안에는 우리나라에서 일하는 파키스탄과 방글라데시 사람들 몇몇이 기도를 하고 있었다. 세계의 모든 모스크가 그렇듯이 특별한 형상이나 치장이 없는 회당이다.

나는 밖으로 나와 신분을 밝히고 이곳에서 일하는 직원을 만나고 싶다는 뜻을 전했다. 한국이슬람교중앙회 사무차장 조민행 씨가 의아한 표정으로 다가와 묻는다. 문화관광부 장관이 웬일로 여기를 왔느냐는 것이었다. 나는 이슬람교에 대해서 알고 싶다는 것과 종교 평화에 큰 관심이 있다고 말했다. 또한 한글판 꾸란(코란)이 있으면 그것을 얻을 수 있느냐고 물었다. 조 사무차장은 잠시 후 나에게《성 꾸란》을 건네주었

한남동에 위치한 이슬람 사원

다. 솔직히 말해, 나는 꾸란을 읽으면서 많은 놀라움과 함께 이질감으로 당혹스러웠다. 아마 우리나라 사람들 대부분이 그렇듯이 나 역시 이슬람을 바라보는 시각에 오해가 있었기 때문일 수 있다.

　이슬람에 대해 우리가 맨 처음 떠올리는 것은 아마도 2001년의 9.11 사태로 상징되는 테러일 것이다. 그래서인지 '한손에 칼, 한손에 꾸란'이라는 말을 마치 이슬람의 본질로 알고 있는 경우를 주변에서 흔히 볼 수 있다. 또한 심한 경우에는 이슬람을 도저히 상종할 수 없는 광신적 종교 집단쯤으로 여기며, 우리나라가 석유자원을 확보하기 위해서 어쩔 수 없이 사우디아라비아 등의 아랍 국가들과 교류를 한다고 생각하기도 한다. 그러나 실제로 전 세계의 종교인 수를 살펴보면 2011년 현재 70억의 세계 인구 중 18억 명 이상이 무슬림(이슬람 신자)이다. 그리고 무슬림은 유럽에서 아프리카, 중동, 중앙아시아와 인도를 거쳐 인도네시아까지 드넓게 분포하고 있다. 우리나라에도 2010년 현재 무슬림이 14만 명가량 있다고 추정된다. 이중 4만 명은 우리 국민이고, 10만여 명은 외국인 노동자들이다. 국내의 무슬림은 점차 증가 추세를 보이고 있으며, 서울, 부산, 대구, 대전, 전주에도 이슬람 사원이 있다. 이제는 이슬람에 대해 좀 더 많은 관심을 기울여야 할 필요가 생긴 것이다. 영국, 프랑스, 독일 등 유럽 주요 국가에서 아시아나 아프리카 무슬림의 수가 급속히 늘어가고 있다. 이 때문인지 그들 나라에서 벌어지는 종교나 인종 간 갈등에 관한 소식들이 종종 외신을 타고 알려지고 있다.

  2005년 9월 독일에서 열린 아시아태평양포커스국가 행사 관계로 방문했던 베를린을 방문했다. 베를린 시내 한복판에는 '티에르가르덴 Tiergarten'이라는 대형 공원이 있다. 그런데 이 아름다운 숲과 호수가 잘 어우러져 있는 공원은 주말이면 수많은 터키인들이 자리를 차지하고 소란을 피운다고 해서 베를린 시민들의 불만이 크다는 얘기를 들었다. 실제로 터키인들의 인구 증가는 독일 내의 어떤 민족보다 앞선다고 한다. 그런데 유럽 국가들 내에서의 이러한 무슬림의 급속한 증가는 다른 민족들에게 테러공격을 가하는 네오나치(신나치)가 활개를 치게 된 배경 중 하나로 여겨지기도 한다. 나는 유대인 600만 명을 학살한 나치의 만행이 인종에 대한 편견과 오해, 차별 그리고 배타적인 민족성에서 비롯되었다는 사실을 떠올리며 씁쓸해 했었다.

## 이슬람의 탄생

**이슬람은 무엇이며, 무엇을 추구하는가?**

　1095년 십자군 전쟁 당시 예루살렘의 그리스도교 왕국과 이슬람 세력의 전쟁과 평화를 다룬 〈하늘의 왕국 Kingdom of Heaven〉이라는 영화가 몇 년 전, 우리나라에서 상영된 적이 있다. 미국 할리우드에서 제작된 이 영화는 이슬람 세력이 무턱대고 호전적이지 않다는 역사적 사실과 더불어 그리스도교 십자군의 잘못을 솔직히 보여준다. 이슬람의 '살라딘 Saradin'이 압도적인 군사력으로 예루살렘 성을 포위하고도 공격을 늦추면서 그리스도 연합군이 제 발로 성을 떠나도록 유도하는 것과, 그리스도교 왕국의 왕이 나병환자임을 알고 의사를 보내주겠다고 제안한 것들이 매우 인상 깊었다.

　이슬람은 570년경 지금의 사우디아라비아 메카에서 탄생한 무함마드가 40세가 되던 해인 610년 도시 주변의 한 동굴에서 기도하던 중 가브리엘 천사로부터 자신이 '알라'의 사자임을 계시받아 창시한 유일신 종교다. 이 가브리엘 천사는 신약성경에서 성모 마리아에게 성령으로 말미암아 예수를 잉태했음을 알려주는 천사이기도 하다.

　무함마드가 계시를 받았다는 비상한 체험은 이슬람의 경전 꾸란에 잘 묘사되어 있다. 무함마드가 이슬람을 창시하던 당시 아라비아는 부족단위의 혈연사회로 유목생활과 오아시스를 중심으로 한 농사가 거의 전부였다. 또한 메카는 무함마드가 탄생하기 전부터 수많은 부족들의 신을 안치한 다신교 '카바 사원'이 있던 곳으로 아랍인들에게 성스러운 땅이었으며, 물이 풍부했기 때문에 낙타를 이용한 대상무역의 중심지로서도 아라비아에서 가장 큰 도시였다. 그러나 여러 신을 각각 모시는 부족사회는 그리스도교, 유대교, 조로아스터교가 전파되면서 매우 혼란해졌다. 이러한 상황에서 아라비아에는 보편성을 지니는 신앙을 통해 여러 부족을 아우를 수 있는 새로운 질서가 필요했던 것이다. 무함마드는 이슬람 종교공동체인 움마Umma 조직을 확산시키며 아랍의 역사를 새롭게 써나갔다. 무함마드는 절대신 알라를 따르는 움마의 구성원이라면 인종과 신분의 구별 없이 모두 무슬림 형제라는 공동체 이념을 제시했다. 바로 이러한 움마 공동체가 이슬람 국가로 이어진 것이다.

움마를 통한 사회적 안정과 새로운 정치질서를 기반으로 무슬림은 빠르게 세력을 확장해나갔다. 613년부터 시작된 공개적 포교가 채 100년도 지나지 않아 중근동과 북아프리카 지역은 물론 지브롤터 해협을 건너 스페인 중부까지 밀고 들어갈 정도였다. 무함마드는 632년에 세상을 떠났지만 견고한 후계체계는 구전으로 전해 내려오는 알라의 가르침을 경전으로 만들었다. 무함마드는 자신은 평범한 인간일 뿐이며 다만 절대신의 계시를 위해 선택되었다고 했다. 무함마드의 말과 행동을 기록한《하디스Hadith》는 이슬람의 제2의 경전으로 율법의 원천이 되고 있다.

### 꾸란은 무엇을 담고 있나

나는 꾸란을 펼쳐본 순간 호기심 속으로 빠져들었다. 꾸란에 언급된 25명의 예언자와 선지자는 아담, 노아, 아브라함, 롯, 이스마엘, 이삭, 야곱, 요셉, 욥, 요나, 모세, 아론, 엘리야, 엘리사, 다윗, 솔로몬, 요한, 예수 등으로 그들이 신구약성경에 나오는 이름들과 많이 겹친다는 사실은 나에게 상당한 혼란을 느끼게 만들었다. 더욱 놀라운 것은 꾸란에서 예수가 예언자로 등장한다는 것이었다. 그리고 맨 마지막에 무함마드가 나오는데, 그 이름의 의미는 '마지막 예언자'라는 뜻이다.

　우선 예수에 대한 기록부터 훑어보기 시작했다. 꾸란이 예수를 하느님의 아들이 아닌 예언자일 뿐이라고 주장하는 것쯤은 어느 정도 파악하고 있었지만, 예수에 대해서 그렇게 세세하게 기록하고 있다는 것은 꾸란의 내용에 새삼 관심을 갖게 만들었다. 예수에 대한 꾸란의 서술은 대략적으로 보면 '하나님은 예수를 성령으로 보호하다. 예수에게 계시된 성서를 믿어야 한다. 예수가 죽은 자를 살리고, 나병환자를 치료하다. 예수는 마리아의 아들로 그의 이름은 메시아 예수. 하나님이 예수를 승천시키다. 예수는 십자가에 못 박혀 죽지 아니하다. 예수는 아담과 마찬가지이다. 율법을 배반한 이스라엘 백성이 예수의 혀를 통해 저주받다. 예수가 풍성한 식탁을 내려달라고 기도하다. 하나님을 두려워하고 예수를 믿으라. 예수에게 신약을 내려보내다. 종려나무 열매가 잘 익었을 때 예수가 탄생. 예수를 이스라엘 백성을 위한 예언자로 보내다. 예수가 나는 새를 만들어내다. 예수, 장님의 눈을 뜨게 하다. 이스라엘 자손이 예수를 살해하려고 음모하다. 유대인은 예수를 믿지 않는다. 십자가에서 죽음을 모면한 후 샘이 흐르는 언덕으로 가다. 예수가 온 것은 구약의 율법을 실현하기 위하여. 예수는 하나님의 종이며 예언자. 예수는 인성으로서 선지자일 뿐. 예수는 하나님의 유일성을 가르치다. 예수를 신으로 여기는 자는 불신자로 저주를 받는다. 예수는 자기가 신이 아니라고 말하다. 예수는 하나님의 아들이 아니다. 예수는 처녀의 몸에서 탄생했다. 예수 제자들이 스스로를 무슬림이라 말하다. 예수 하늘로 승천하다' 등의 내용이었다. 그러나 가장 이해할 수 없는 부분은 '예수가 십자가에 못 박혀 죽지 아니했다'는 것이다. 꾸란 4장 157절에는 이렇게 쓰여 있다.

"마리아의 아들이며 하나님의 선지자 예수 그리스도를 우리가 살해하였다라고 그들이 주장하더라. 그러나 그들은 그를 살해하지 아니하였고 십자가에 못 박지 아니했으며 그와 같은 형상을 만들었을 뿐이라. 이에 의심하는 자들은 그들이 알지 못하고 그렇게 추측을 할 뿐 그를 살해하지 아니했노라."

나는 이것이 도대체 무슨 말인가 하고 해설 부분을 찾았다. 그 내용은 이렇게 해설되어 있었다. "예수는 하나님의 예언자인데 어떻게 하나님이 예수가 십자가에 못 박혀 죽도록 모른 척 하겠는가? 다른 사람을 예수라 속여 십자가에 못 박았다는 것이다." 또 158절은 "하나님께서 그 (예수)를 하늘에 오르게 하셨으니 하나님은 권능과 지혜로 충만하심이라"고 되어 있는데, 예수는 그대로 하나님의 능력에 의해 하늘로 승천했다는 것이다. 4장 171절에는 예수가 인성으로서 선지자일 뿐이라고 되어 있다.

"… 예수 그리스도는 마리아의 아들이자 하나님의 선지자로서 마리아에게 말씀이 있었으니 이는 주님의 영혼이었노라. 하나님과 선지자를 믿되 삼위일체설을 말하지 말라. … 실로 하나님은 단 한 분이시니 그 분에게는 아들이 있을 수 없노라……."

여기서 마리아에게 말씀이 있었다는 것은 가브리엘 천사가 예수를 잉태했다고 알리는 것이며, 주님의 영혼은 성령을 뜻한다. 예수는 신이 아니니 그리스도교에서 말하는 성부, 성자, 성령 삼위일체를 믿지 말라는 것이다. 이것이 바로 이슬람과 그리스도교의 근본적인 차이점이다.

이슬람은 무함마드를 명예로운 신의 사자(라술 알라Rasul Allah)와 예언자(나비Nabi)라고 가르친다. 꾸란의 가르침은 대체로 구약성경과 일치한다. 꾸란은 구세주(메시아) 예수라는 칭호는 받아들이지만 선지자로 그의 역할을 제한한다. 이슬람은 모세5경, 다윗의 시편, 신약성경 속의 예수의 가르침에 대해 꾸란은 태초의 말씀을 그대로 전한 것이어서 모두가 같으나 모세, 다윗, 예수의 추종자들이 태초의 말씀에 사람의 생각을 첨가함으로써 하나님의 말씀과 인간의 말을 뒤섞어놓았다고 주장한다. 유대교인과 그리스도교인들은 아브라함의 유일신 종교를 분열시켜 종파를 만들었기 때문에 부득이 마지막 예언자인 무함마드가 나타나 태초의 말씀을 그대로 보전케 했다는 것이다. 그 결과 이슬람은 신의 최종적이고 가장 완벽한 말씀을 수록한 것이 꾸란이라고 믿는다.

꾸란은 무함마드가 포교를 시작했던 지방의 문자로 쓰였지만 이후 1500여 년 동안 아랍세계의 표준문자 구실을 했다. 오늘날에도 15억 무슬림이 각기 다른 자기 나라의 문자와 언어를 쓰지만 꾸란의 아랍어는 공유하고 있다. 이슬람 세력의 힘은 이같이 꾸란을 통한 문자의 통일에서 나오는 것인지도 모른다는 생각이 들었다. 꾸란은 예수를 선지자로 격하시키고 십자가 처형을 부정했으며, 그리스도교 역시 무함마드를 예언자로 취급하지 않았다. 1095년을 시작으로 100년이 넘게 계속되었던 십자군 원정은 그리스도교와 이슬람 세력 간 대결의 결정판인 셈이다. 이 대결은 1,000년이 넘은 지금까지도 지중해를 사이게 두고 계속되고 있다.

**이슬람의 육신오행**

　1,500여 년을 이어왔고, 이슬람의 18억 신자들이 오늘날까지도 하나의 경전을 함께 독송하고 있다는 사실만도 기적이라 할 수 있을 것이다. 무슬림은 꾸란을 읽으며 신에 대한 예배를 하는 것이 새벽잠보다 달콤하다고 말한다. 무슬림은 여섯 가지를 믿고 다섯 가지를 실천하는데, 이것이 이른바 이슬람의 육신오행六信五行이다.

　먼저 여섯 가지 믿음을 보자면 첫 번째가 알라에 대한 믿음으로, 무슬림들은 예배 때 맨 먼저 '알라 외에 다른 신은 없다'고 외친다. 후세인 전 이라크 대통령이 교수형으로 사라질 때도 이 말과 함께 '알라는 위대하다'고 외쳤다. 두 번째 믿음은 절대신의 심부름꾼 천사에 대한 믿음, 즉 절대신의 사자인 최후의 예언자 무함마드를 받아들이는 것이다. 그리고 세 번째는 꾸란이 신의 최종적이고 가장 완벽한 말씀이라는 믿음이며, 네 번째는 여러 사도, 다섯 번째는 최후의 심판 그리고 마지막 여섯 번째는 사람의 운명은 신의 섭리에 의해 정해진다는 믿음 등이다.

　한편 다섯 가지 실천은 첫 번째가 신앙의 증언(알라 외엔 다른 신은 없다)으로, 이것이 이슬람의 가장 핵심이다. 이것만 말하면 누구나 무슬림으로 간주된다. 두 번째는 하루 다섯 번 의무적으로 예배하는 것이다(새벽, 정오, 오후 4시, 해 진 직후, 잠자기 전). 세 번째는 납부금으로, 모든 무슬림은 매년 소득의 2.5%, 불로소득의 10%를 납부금으로 낸다. 이것은 자발적 헌금과 구별된다. 이 납부금의 용도는 가난한 사람들과 고아, 노예해방, 포로석방을 위해서만 쓰도록 되어 있다. 네 번째는 이슬람 역 9월, 라마단 30일간 해 뜬 뒤부터 해 질 때까지 먹지도, 마시지도, 피우지도 못하고 성행위도 금하는 것이며, 마지막 다섯 번째 실천은 순례인데, 건강과 재력이 허용되는 한 무슬림은 일생에 한 번은 메카에 가야 한다.

나는 국회문화관광위원회와 외교통상위원회 위원으로 활동했던 12년, 그리고 문화관광부 장관으로 공무출장, 국정감사, 해외봉사단KOICA 시찰 등의 관계로 비교적 많은 이슬람 국가들을 여행할 기회가 있었다. 주요 방문 국가는 이집트, 리비아, 요르단, 쿠웨이트, 아랍에미리트, 이라크(자이툰 부대 격려), 터키, 우즈베키스탄, 카자흐스탄과 이슬람과 그리스도교의 문화가 혼합된 흥미진진한 나라 스페인 등이다.

두 번을 방문했던 이집트 카이로에서는 갈 때마다 나일강변에 있는 똑같은 호텔에 묵었다. 새벽에는 호텔에 가까이 있는 이슬람 사원에서 울려 퍼지는 낭랑하고 약간은 구슬픈 음률의 예배 시간을 알리는 소리(아잔Azan)에 깨어나 한참 동안 귀를 기울이곤 했다. 예배 시간을 알리는 사람을 무에진Muezzin이라고 하는데 목청이 매우 좋아야 할 것 같다. 카이로에서 가장 큰 사원은 알리 모스크다. 시내에서 조금 떨어진 높은 언덕에 우람하게 서 있다. 높은 첨탑과 흰색으로 칠해진 이슬람 사원은 종이 없으며, 사람 모양의 형상이 전혀 없다. 무함마드의 언행록에는 인간 형상을 만든 예술가들에게 최후의 심판 때 알라신이 작품에 생명을 불어넣으라고 했지만 그렇게 못하자 벌을 내렸다는 얘기가 있다. 때문에 아무런 인간 형상이 없는 대신 화려하고 정교한 아라베스크 문양이나 아랍어 문자를 활용한 디자인 장식이 많다.

일행과 함께 모스크에 도착하여 신발을 벗고 사원 안으로 들어갔다. 예배시간은 아니었다. 나는 무슬림들이 하는 방법으로 절을 했다. 함께 동행했던 한 분이 물었다. "정 의원은 가톨릭 아니요? 그런데 알라에게 절을 합니까?" "알라는 구약까지는 우리의 하느님이니 경배해도 괜찮다고 생각합니다"라고 답변했더니 "당신 참 편한 사람이다"라고 농담을 건넸다.

사원 안쪽은 경건하게 앉아서 경전을 읽거나 단독으로 예배하는 사람들, 그리고 밖에는 특별한 일이 없어 보이는 이들로 꽉 차 있었다. 카이로 구도심의 칸카릴리 전통시장 입구에도 상당한 규모의 이슬람 사원이 있다. 광장에는 흥정, 공연 등으로 시끌벅적했다. 카이로에는 많은 모스크가 있다. 그중 술탄 핫산 모스크는 세계 이슬람 국가들의 교육기관 역할을 하는데, 이곳에서 교육받은 청년들은 각자 고국으로 돌아가 예배를 인도하는 '이맘' 역할을 한다. 술탄 핫산 모스크 안에는 순례자들이 많이 찾는 술탄 핫산의 묘소가 있으며, 모스크 건축에 사용된 돌들은 피라미드를 허물어 가져온 것들이다.

성경이 가장 많이 읽히는 책이라면 꾸란은 가장 많이 암송되는 책이다. 무슬림은 꾸란의 제1장 알파히타의 7절을 암송할 수 있어야 한다. 메카에서 계시된 꾸란의 진수이며 1장을 암송하지 않는 예배는 아무런 의미가 없다고 간주된다. 무슬림들이 바닥에까지 이마를 닿게 하면서 외우는 1장 내용은 이렇다.

1. 자비로우시고 자애로우신 하나님의 이름으로
2. 온 우주의 주님이신 하나님께 찬미드리나이다.
3. 그분은 자애로우시고 자비로우시며
4. 심판의 날을 주관하시도다.
5. 우리는 당신만을 경배하오며 당신에게만 구원을 비오니
6. 저희들을 올바른 길로 인도하여 주시옵소서.
7. 그 길은 당신께서 축복을 내리신 길이며 노여움을 받은 자나 방황하는 자들이 걷지 않은 가장 올바른 길이옵니다.

큰 목소리로 예배를 인도하는 사람을 이맘이라고 하는데, 꾸란 전체 114개 장 중 30~50장은 외우고 있다고 한다. 모스크가 아니더라도 무슬림들은 언제 어디서나 하루에 다섯 번은 예배를 한다. 스위스 취리히에 있는 세계축구연맹 본부에 들렀을 때나 독일 프랑크푸르트 국제공항에서도 무슬림을 위한 기도실을 볼 수 있었다. 아랍 국가들에서는 아무 곳에서나 자리를 펴놓고 메카를 향해 절하는 모습을 흔히 볼 수 있다.

무슬림들이 겪는 가장 큰 고통 중 하나는 이슬람력으로 매년 9월, 한 달 동안 진행되는 라마단이 아닐까 생각한다. 내가 이집트, 쿠웨이트, 요르단, 리비아를 방문했던 기간이 마침 라마단 기간이라, 쿠웨이트 외교장관을 예방했을 때는 차 한 잔도 대접받지 못했다. 자신이 마시지 못하는 것은 그렇다 치더라도 손님에게도 마실 것을 내놓지 않는 철저함을 보았다. 물론 양해는 구했지만 말이다.

리비아에서는 트리폴리 국립박물관과 홈즈 해안의 로마 유적지를 둘러보았는데, 리비아 현지인 안내자는 입술이 하얗게 마르고 눈이 가물가물한 상황에서도 어떤 것도 입에 대지 않았다. 늦은 오후, 돌아오는 길에는 많은 사람들이 식탁을 사이에 두고 마주보며 앉아 있는 것을 볼 수 있었다. 해가 졌다는 신호를 기다리는 것이다. 식탁 위에는 음료수 병과 넓적한 빵이 흙먼지를 뒤집어쓴 채 놓여 있었고, 방송에서 신호가 떨어지기 무섭게 마구잡이로 먹고 마시기 시작했다. 다음 날 해 뜰 때까지 형편에 따라 먹고 마신다고 했다. 새벽에 예배하고 해 뜨기 전까지 잔뜩 배를 채우면 하루를 지내기는 그다지 어렵지 않은데, 문제는 목을 축이는 일이다.

아랍 국가들은 세속화 정도에서 큰 차이를 보인다. 사우디아라비아와 쿠웨이트는 머리부터 발끝까지 아랍식 복장을 한 사람들이 대부분인데

반해, 이집트는 여성들에게만 히잡(머리에 쓰는 두건)을 강요하는 것 같았다. 하교하는 일단의 여학생들을 보니 어떤 학생들은 히잡을 쓰고, 어떤 학생들은 둘둘 말아 손에 들고 다녔다. 집에 들어갈 때는 쓴다고 하니 적당히 부모 눈을 속이는 것이다.

2010년 9월 교육방송(EBS)에서는 독립영상 다큐멘터리 수상작품을 연속해서 방송한 바 있다. 그중 한 작품은 캐나다로 이민을 떠난 파키스탄 가정을 소재로 만든 영화였다. 대략의 줄거리는 이렇다. 10대 소녀가 무슬림 전통방식을 강요하는 아버지를 피해 가출한다. 히잡을 쓰지 않고 학교에 가거나 남학생과 이야기하는 것을 들키면 아버지는 어린 딸을 때렸다. 종교와 문화의 이질성을 충실하게 다룬 작품이었다.

카이로의 또 하나의 특이한 풍경은 무슬림 공동묘지가 가난한 사람들에게는 주거 공간으로 사용된다는 것이다. 부유층의 개인묘지는 대리석으로 치장하고 내부공간도 꽤 넓고 구획정리도 잘되어 있다. 빈민층들은 이곳에 '내 집 마련'을 하였다. 밤에 그곳을 지나가는데 캄캄해야 할 공동묘지에서 불빛이 반짝거렸다. 정부에서 이들을 위해 전기와 수도시설 등 편의를 제공한다고 한다. 흔히 볼 수 있는 엉성한 벽돌집들에 비하면 고급주택인 셈이다. 한편 터키의 경우에는 무슬림의 세속화가 많이 진행된 느낌을 받았다. 터키의 정치는 이슬람 원리주의와 세속주의가 대립하고 있다.

이슬람 원리주의의 표본은 1979년 이란혁명으로 꼽는다. 무함마드의 이슬람 원리를 1,400년 만에 실현한 것이다. 이란은 팔레비 국왕 체제를 타도하고 이슬람 헌법에 의한 공화국을 선포했다. 신정일치神政一致인 것이다. 이슬람의 최고지도자가 국가에서 제일 높은 사람이다. 마무드 아마디네자드Mahmoud Amadinejad(재위 2005~2013) 전 이란 대통령이 이슬람 지도자 앞에 무릎을 꿇는 사진이 종종 보도된 것은 이런 이유 때문이다.

## 🐚 유럽 속의 이슬람

**이슬람의 이베리아 반도 정복**

　세계의 주요 종교 중 가장 늦게 창시된 이슬람은, 670년대 꾸란의 완성과 동시에 갓 태동한 아랍 세계로 아랍어가 퍼지면서 세력을 확장했다. 중동과 북아프리카를 정복한 무슬림은 711년 스페인 남부 안달루시아로 진출했다. 이슬람의 첫 번째 스페인 원정(711~713)이 끝나자 이베리아 반도는 북서 일부지역을 제외하고 모든 지역이 아랍인의 손에 넘어갔다. 755년에는 코르도바를 정복하고 우마이야 왕조를 세웠다. 이 왕조는 300년 이상 지속됐으며, 788년에 건축되어 학술의 중심지가 된 코르도바 모스크가 이 시기의 대표적 상징물이다. 당시 스페인은 작은 그리스도교 왕국으로 나뉘어 있었고 통일된 국가체제는 없었다.

　이슬람이 지배한 스페인 남부의 안달루시아는 10세기에 유럽 전역을 통틀어 가장 발전한 문명국가였다. 안달루시아 지방은 지브롤터 해협과 맞닿아 무슬림이 쉽게 건너갈 수 있었다. 그 동쪽에는 알함브라 궁전으로 유명한 그라나다가, 서쪽엔 세비야, 조금 위로 올라간 중부엔 코르도바가 있다. 지중해성 기후와 올리브, 포도 등의 과일과 각종 채소 그리고 농·축·수산물 등 그야말로 물산의 천국이 안달루시아다. 10세기 안달루시아의 이슬람 수도인 코르도바와 톨레도에는 유럽의 많은 학자들이 농업, 과학, 의학, 건축, 철학, 문학 등 이슬람의 선진문화를 배우기 위해 모여들었으며, 프랑스, 독일, 콘스탄티노플 등에서는 외교사절을 보냈다. 중세시대 스페인과 프랑스의 경계인 피레네 산맥을 넘어 북유럽으로 퍼져나간 서구의 문화들(과학, 철학, 의학)은 안달루시아에서 비롯되었다는 것이 역사학자들의 공통된 주장이다.

이베리아 반도의 절반가량을 차지했던 이슬람은 11세기 초인 1002년, 이베리아 반도의 그리스도교 국가들을 공포에 떨게 했던 안달루시아의 이슬람 왕 알-만수르(그리스도교인들은 '알만소르'라 부름)가 사망한 때부터 20여 개의 작은 왕국으로 분열되었다. 알-만수르는 997년 그리스도교의 성지 산티아고 데 콤포스텔라를 유린했지만 야고보 성인의 무덤을 훼손하지는 않았다. 알-만수르가 죽은 뒤 코르도바의 이슬람 칼리프(최고지도자) 체제가 무너지고 안달루시아 중심의 권력체계가 서서히 붕괴되기 시작한다.

그 후 스페인의 이슬람 왕조는 알-모라비드(1056~1147), 알-모하드(1130~1269) 등의 베르베르 왕조로 이어졌다. 베르베르 왕조는 유럽의 이슬람 세계 전체를 지배했으나 결국 그리스도교 국가들의 연합세력 공격으로 스페인 남동부의 그라나다 지역으로 밀려났다. 그라나다는 1492년 스페인의 이슬람 왕국이 모두 쇠망하기까지 약 250년간 나스리드 왕조의 지배를 받았다. 그라나다로 향하면서 먼저 눈에 들어오는 것은 꼭대기가 하얀 눈에 덮여 있는 스페인 최고봉인 시에라네바다 산이다. 이 산에서 흘러내리는 풍부한 물은 인근 지역을 비옥케 한다.

알함브라 궁전. 시에라 네바다 산이 하얀 눈을 쓰고 펼쳐져 있다.

**알함브라 궁전과 세비아 대성당**

이슬람 건축의 걸작으로 꼽히는 알함브라Alhambra(붉은) 궁전은 이슬람의 마지막 통치시대인 14세기에 건축되었다. 이슬람 왕은 알함브라 궁을 파괴하지 말아줄 것을 약속받고 그리스도교 연합군에 항복한 후 지브롤터 해협을 통해 북아프리카로 퇴각했다. 이슬람 왕은 아름다운 알함브라 궁전을 두고 떠나게 된 것을 무척 안타까워했다고 한다. 그래서 알함브라의 궁전을 회상하는 구슬픈 기타 음악이 심금을 울리게 된 것인지도 모른다.

알함브라 궁전을 봤을 때 요새로 건축된 것이 아님을 바로 알 수 있었다. 공격과 방어의 전쟁 용도라기보다는 이슬람 체제가 결코 무너지지 않을 것이라는 확신 아래 아름답게 꾸민 아기자기한 궁전이다. 마치 프랑스의 베르사유 궁전처럼 말이다. 궁전의 입구는 그리스도교 세력이 점령한 뒤 비잔틴 양식이 가미되어 개조되는 등 손을 댄 흔적이 많았다. 아름다운 궁전과 물의 흐름, 기하학에 근거한 건물의 배치 등은 아름답기 그지없었다. 1492년 알함브라 궁전을 훼손 없이 인수한 페르디난드의 이사벨라 왕의 그리스도교 연합세력은 1562년까지 궁전의 건물을 확장했다. 따라서 알함브라 궁전의 모습은 이슬람 양식을 주축으로, 비잔틴 양식이 가미된 그리스도교와 이슬람의 절묘한 합작품인 것이다.

스페인 각 지역에서 이슬람 세력이 퇴각한 이후에도 그리스도교 왕국들은 무슬림들에게 관용을 베풀었다. 1085년 알폰소 6세가 톨레도를 빼앗은 뒤 무슬림에게 사원을 유지하도록 허락했는데, 알폰소 6세가 그곳을 떠나자 톨레도의 가톨릭 세력은 무슬림을 내쫓고 사원을 폐허로 만들었다. 그리고 그 위에 지금의 화려하고 웅장한 대성당을 200여 년에 걸쳐 지었다.

톨레도에는 유대인들도 많았다. 이슬람 지배하에서 그리스도교, 유대교, 이슬람은 상호공존하면서 톨레도를 문화융합 지역으로 만들었던 것이다. 그리스도교 왕국의 알폰소 10세(재위 1252~1284)는 톨레도의 유대인을 보호했으나 가톨릭 성직자들과 유대인에게 반감을 품은 그리스도교 신자들은 자주 유대인들을 공격하였다. 안달루시아 지방의 세비야에서는 1391년 한 사제의 증오에 찬 반유대인 설교가 유대인들에 대한 공격의 빌미를 제공하였고, 이 광기는 스페인 전역으로 번져나갔다. 그 결과 포르투갈과 이슬람 국가인 그라나다에 살고 있던 유대인들만이 목숨을 보존할 수 있었다.

로시니의 작품 오페라 〈세빌리아의 이발사〉로 유명한 세비야 대성당은 도시의 한 블록을 차지하는데, 세계에서 세 번째로 큰 성당이다. 나는 성당이 시작되는 곳에서 끝까지 한참을 걸었다. 대성당은 이슬람 사원을 허물고 1401년부터 1507년까지 건설되었으며, 성당 안에는 콜럼버스의 유물들이 많이 전시되어 있다. 1248년 그리스도교 세력이 탈환한 세비야에는 이슬람의 흔적을 곳곳에서 발견할 수 있다. 박물관의 외양부터가 이슬람 건물양식이다. 1248년 2만 5천 명의 인구가 살았던 세비야는 톨레도와 마찬가지로 그리스도교, 유대교, 이슬람교 등 3대 문화가 혼합된 곳이다. 새로 신축하는 건물들도 일부러 이슬람 양식을 본떠 짓고 있었다.

**그리스도교 성지에 들어선 이슬람 국가 터키**

이스탄불의 보스포러스 해협은 유럽과 아시아가 나누어지는 자연 국경으로, 흑해와 에게 해를 연결하는 폭 1Km 운하 형태의 좁은 해협이다. 터키는 아시아(74만Km²)와 유럽(4만Km²) 양 대륙에 영토를 갖고 있는 교량적 국가이다.

보스포러스 해협 연안은 터키 전통가옥이 잘 보존되어 있고 뛰어난 자연경관으로 전 세계에서 많은 관광객이 몰리고 있다. 이곳에는 양 대륙을 이어주는 두 개의 다리가 있는데, 많은 터키인들이 배를 이용해서 이쪽저쪽으로 출근하는 아침풍경이 인상적이다. 교통체증 해소를 위해 한강처럼 다리를 많이 건설하면 편리할 것 같지만 보스포러스 해협의 아름다움을 유지하기 위해 일부러 다리를 놓지 않은 것 같았다.

선착장을 거닐면서 한참 동안 배에 오르내리는 사람들, 빵과 커피로 간단한 아침식사를 하는 사람들의 표정들을 살펴보았다. 사람들의 표정은 유쾌하고 활달해 보였다. 어디서 왔느냐고 묻기에 코리아라고 했더니 환한 미소를 지으며 무척 반가워했다. "한국을 무척 좋아한다"고 하는 것까지는 괜찮았는데 이어서 "일본은 싫어한다"고 곁가지를 붙였다. 2002년 월드컵 축구 때 한국과 터키가 3, 4위전을 펼치면서 터키 선수단에게 우호적인 응원을 해준 한국에 대해 좋은 인상을 가진 듯했다. 내 연배 이상에서는 1950년대에 한국에서 유행했던 경쾌한 리듬의 터키 민요를 기억하는 사람들이 많다. 한국전쟁에 참전한 터키 군인들이 즐겨 불렀다던 '위스퀴다르'다. 그 당시 내 기억에는 '위스키 달라'라고 들렸던 터키 민요를 두고 나와 친구들은 '위스키 달라, 막걸리 달라…' 하면서 흥겨워했었다. '위스퀴다르Üsküdar'는 보스포러스 해협을 사이에 두고 이스탄불 지구와 마주하고 있는 아시아 쪽의 지명이다.

오스만튀르크는 1338년까지 아나톨리아 반도에서 동로마제국을 완전히 몰아냈으며 1354년에는 갈리폴리를 점령, 유럽 남동부로 진출하는 첫 번째 교두보로 삼았다. 1389년의 코소보 전투에서는 세르비아, 불가리아, 보스니아, 헝가리, 폴란드를 비롯하여 몽골 군대까지 연합하여 맞섰지만 오스만튀르크의 공세를 막아내지 못했다. 승승장구하던 오스만튀르크는 마침내 동로마제국의 수도 콘스탄티노플을 함락하기 위해 총공세를 펼치게 된다.

1453년, 이 보스포러스의 좁은 해협을 사이에 두고 콘스탄티노플의 동로마제국과 오스만튀르크는 지루한 전투를 벌였다. 콘스탄티노플 군은 해협 입구 바다 앞에 거대한 철책을 가라앉혀 오스만튀르크 군의 접근을 막았다. 당시 유럽 쪽 높은 언덕의 콘스탄티노플 성벽은 철옹성이었다. 오스만튀르크 군의 총 지휘자 메메드 2세는 성문을 열고 도망가면 쫓아가 죽이지 않겠다는 회유를 했지만 콘스탄티노플 군이 이에 응할 리 없었다. 동로마제국의 국력이 많이 쇠락한데다 이곳이 함락되면 로마제국은 역사 속으로 사라지게 되기 때문이다. 성소피아 성당을 비롯해 수많은 그리스도교 성지와 유적을 지키기 위해서라도 결코 물러설 수 없는 전쟁이었다.

그러나 전쟁의 승패는 두 종교와 아무런 상관도 없던 중국의 화약상인들에 의해 결판이 났다. 세계에서 제일 먼저 화약과 대포를 만든 나라는 중국이다. 실크로드와 바다를 통해 오스만튀르크는 물론 유럽의 나라들과도 교역의 길을 터온 중국 상인들은 콘스탄티노플과 오스만튀르크 양쪽 모두와 화약과 대포를 거래하려고 했다. 그러나 콘스탄티노플은 방어에 자신감이 있었던지 화약과 대포 구입제의를 거절했고 오스만튀르크는 이를 받아들였다. 엄청난 위력의 새로운 무기였던 만큼 그 가격은 상상도 못할 정도였을 것이다.

1Km 거리의 좁은 해협을 사이에 두고 벌어진 전쟁에서 대포는 엄청난 위력을 발휘했다. 정확도는 떨어졌지만 무차별적으로 발사되는 대포의 화력은 콘스탄티노플의 견고한 성벽을 차츰 허물어간 것이다. 또한 오스만튀르크는 해협봉쇄만으로 콘스탄티노플의 견고한 성벽을 뚫지 못하게 되자 배를 육지로 끌어올려 장애물을 우회하는 전략을 썼다. 그리고 다시 육지에서 해협으로 배를 띄웠고 대포공격으로 허물어진 성벽을 타고 올라 콘스탄티노플을 함락한다. 1,000여 년을 이어온 마지막 그리스도교 대제국의 종말이었다. 콘스탄티노플의 함락은 그리스도교 중심의 유럽세계에 엄청난 충격을 안겨주었으며, 동로마제국의 수많은 학자들은 서쪽, 특히 이탈리아의 르네상스에 지대한 영향을 미쳤다. 이후 오스만튀르크는 이란의 사파비 왕조 Safavid dynasty, 인도의 무

굴제국과 함께 무슬림의 3대 제국으로 군림하게 된다.

　터키는 고대 도시국가였다. 황금시대를 연 히타이트 유적, 프리기아 유적(황금의 손을 가진 미다스 왕의 묘소), 트로이 유적이 대표적이다. 그러나 무엇보다 터키는 그리스도교의 성지이다. 아브라함의 출생지로 여겨지는 샨르울파가 있고 초기 교회인 에베소, 서머나 두아디라, 빌라델피아, 사데, 라오디게아 등의 7대 교회가 있는 곳이기도 하다. 또한 구약성서에 나오는 노아의 방주의 현장인 아라라트 산은 아르메니아와 경계를 이루는 지역이다. 아르메니아는 동방정교가 왕성한 나라이며 아라라트 산과 노아의 방주를 국가 핵심자산으로 삼고 있다. 지금은 세계적인 관광명소가 된 터키의 카파도키아Cappadocia 역시 로마시대 그리스도교인들의 지하요새였다. 그 규모는 상상할 수 없을 정도이며 아직도 발굴이 진행되고 있다. 불뚝불뚝 솟아 오른 산과 주거지로 사용된 움푹 파인 동굴들이 장관을 이룬다. 지상에서 생활하던 사람들은 그리스도교에 대한 박해가 시작되자 땅 속으로 숨어 들어가 생활터전을 마련한 것이다.

　만약 7세기 초에 이슬람이 창시되지 않았다면 터키 전 지역은 그리스도교 국가가 되었을 것이다. 하지만 이렇게 그리스 로마가 지배하고 그리스도교 성지로 발돋움한 아나톨리아 반도를 오스만튀르크가 점령함으로써 종교적 배경과 통치권력 간의 극심한 모순이 발생하기 시작한다. 그리스도교 땅에 이슬람 권력이 자리 잡은 모양새가 된 것이다. 그러나 역사의 아이러니일까? 이러한 혼합된 문화로 터키는 관광의 매력을 한껏 발산하는 국가가 되었다.

　이슬람 세력은 콘스탄티노플을 이스탄불로 이름을 바꾸고 허물어진 성 위에 톱카프 궁전을 지었다. 이것이 오스만튀르크 술탄(황제)의 첫 번째 궁전이다. 현재는 박물관으로 사용되고 있으며 이슬람 문화의 축소판이라고 할 정도로 모든 것을 담고 있다. 보스포러스 해협이 내려다보이는 이 궁전은 벽 길이가 5Km이고 면적은 70만m²나 되는 어마어마한 규모로 고전적인 오스만풍의 건축양식인데, 20여 명의 술탄이 이곳에서 살았다.

### 톱카프 궁전의 텅 빈 영화

이슬람 문화의 축소판인 톱카프 궁전 Topkapi Palace('토프'는 '대포'라는 의미이고 '카프'는 '문'이라는 의미)은 15세기부터 18세기에 이르기까지 이슬람 제국의 술탄들이 거주한 곳으로, 1856년 돌마바흐체 궁전이 지어지기 전까지 오스만튀르크 제국의 정치와 문화의 중심지였다.

궁전 안에는 4개의 대형 정원과 도자기관, 보석관, 이슬람 성물관이 있는데, 처음엔 모든 것이 신기해서 설명문을 읽어가며 보물들을 살펴보았지만, 보관되어 있는 보물들이 한도 끝도 없고 다리도 아프고 해서 도중에 포기 할 수밖에 없을 정도였다. 온통 화려한 아라베스크 문양 천지이고, 갑옷과 투구, 보석이 박힌 칼 등의 무기류와 도자기, 의복, 장신구 들이 화려함의 극치를 이룬다. 특히 중국에서 들여온 고급 식기로 쓰인 도자기 종류의 다양함이 눈길을 끌었다. 중국 도자기는 청색이 많았는데 이슬람은 이 색을 아무리 모방하려 해도 도저히 흉내 낼 수 없었다고 한다. 연회장면과 각 나라에서 온 사신, 술탄의 행렬 등이 그려진 벽화를 보고 있으니 오스만튀르크 제국의 영화를 보는 것 같았다.

궁전 입구에는 수백 명에 이르는 술탄의 후궁들이 거처하는 '하렘'이 있는데, 후궁들을 감시하는 구멍을 설치하여 바람을 피운 후궁을 처벌했다는 얘기 등이 흥미로웠다. 술탄이 전장에 나갔다 돌아오면 궁전 내에 건물이 한 채씩 추가로 지어지고 후궁의 숫자도 늘어났다고 한다.

보스포러스 해협이 내려다보이는 톱카프 궁전

　오스만튀르크 제국은 1526년 헝가리를 유린하고, 1529년~1532년에는 오스트리아 비엔나까지 공격했으나 실패했다. 그리스도교 국가 연합군은 1571년 10월 7일 레판토(그리스 남쪽 끝 고린토 만) 해전에서 최초의 승리를 거둔다. 교황 비오 5세는 이를 기념하여 이날을 '승리의 성모 마리아 축일'로 선포하였고, 훗날 묵주 기도의 '동정녀 마리아 기념일'로 이름이 바뀌었다. 성모 마리아의 도움으로 전쟁에서 승리했다는 뜻이다. 레판토 해전의 승리는 그리스도교 연합군이 거둔 큰 쾌거였지만 그 영향은 미미했다. 오스만튀르크는 어느 곳에서도 군대를 철수할 필요가 없었다. 오스만튀르크는 1683년에 또 다시 비엔나를 포위 공격했으나 성공하지 못하고, 이후 내부적으로 국력이 쇠약해지기 시작했다. 오스만튀르크와 유럽 세력의 힘이 역전되는 대표적 사건은 프랑스 나폴레옹 1세가 1798년 오스만튀르크의 지배를 받던 이집트를 점령하면부터다. 이후 1830년에 그리스가, 이듬해에는 세르비아가 오스만튀르크로부터 독립한다. 이렇게 19세기 중반, 유럽의 열강들은 오스만 제국을 크게 압박하기 시작했다. 이것은 각국의 불안정한 경제상황을 타개하기 위한 방편이기도 하였지만, 한편으로는 오스만튀르크의 지배를 받는 그리스도교 국가들을 위한 것이기도 하였다.

오스만튀르크는 세력 약화가 가속화되어가는 시점에서 서구화를 지향하고 국력 쇄신을 도모할 목적으로 1843년~1856년에 걸쳐 보스포러스 해변에 프랑스의 베르사유Versailles 궁전을 모방한 초호화판 돌마바흐체 궁전Dolmabahçe Saray을 지었는데, 거기에 들어간 막대한 건축비용은 결국 왕실 재정을 고갈시켜 오스만튀르크 제국의 멸망을 앞당기는 결과를 초래했다. 궁전을 둘러보며 허망하고 실속 없는 짓이었다는 생각이 들었다. '찬란했던 이슬람 고유의 양식을 내팽개치고 이런 흉내를 내다니…….'

돌마바흐체는 세계에서 가장 호화스러운 궁전으로 꼽힌다. 285개의 방과 43개 홀, 수십 톤의 금으로 치장된 장식으로 덮여진 벽과 천정, 4.5톤에 달하는 초대형 샹들리에가 36m 높이의 돔에 매달려 있는 연회장, 280개의 화병, 156개의 시계, 58개의 크리스털 촛대 등 그 당시 오스만 제국의 호사스러움이 그대로 보존되어 있다. 오스만튀르크는 제1차 세계대전에서 독일편에 섰으나 독일이 패전국으로 전락하자 급속히 붕괴되었다.

종교가 권력이 되고, 권력이 된 종교는 다른 종교와 싸우면서 문화의 융합을 낳았다. 종교 간의 전쟁은 승자도 없고 패자도 있을 수 없으며,

설혹 승리한다 해도 상처뿐인 영광일 것이다. 서로 다르다고 싸움을 벌이는 것은 모두의 멸망을 재촉하는 것이며, '다름'을 이해하고 '차이'를 관용하면 온 세상에는 평화가 깃들 것이다.

# 순례를 마치며

동·서양 종교의 만남에서 종교 평화를 꿈꾸다

## 🐚 진공묘유와 그리스도교의 삼위일체 신앙

　서울 서초구 '예술의 전당' 뒤에는 우면산牛眠山이 있다. 소가 잠자는 모습이라고 해서 붙여진 이름으로, 그 산 중턱에는 대성사라는 사찰이 자리 잡고 있다. 나는 자주 산을 넘어 과천 쪽으로 내려가거나 예술의 전당 쪽으로 내려오기도 하는데, 물맛이 좋아 그 절의 약수터를 즐겨 찾는다. 바로 그 대성사 대웅전의 기둥들에는 금강경의 한 구절이 나뉘어 쓰여 있다.

　　일체유위법 여몽환포영 여로역여전 응작여시관
　　一切有爲法 如夢幻泡影 如露亦如電 應作如是觀

　내가 즐겨 외우는 글귀라 매우 반가웠다. '일체유위법'은 우주 삼라만상에서 생기는 모든 일이라고 보면 좋을 듯싶다. 이러한 모든 하늘과 땅의 조화가 꿈이고, 허깨비이고, 물거품이고, 그림자이며 또한 이슬과 번

개와 같은 한여름 밤의 꿈같다는 것이다. '응작여시관'은 마땅히 그렇게 보라는 것으로, 제행무상, 제법무아와 같은 뜻이다. 존재하는 모든 것이 무상하다는 것은 석가모니의 큰 가르침이며 불교 진리의 요체인 삼법인三法印에 속한다. 삼법인이란 생겨난 것은 모두 소멸한다는 제행무상諸行無常, 존재하는 것은 스스로 존재하는 것이 아니라 인연에 따라 존재할 뿐이며 인연이 다하면 소멸 할 뿐이라는 제법무아諸法無我, 그리고 이러한 이치를 깨달아 번뇌를 여의는 열반적정涅槃寂靜을 의미한다. 그런데 성경의 시편에도 금강경이 내포한 의미의 말씀이 많다.

"사람을 먼지로 돌아가게 하시며 사람아, 돌아가라 하시니 당신 앞에서는 천년도 하루와 같아 지나간 어제 같고 깨어 있는 밤과 같사오니 당신께서 휩쓸어 가면 인생은 한바탕 꿈이요 아침에 돋아나는 풀잎이 옵니다. 아침에는 싱싱하게 피었다가도 저녁이면 시들어 마르는 풀잎 이옵니다."

― 시편 90장 3절

이 말씀은 하느님의 사람인 모세의 기도이다. 그러니 어떻게 살아야 한다는 것은 불경이나 성경이나 같다고 할 수 있다. 이는 자비와 사랑의 실천, 공덕을 쌓고 하늘에 재물을 쌓으라는 것으로 요약된다. 나는 하느님은 공空이며, 진공묘유眞空妙有라고 생각하기로 했다. 공이니까 어디에나 계시며, 그래서 텅 빈 우주에 진공묘유로 꽉 차 계시다고 생각한다. 그러므로 누구든 자기를 비워서 무임을 깨달을 때 '공'이신 하느님을 알게 될 것이다. 자기를 버리고 비우면 '공'의 하느님이 자기를 산다고 생각하는 것이다.

불교의 공空과 무無를 예수 그리스도와 성경의 가르침에서 찾아보는 것은 매우 의미 있는 일이다. 예수 그리스도는 어떤 것에도 집착하지 않고 자신을 비워낸다. 스스로 수난을 받아 죽고 부활한 것은 자신을 비워내고(空), 그 빈자리에 구원의 진리가 들어서도록 한 것이다. 그러나 불교에서 말하는 공의 의미는 그냥 텅 빈 것이 아니며 그 자리에 무엇인가 아름다운 것(妙有)이 있다고 설명한다. 이것을 진공묘유眞空妙有라고 한다. 이는 그리스도교의 삼위일체 신앙과 일맥상통한다. 자신을 비우지 않으면(空), 죽지 않으면(無) 하느님(眞空妙有)이 될 수 없다는 것이다. 신약성경에서는 자신 스스로 공으로 만들어야 새로운 무엇이 된다는 말씀이 많이 있다. 골로새서 3장 9절 "… 낡은 인간을 벗어버렸고 새 인간으로 갈아입었기 때문입니다." 에베소서 4장 24절 "하느님의 형상대로 창조된 새 사람으로 갈아입어야 한다." 로마서 13장 14절 "주 예수 그리스도로 온 몸을 무장하십시오" 등이 그렇다. 바오로 사도는 예수가 "누구든지 나를 따르려거든 자기 십자가를 지고 나를 따라야 한다"고 한 말씀을 받들어, 여러 교회에 보낸 서간문에서 지금까지의 자기 자신을 비워내고 거듭나야 한다고 가르친다.

　예수가 각자 자기의 십자를 지고 나를 따라야 한다는 것은 바로 스스로 감당하고 처한 현실에서 벗어나(空)라는 뜻으로 볼 수 있다. 전도서 1장은 "헛되고 헛되다, 세상만사 헛되다"로 시작한다. 무상한 것에 집착하지 말고 떠날 것은 떠나보내고, 내릴 것은 내려놓을 때 평정을 찾을 수 있다는 뜻일 것이다. 부정否定을 통한 긍정肯定이다. 불교 학자들은 공은 하느님, 색은 세상으로 대비시키기도 한다. 공은 절대세계, 색은 상대세계이다. 절대와 상대는 맞물린 것이다. 예수 그리스도교를 공과 색, 절대와 상대 세계의 결합으로 볼 수 있는 것이다. 예수는 인성과 신성을 갖춘 하느님의 아들이며 하느님이다. 성부, 성자, 성령 삼위일체이다. 그러나 그리스도교 역사에서 예수의 신성만을 주장하는 단성론과 신성과 인성의 양성론이 대립하였고, 이것이 로마 가톨릭과 동방정교회의 분리의 한 원인이기도 했다.

그리스도교는 15세기까지 영성을 강조하는 관상觀想기도의 전통을 이어왔다. 관상기도는 자신의 성찰에 따른 중재나 자신의 의지의 행위 없이 성령이 직접 자신에게 주어지는 기도라고 한다. 성령이 자신 안에서 기도하고, 자신은 그 기도에 동의하는 것이 관상기도라고 가톨릭은 정의하고 있다. 기도란 생각을 벗어난 것이며 사고思考로부터의 이탈이다. 절대 신비인 하느님께 자신의 언어와 사고와 정서 같은 심리적 상태를 넘어서 자신의 마음과 정신, 몸과 정서를, 즉 자신의 전 존재를 열어드리는 것이다. 이때에 자신의 의식 속에 있는 것을 거부하거나 억압하지 않는다. 의식 속에 있는 것을 그대로 단순히 받아들이고는 그것들을 노력함으로써가 아니라 있는 그대로 내버려두면서 그 너머로 가는 것이다.

관상기도는 성령에게 자신을 내맡기는 것으로서 자기부정自己否定이라 할 수 있다. 루카복음 9장 23-26절에서 예수님은 "누구든지 내 뒤를 따라오려면, 자신을 버리고 날마다 제 십자가를 지고 나를 따라야 한다"고 말씀한다. 이 말씀은 마르코복음 8장 34절 이하에서도 거듭 나온다. 자신의 의지와 지력을 모두 버리고 온갖 에고와 자만심과 결별하는 '십자가'를 져야 한다는 것이다. 이러한 관상기도 역시 불교의 선수행과 닮았다고 할 수 있다. 관상기도를 지도하는 미국 콜로라도 주 스노매싱의 베네딕트 수도원 토머스 키팅 신부는, 관상기도에서 성령은 자기중심적 성향의 뿌리, 즉 거짓 자아체제false self system의 뿌리를 치유한다고 말한다.

　키팅 신부가 말하는 거짓 자아란 지속적으로 존재하는 착각으로, 뇌나 신경조직 속에 저장되어 있는 습관적 행동행태와 정서적 습관이 쌓인 것이다. 이는 불교에서 말하는 스스로 어리석어서 몸과 입과 마음(신구의身口意)으로 짓는 망상의 죄가 쌓인 습習과도 같은 의미이다. 일체유심조란 괴로움도 슬픔도 즐거움도 모두 자기 마음이 짓는 것으로 풀이 되는데, 외부의 갖가지 조건에 따라 생각과 마음은 부평초처럼 떠오르다, 사라지는 괴로움이 반복되는 것이다.

　성경의 전도서 12장 8절은 이렇게 시작한다. "헛되고 헛되다. 세상만사 헛되다." 성경에는 천 년이 하루 같고 하루가 천 년 같다, 영화는 들꽃과 같이 하룻밤 사이에 시든다. 인생은 기껏 70년, 강건하면 80년…… 등등 허무함을 표현하는 구절이 수두룩하다.

　금강경에서처럼 부처님의 가르침은 선수행으로 이어진다. 아사리판과 같은 세상에서 '참나'를 찾으라는 것이며, 어떠한 외부의 조건이나, 힘 그리고 상념에 사로잡혀 그날그날을 허송하면서 고통 속에 헤매지 말라는 것이다.

　사람들은 하루에 대강 5만 가지의 생각을 일으키며 산다고 한다. 상념들이 일어났다 사라지면서 마음은 이리저리 끄달리며, 참자아, 자기의 부처를 잃어버리고 아무렇게나 반응하게 된다. 집중하여 모든 유위법을 치워버리고 상념의 세계를 떠나 무의식 세계로 들어가면 본래의 마음자리를 보게 된다는 것이 선수행의 요체이다. 산란한 생각으로는 근본 자기의 생명을 보지 못하는 것이다. 그리스도교의 관상기도가 거룩한 말씀을 화두삼아 생각을 놓아버리고 오로지 하느님의 현존을 의식하도록 하는 것과 같다고 할 수 있다.

## 🐚 심리학에서 만나는 그리스도교와 불교

    독일 베네딕트 수도원의 안셀름 그륀 수사신부가 저술한 초인격심리학과 신비주의에 관한 책 《너 자신을 아프게 하지 말라》는, 인간의 내적 자유에 관한 가톨릭과 불교사상의 주목할 만한 유사점을 드러낸다. 이 책에서 그륀 신부는 스토아 철학을 연구하면서 "자기 자신 외에 상처 주는 사람은 아무도 없다"라는 에픽테토스의 문장을 발견하고 매우 놀랐다고 토로한다.

    콘스탄티노플의 주교였던 요한 크리소스톰 John Chrysostom이 서기 400년경에 쓴 대화록에는, 서기 50년경 소아시아 히에라폴리스에서 활동했던 노예 출신 철학자인 에픽테토스의 발언이 소개되어 있다. 주인에게 심하게 맞아 다리를 절었던 에픽테토스는 "다른 사람이 자신에게 상처 입히는 것을 허용하는 것은 그 사람 자신의 책임이다. 왜냐하면 온전히 자기 자신으로 있으면, 즉 자기 중심을 가지고 있으면 어느 누구로부터도 상처받지 않으며, 그 누구도 그를 지배하지 못한다"는 체험담을 고백하고 있다. 그는 외적인 것들이 침범하지 못하도록 자신의 참된 존재, 내적 참자아를 가지려면 사물에 대해 가지고 있는 우리의 표상을 잘 살펴봐야 한다고 강조한다. 올바른 표상은 평상시에 우리의 행동을 조정하고 날조하는 관념과 구별될 뿐 아니라, 우리 주변에서 통용되는 표상들과도 구별된다는 것이다. 여기에서 날조된 관념이란 불교에서 말하는 전도몽상顚倒夢想, 즉 뒤집혀진 그릇된 생각, 망상妄想이다.

망상이란 자신의 생각에 사로잡혀 그것에 갇히고 끌려 다니는 것을 말한다. 분별을 일으키는 어리석음으로 인해 스스로 지옥에 빠지고 남을 미워하고 원망하는 것이다. 에픽테토스는 "사람들이 어떤 사건 때문에 혼란에 빠지는 것이 아니라 스스로 만든 사건에 관한 표상으로 인해 혼란에 빠진다"고 말한다. 죽음 자체가 끔찍한 것이 아니라 우리가 죽음에 관하여 지니고 있는 표상이 끔찍한 것이다. 돈을 잃어버렸다는 사실 자체가 우리에게 상처를 입히는 것이 아니라, 우리가 만들어놓은 돈의 표상, 즉 돈 없이는 살 수 없다는 생각이 상처를 입힌다. 그러나 인간이 올바른 표상을 가지면 더 이상 물질로 인해 고통 받지 않는다. 에픽테토스는 참자아의 지배를 받는 사람은 "자기 능력 밖에 있는 것을 갈망하지 않고 아무것도 두려워하지 않는다. 참자아는 자유, 마음의 평정 등 한마디로 충만한 기쁨이 지배하는 곳이다"라고 말한다. 언제 어디서든 처하는 곳마다 주인이 되라는 불교의 가르침. 곧 임제선사의 수처작주隨處作主와 맥이 닿는다고 할 수 있다.


반야심경은 불교사상의 핵심을 260글자로서 압축해놓은 것이다. 이 경은 우리가 올바른 표상을 가지면 모든 두려움과 걱정 근심을 떨쳐버리고 깨달음의 세계로 들어간다고 가르친다. 올바른 표상을 갖기 위해

선 불교의 세계관인 중도中道, 연기緣起, 무아無我, 공空의 도리를 깨쳐야 한다. 이 도리를 깨달으면 마음에 아무 걸림이 없고(심무가애心無罣碍), 걸림이 없으므로(무가애고無罣碍故) 일체의 두려움이 걷히며(무유공포無有恐怖), 따라서 뒤집히고 꿈꾸듯 살아가는 것을 멀리하여(원리전도몽상遠離顚倒夢想), 급기야 일체의 번뇌나 망상이 없는 고요한 상태에 머문다는 것이다(구경열반究竟涅槃). 한마디로 뒤바뀐 생각으로부터 멀리 떠난 것이 자기의 참모습이라고 가르치는 것이다. 에픽테토스가 말하는 올바른 표상은 참자아를 갖게 하고, 참자아를 갖게 되면 평정과 충만한 기쁨을 누린다는 것과 동일한 논리의 흐름이라 볼 수 있다.

한편 그리스 철학자 에픽테토스는 하느님은 우리 자신 안에 계시다고 반복해서 강조한다.

"당신은 하느님의 한 부분이다. 당신이 먹고 있을 때 먹고 있는 당신은 누구이며 당신에게 양분을 공급하는 당신은 누구인지 생각해보지 않겠는가? … 당신은 당신과 함께 하느님을 항상 당신 안에 모시고 있다. 그러나 불행한 당신은 그것을 모르고 있다. 당신은 내가 금이나 은으로 된 외적인 하느님에 대하여 이야기한다고 믿고 있는가? 당신은 당신 본성을 의식하지 못하는 인간이다."

이러한 에픽테토스의 말은 불교에서 가르치는 심불급중생心佛及衆生 시삼무차별是三無差別, 즉 마음과 부처와 중생 이 셋은 차별이 없으므로, 곧 깨달으면 누구나 본래 부처라고 한 것과 다르지 않으며, 본래 부처, 본래 구족具足, 곧 누구나 부처의 성품을 이미 갖췄는데 이를 깨닫지 못하는 것은 잘못된 표상을 쫓는 어리석음 때문이라는 불교의 가르침을 떠올리게 한다.

많은 학자들은 에픽테토스가 오늘날의 초인격심리학의 생각들을 앞서 간 것에 대해 경탄한다. 에픽테토스는 사물이 건드릴 수 없는 참자아, 즉 내적 근원을 주목했다. 초인격심리학에서 내적 참자아로 가는 길은 비동일시 Disidentification 이다. 나는 내 기분이 내 안에서 어떻게 고조되는지 관찰하고 알아차린다. 나는 나의 짜증 그 자체를 알아차린다. 그러나 내가 곧 나의 짜증은 아니다. 내 안에는 짜증이 건드리지 못하는 영역이 있다. 이 내면의 영역은 관찰되지 않는 관찰자, 즉 내면의 증인이다. 이 내면의 증인은 느낌 그 자체를 알아차리지만 그 느낌과 동일화하지 않고 느낌의 영향도 받지 않는다. 이는 곧 불교의 선수행, 명상수행의 그것과 조금도 다르지 않은 것이며, 유교의 중용 中庸 사상과도 흡사하다 할 것이다. 이것이 오늘날 종교를 따질 것 없이 동·서양을 휩쓸고 있는 마음수련인 것이다.

불교 반야심경은 사람을 오온 五蘊(색色·수受·상想·행行·식識)으로 관찰한다. 색온은 스스로 변화하고 다른 것을 장애하는 물체를 말한다. 수온은 괴롭다, 즐겁다, 좋다, 나쁘다 등의 감각을 느끼는 감수작용이다. 상온은 외부의 사물을 마음속에 받아들이고 그것을 상상하는 것으로, 좋은 것은 받아들이고 싫은 것은 배척하는 것이다. 행온은 인연으로 생겨나서 시간적으로 변하는 마음의 작용이며, 식온은 의식하고 분별하는 마음의 인식작용이다. 오온에서 색온은 인간의 육신에 해당하고 나머지 수·상·행·식온은 정신적인 면에 해당하는데, 쉽게 말하면 오온은 사람의 몸과 마음이다. 사람들은 보통 그때그때 오온의 작용으로 판단하고 행동하는데, 여기에서 잘못된 표상이나 그릇된 관념을 스스로 짓고, 스스로 갇혀서 웃고 울고 하는 것이다. 불교에서는 이 오온을 잘 관찰해서 그것들에 끌려 다니지 말라고 가르친다. 반야심경은 조견오온개공照見 五蘊皆空, 즉 우리가 오온을 밝히 살펴 그것들이 실체가 없는 가변성可變 性의 성질로서 그 모든 것이 공空이라는 것을 깨쳐 알면 모든 고난과 액 이 사라진다고 가르친다. 에픽테토스가 말하는 '비동일시'의 개념이다.

에픽테토스는 서기 125년에서 130년 사이에 죽었다. 그는 저서를 남 기지 않았으나 제자인 아리아노스가 그의 어록을 네 권의 책으로 엮었 다. 에픽테토스는 그리스도교 초기 교부들에게 지대한 영향을 끼쳤으 며, 많은 교부들이 참된 자유와 진정한 해방을 강조한 그의 사상 속에서 귀중한 가르침을 얻어냈다. 요한 크리소스톰 역시 에픽테토스의 가르 침을 바탕으로 신학과 심리학을 연결시킨 최초의 인물로 평가받는다.

가톨릭교회는 제2차 세계대전이 남긴 참혹한 상황에서 인류가 정신 적 황폐함과 공허함으로 몸부림쳤던 시기에 불교의 영성을 자연스럽게 수용하게 됐으며, 불교의 선禪수행에서 심리학적 지혜를 배울 수 있었 다. 그러나 불교의 연기緣起적 관점에서 보면 어떤 종교든 상호 영향을 끼치는 것이다. 동·서양이 어디 따로 있는가? 우주 속의 작은 별인 지구 는 하나의 생명공동체일 뿐이다. 진리를 추구하는 모든 종교와 사상, 철 학은 결국 한끝에서 만난다. 하느님, 알라, 상제님, 부처님, 도(道)……. 각기 다른 이름의 이 모든 것은 결국은 공空에 불과할 각자의 형상을 떠 나 지혜와 자비로 귀결되는 게 아니겠는가?

## 🐚 도마복음에서 부처를 찾다

1945년 12월 어느 날, 이집트의 농부 무하마드 알리는 카이로에서 남서쪽으로 500Km 떨어진 나일 강 상류인 나그함마디Nag Hammadi 부근 산기슭에서 밭을 일구다 땅속에 묻힌 토기항아리를 발견했다. 토기항아리에는 파피루스 종이로 만들어진 두루마리 문서 뭉치들이 담겨 있었다. 그는 부스러진 문서에서 알아볼 수 없는 글씨를 보고는 고대 문서라고 생각했으나, 그 귀중함을 모른 채 골동품가게로 가져가 오렌지, 담배, 설탕 등과 맞바꾸었다.

요한 크리소스톰에게서 부처의 가르침을 얻어낼 수 있는 것만큼이나 도마복음은 불교사상의 정수를 담고 있다. 그러나 오늘날 도마복음은 성경에서 찾을 수 없다. 그리스도교 신약 정경 27권에 포함되지 못했기 때문이다. 서기 325년 니케아 공의회에서 이집트 알렉산드리아의 주교 아타나시우스는 전래되어오던 문서 중 27권을 골라 그리스도교 경전으로 못 박았으며, 367년에는 나머지 경전을 이단으로 몰아 모조리 없애라고 명령했다. 나그함마디 문서는 그 당시 그리스도교 최초의 수도원이었던 파코미우스의 수도승들이 수도원 도서관에서 도마복음을 몰래 빼내 항아리에 넣어 밀봉, 땅에 파묻은 것으로 추정된다. 나그함마디에서 발견된 문서는 모두 52종으로, 고대 이집트어인 콥트어로 기록되었으며, 1947년 사해 두루마리의 발견과 함께 고고학에 있어 최대의 성과로 손꼽힌다.

도마복음은 디두모 유다 도마가 예수의 말씀만 기록한 어록으로, 대략 50% 정도는 마태오, 루카, 마르코 등의 공관복음서에 나오는 말씀들과 비슷하다. 디두모는 그리스어이고 도마는 아람어로, 둘 다 쌍둥이라는 뜻이다. 그러므로 풀이하자면 '쌍둥이 유다'가 된다. 그러나 이 유다는 예수를 은전 30냥에 팔아넘긴 그 유다와는 다른 인물이다.

도마복음서의 특징은 예수님의 이적이나 예언 성취, 재림, 종말, 부활, 최후심판, 대속에 관한 말씀은 거의 없는 대신, 빛으로 계시는 하느님을 아는 것, 이것을 깨달음으로써 새 사람이 되어서 죽음을 이길 수 있다는 것을 강조한다는 것이다. 성서학자들은 이것을 당시 이집트, 로마, 그리스 지역에 성행했던 영지주의靈知主義, 곧 그노스티시즘Gnosticism의 영향을 받은 것으로 보고 있다. 영지는 통찰, 꿰뚫어봄, 직관을 뜻하며 불교에서는 산스크리스트어로 프라즈냐prajna, 즉 반야般若로 표현된다. 깨달으면 누구든 자기 안에 하늘나라가 있고, 내 속에 하느님이 있다고 가르친다. 네가 곧 본래 부처라는 불교의 그것과 동일한 사상이다. 너 안에 있는 하느님을 자각하여 참다운 자유와 해방을 얻으라는 것이다.

모두 114절인 도마복음은 서언에서 "이것은 살아 계신 예수님이 말씀하시고 디두모 유다 도마가 받아 적은 비밀의 말씀들입니다"라고 의미심장하게 시작한다. 아마도 비밀의 말씀이라고 한 대목이 아타나시우스의 눈에 퍽 거슬렸을 것이다. 누군가 예수의 말씀을 조작했을 수 있다고 판단한 것이 아닐까? 비밀의 말씀은 곧 알아들을 귀가 있는 사람들만 알아들으라는 것이며, 이 말씀을 알아들으려면 스스로 깨침을 얻어야 한다는 걸 암시하는 것이다.

도마복음에는 불교의 가르침인 불이不二(不異)를 드러내는 말씀이 자주 등장하는데, 예를 들어 22절에 나오는 "… 예수께서 말씀하셨다. 너희들이 둘을 하나로 하고, 안을 밖으로 밖을 안으로 하고, 높은 것을 낮은 것처럼 하고, 암컷과 수컷을 하나로 하여 수컷은 수컷 같지 않고, 암컷은 암컷 같지 않게 하고 새로운 눈을 갖고, 새로운 손을 갖고, 새로운 발을 갖고, 새로운 모양을 갖게 되면, 너희는 그 나라에 들어갈 것이다" 등의 구절들이 그렇다.

불이不二는 분별하지 않는 것이다. 반야심경에 나오는 공즉시색 색즉시공, 즉 공한 것, 허공 중에 물질이 있고, 물질에는 공함이 있으니, 공한 것이 곧 물질이고 물질이 곧 공이라는 것이다. 양변兩邊을 배제한 중도中道, 곧 양극의 조화이다. 많은 종교들이 양극의 조화를 형상화, 시각화, 대칭화한다. 우선 십자가(✝), 불교 사찰의 만(卍), 유대교의 다윗의 별(✡), 이슬람의 문양의 대칭, 태극의 음양, 우리 민족종교의 하늘과 땅, 천지합일 등 그 예가 수두룩하다.

비교종교학자인 오강남 교수가 쓴 도마복음 풀이 책《또 다른 예수》에는 불교 수도승이 된 리처드 베이커라는 한 미국인의 일화가 소개되어 있다. 젊은 시절 보스턴에서 일본 교토로 건너가 저명한 선수행자인 스즈키 슌류鈴木俊降(1904~1971)의 문하에서 수행하고 샌프란시스코 선원의 주지가 된 베이커가 도마복음을 읽고 프린스턴 대학교의 일레인 페이젤스 교수와 대담을 나누는 중에, 자신이 도마복음을 미리 알았더라면 구태여 불교의 수행자가 될 필요가 없었을 것이라고 고백했다는 것이다. 다음은 도마복음 70절의 말씀이다.

"여러분이 여러분 속에 있는 그것을 열매 맺게 하면 여러분에게 있는 그것이 여러분을 구원할 것이다. 여러분에게 있는 그것을 열매 맺게 하지 못하면 여러분 속에 있는 그것이 여러분을 죽일 것이다."

참으로 섬뜩한 말씀이다. '그것'은 무엇인가? 네 안에 하느님이 있고 하느님이 네 안에 있다고 한 말씀을 상기하면 그것은 네 안에 있는 하느님, 신성, 참자아라 할 것이다. 신성, 하느님의 본성으로 자신이 거듭나지 않으면 어두운 미망이, 탐진치貪瞋癡라는 세 가지 독毒이 너를 지옥의 불구덩이로 빠뜨릴 것이라는 경고이다. 다시 말하자면 깨달아서 스스로 빛 속으로 나오라는 것이다. 앞서의 오강남 교수 책에 따르면, 도마복음이 이처럼 깨달음을 강조한 것에 대해 미국 프린스턴 대학교 종교학 교수인 일레인 페이젝스는 "도마복음이 불교 전통과 얼마나 비슷한가 하는 것을 쉽게 짐작할 수 있으며, 도마복음이 그리스도교 전통의 일부로 남아 있었다면 불교와 그리스도교의 대화가 훨씬 쉬워졌을 것"이라고 했다고 한다.

국회의원회관의 내 방은 조금 복잡했다. 십자가에 불상, 성모 마리아상과 미륵보살상, 스님 휘호, 목탁과 염주가 이곳저곳에 있었고, 가끔은 그윽한 향을 피우기도 했다. 나를 찾아오는 분들의 상당수는 "예수를 믿습니까? 부처를 믿습니까?" 하고 묻는다. 나는 "예수님은 믿고 부처님은 공경한다"고 대답하였다. 사람들은 알쏭달쏭한 표정으로 고개를 갸웃

2003년 대원사에서 열린 한·중·일 삼국 차문화 교류대회. 이해인 수녀님과 가톨릭 수도자들이 함께했다.

거린다. 목탁을 치면서 기도도 해보았다. 십자가 앞에서 108배하는 것은 이중삼중으로 유익하다. 마음을 모을 수 있으면서 운동도 되기 때문이다.

   가톨릭 사제나 수도자들 중에서 불교를 공부하여 박사학위를 취득한 분들도 상당수 있다. 서강대학교에서 학생을 가르치는 예수회 송봉모 신부님의 단행본에는 불교에 대한 얘기가 나온다. 송 신부님은 학생들에게서 "신부님은 스님입니까?" 하는 질문을 받은 적이 있다고 썼다. 김수환 추기경님과 법정 스님이 계실 때 명동성당에는 부처님 오신 날을 축하하고 조계사에는 예수 성탄을 축하한다는 현수막이 걸리기 시작했다. 가톨릭 고난기인 사순절에는 법정 스님이 명동성당에서 설법을 하고, 김수환 추기경님이 서울 성북동 길상사에서 강론을 했다. 전남 보성 대원사의 현장 스님은 경남 고성 올리베따노 수도원에 가서 피정지도를 하고, 대원사의 국제적인 차 행사에는 이해인 수녀님과 가톨릭 수도자들이 다녀간다.

문화관광부 장관 때인 2005년 5월, 한 신문에서 천주교 대구 대교구의 정홍규 신부님이 부처님 오신 날에 성당 마당에 연등을 걸었다는 기사를 읽은 적이 있다. 반가운 나머지 전화를 해서 인사를 나누었다. 정 신부님은 종교 간 화해와 대화에 앞장서 온 대표적인 종교인이다. 가톨릭 환경단체인 '푸른 평화'를 조직하고, '신 자연학교'도 설립하셨다. 정 신부님은 이제 범신론이나 이원론, 뉴에이지 같은 논쟁은 종교적 근본주의와 마찬가지로 사라져야 한다면서, 하느님은 모든 관계와 모든 존재하는 것들의 그곳에, 바로 이 순간 현존하고 계신다고 말씀하셨다. 정 신부님은 "십자가 앞에서 108배를 하다가 신자들이 뭐라고 하자 안 하기로 했다. 그러고는 108배가 아닌 109배를 하기로 했다"면서 같이 웃어 넘겼다.

가톨릭 사제의 길을 걷다가 불교에 귀의하여 출가한 분들도 있다. 한국인으로 달라이 라마를 가깝게 모시는 청전 스님이 그렇다. 신학교 시절 송광사에 갔다가 마음을 바꾼 것이다. 스님은 히말라야의 깊은 곳에 산재한 티베트 사원에 비상의약품과 생필품을 전달하는 고행을 하고 있다. 한국에 나올 때 보시를 받은 것들이라고 한다.

수경 스님이 주지로 계실 때 수유리에 있는 화계사를 몇 차례 방문한 적이 있다. 화계사 인근에는 기독교장로회의 송암교회와 수유동 천주교회가 있는데, 이들 사찰과 교회와 성당은 매년 불우이웃을 돕기 위한 자선행사를 공동으로 벌인다. 이 행사는 송암교회 박승화 목사님의 제안으로 시작됐다. 박 목사님은 미국으로 망명한 김대중 대통령을 모시고 워싱턴 한국인권문제연구소에서 일할 때 워싱턴 수도장로교회의 담임목사였다. 수도교회는 문익환 목사님의 동생 문동환 목사님이 개척하셨는데 박승화 목사님이 뒤를 이었다. 수도교회는 미국의 한국 민주화운동 본부나 마찬가지였다. 나 역시 천주교 신자였지만 반독재운동에 힘을 한데 모으기 위해 수도교회에 다녔다. 개신교에서 서리집사까지 했다. 활달하고 소탈하며, 올곧은 성직자였던 박 목사님은 2009년에 소천하셨다. 수경 스님은 박 목사님을 형님이라 부르며 잘 지냈다. 이처럼 종교 간의 협력과 선린과 친선을 보면 매우 흐뭇하다.

환경운동과 삼보일배를 주도하던 수경 스님은 어느 날 주지직과 조계종 승적을 버린 채 홀연히 사라졌다. 수경 스님과 나는 봉암사에서 밤새워 이야기하고 가끔 만나 식사와 차를 나눈 사이였다. 수경 스님답다는 생각이 들었다. 수소문하면 소재를 알 수도 있겠으나 그냥 지내기로 했다. 시절인연이 되면 다시 만나게 되리라는 생각에서다.

에필로그

# '나'를 버리는 정치

　나의 종교 순례기를 마치며 화두를 던진다. 내 삶의 자리로 돌아가기 위한 화두. 정치에서 과연 무아無我와 무집착無執着의 실현이 가능한 것인가?

　자기를 최대한으로 가시화하고 자기의 홍보에 물불을 가리지 말아야 하는 것이 한국 정치 아닌가? 잘난 척해야 하고, 무소불위의 능력을 가진 것처럼 떠들어야만 유권자의 관심 밖으로 밀려나지 않는다. 자신을 돋보이기 위해서는 상대방을 깎아내리고 없는 사실도 과장되게 말해야 한다. 나도 그런 행태를 알게 모르게 해왔을 것이다.

　나는 김대중 총재 비서실장과 노무현 대통령후보 비서실장, 3선 국회의원과 문화관광부 장관을 역임하면서 나름 한국 정치의 실상을 보고, 느끼고, 경험하였다. 위선적이고 가식적인 언행이 얼마나 많았던가? 차마 해서는 안 될 말을 거리낌 없이 쏟아내고 진실을 호도했던 행위들이 다반사였다.

　정치에는 적도 동지도 없다고 한다. 상황에 따라서 그야말로 적과 동지가 수시로 바뀐다. 정치무상政治無常을 절감하는 상황이 수시로 발생한다. 김대중 대통령의 말씀 중 가장 가슴에 와 닿았던 것이 '좋게 지내지 못한다면 나쁘게는 지내지 마라'는 것이었다. 1983년쯤으로 기억하는데, 김 대통령은 한 교포신문의 창간기념일에 경천애인敬天愛人이라는 휘호를 써주었다. 이 신문은 당시 전두환 정권에 다소 우호적인 입장이었다. 김대중 대통령의 휘호는 신문 1면에 크게 실렸다. 필라델피아에서 독립신문을 발행하던 김경재 선배(전 국회의원)는 내게 전화를 걸어와 "어떻게 선생님이 그따위 신문에 휘호를 써줄 수 있느냐?"고 힐난했다. 나는 김경재 선배의 섭섭함을 김대중 대통령께 보고드렸다. 대통령은 껄껄 웃으면서 "이봐 정 동지! 사람은 말이야 좋게 못 지내면 나쁘게 지내지는 말아야 해. 누구든지 자기를 도와주지는 못해도 해를 끼칠 수는 있거든……. 어느 구름에 비 내릴지 모른다는 말이 있지 않는가? 나도 예전에 어떤 사람에게 섭섭한 소리를 하고 싶었지만 꾹 참았는데, 지나고 보니 그것이 얼마나 잘한 일이었나 하고 안도했던 일이 많았어"라고 하신 말씀이 기억에 새롭다.

나는 김대중 대통령의 가르침에서 무아無我를 생각해보았다. 정치에서는 행위와 결과가 엄연하다. 정치적 상황에 따라 인연이 모이고, 한 국면이 지나면 흩어진다. 그 인연이 모여 담장을 만들고 동지가 되었다가 인연이 다하면 흩어져서 적대적 관계가 된다. 죽기 살기로 싸웠다가 언제 그랬느냐는 식으로 손을 잡는다. 김대중 대통령이 김종필 총재와 DJP연합으로 수평적 정권교체를 이룬 것이 단적인 예이다.

한국의 정당정치사는 정치무상 그 자체다. 그렇다고 정치적 변절까지 무상이라고 말하는 것은 아니다. 정치행위를 하는 개개인은 끊임없이 변화할 수밖에 없다는 것이다. 한국 정치에서는 권불십년權不十年과 화무십일홍花無十日紅이라는 용어가 흔히 등장한다. 권력은 10년을 가지 못하고 꽃이 붉게 피는 것은 10일을 넘지 못한다는 뜻이다. 권력을 10년 이상 쥐락펴락했던 독재자는 불행한 종말을 맞이했다. 무상한 정치에서 무아無我로 임하지 않고 유아有我로 일관했던 업보인 것이다. 정치인으로서 무아는 공동선을 추구하는 것이다. 개인의 권력욕을 탐하고 특정 계급과 당파적 이득을 위해 권력을 행사하는 것과는 정반대의 길이다.

정치를 하다보면 수많은 사람과 만나게 된다. 적과 동지 그리고 무해무득한 사람으로 대개 구분 짓는다. 이 기준에 따라 이들의 행사나 대소사에 적극 참여하기도 하고 거부 또는 방해하거나, 약간의 성의 표시를 하게 된다. 그러나 이러한 기준은 그야말로 변화무쌍하다. 곰곰이 생각해보았다. 이 같은 기준과 구분은 나의 본능적인 대상이나 사물의 실제 상태에 대한 오해에서 비롯되었다는 판단이 들었다. 특히 나 스스로 나 자신에 대해 오해하고 있음을 알았다. 내가 하는 일은 모두 나를 위한 것이다. 나는 나의 욕구를 충족시켜야 하고 행복을 찾고 고통은 피해야 한다. 따라서 내게 좋게 해주는 사람은 좋고 나쁘게 하면 나쁜 사람이다. 결국 내가 바라는 관점에서 모든 것을 바라보는 것이다. 이것은 근본적으로 '나'를 잘못 알고 있기 때문이며 대상과 실물에 대한 인식도 잘못하고 있기 때문이다. 영원하고 고정된 자아가 확고부동하게 독립적으로 존재하는 것 같지만 그것을 분석하고 찾아보면 지수화풍地水火風의 인연과 연기에 의한 의식의 흐름이라는 것을 알게 되었다. '나'란 일생 동안 즐거움과 고통, 행복과 불행을 겪으면서 변화해가는 환상이다. 영원히 지속되거나 고정된 것은 아무것도 없다.

성경과 불경에서는 '이 하늘 아래 새로운 것이 아무것도 없고 모든 것은 헛되고 헛되다'는 것을 가르친다. 그러나 '나'가 존재한다고 믿으면

'나'를 보호하고 지키려는 욕구가 수반된다. 따라서 동지와 적, 타인으로 구분하고 그때그때 처신이 달라진다. 하지만 정치를 하면서 이런 가정과 기준이 얼마나 허무하고 부질없는 것인가를 절감했다. 나 자신뿐 아니라 내가 모셨던 김대중·노무현 두 분 대통령의 정치역정이 그러하다. 적이 동지가 되고 동지가 적이 되며, 내가 남을 떠나고 남이 나를 떠나고, 떠났다가 다시 만나 도움을 받고, 법의 심판에 맞닥뜨리는 상황을 지켜보면서 정치인의 자성自性은 무엇인가라는 생각을 수시로 했다.

'나'라는 것을 어렵게 생각할 것 없다. 우리는 잘못을 저질렀을 때 반성을 하고 후회를 하게 된다. '나'가 잘못했다고 느끼는 '나'가 있기 때문에 반성을 한다. 잘못을 한 '나'는 진정한 본래의 '나'가 아니다. 잘못한 '나'는 이기심과 에고로 가득 찬 탐내고, 화내고, 어리석은 '나'이다. 무엇인가 환상이 씌면 잘못된 '나'이고, 거짓 '나'인 것이며, 잘못했음을 느끼는 '나'가 바로 참다운 '나'이다. 따라서 어떤 생각이 일어나면 그 생각을 바라보아야 한다. 화가 났을 때 불쑥 뱉어내지 말고 그 화를 알아차리고, 바라보고, 내려놓고, 뉘우치는 연습을 꾸준히 하다보면 어느 정도 성공을 거둘 수 있다. 좋게 못 지내면, 나쁘게 지내지 마라는 것도 이러한 자기 내면을 바라보는 것에서 시작된다. 어지간해서는 화를 내지 않는 사람들을 보면 호흡을 통한 자기 다스림에 익숙해진 경우가 많다.

김대중 대통령에게 배운 또 하나의 가치 철학은 '무엇이 되느냐보다는 어떻게 사느냐에 인생을 걸어야 한다'는 것이다. 어쩌면 불교의 가르침과도 잘 부합하는 것이다. 김 대통령은 생전에 '행동하는 양심'으로 살아야 한다고 가르치셨고 당신도 그렇게 일생을 마감했다. '행동하는 양심'을 그저 정치적으로만 해석한다면 김대중 대통령의 생애를 협소하게 평가하는 것이다. 불의와 타협하지 않고 국민, 서민대중의 편에 서서 정치를 한다는 것은 가장 기본적인 태도에 속한다. 김 대통령은 '행동하는 양심'의 가치를 정치경제적 측면뿐 아니라 종교와 철학, 사상의 영역에까지 확대하고 이를 실천했다.

1993년 11월, 아태평화재단 비서실장으로 김대중 대통령을 모실 때 직접 들은 이야기다. "나는 얼마 되지 않은 재산을 모두 아태재단에 넣겠다. 자식들에게는 한 푼도 안 줄 생각이다." 김대중 대통령은 이후 대통령이 되어서도 개인 재산을 늘리지 않았을 뿐 아니라 모든 재산을 김대중 도서관에 기부하고 이 도서관을 연세대학교에 맡겼다. 양심에 따라 행동한 것이다. 무엇이 되는 것에 집착했다면 자신은 대통령 말고도 무엇이든 될 수 있었다. 1980년 신군부의 5.17 계엄확대로 체포되고 사형선고까지 받는 과정에서 김대중 대통령은 신군부의 온갖 회유를 이겨냈다. 죽음을 각오하면서 양심을 지켰다.

김대중 대통령의 삶에 대한 또 하나의 길은 무슨 일이든 최선을 다하되 결과에 연연하거나 집착하지 않는 것이었다. 그저 양심대로 살면서 하늘의 뜻을 기다리는 것이다. 집착하지 않는다는 것이 목표도 세우지 않고 되는 대로 흘러가자는 것이 아니다. 마음을 유연하게 조절하여 그 결과에 따라 고통을 받지 않는 것이다.

무소유와 모든 것을 놓아버리라는 불교의 가르침을 김대중 대통령의 속세의 삶에서 발견할 수 있었다. 늘 독서하고 사색하는 정적인 삶을 보여 온 김 대통령은 사랑과 자비심으로 내면을 알알이 채웠다.

그분의 삶을 다시 돌아보면, 제 자신을 온전히 놓아낸 '무아'의 정치를 하셨다고 생각한다. 멀고도 길고도 힘든 길이다. 그 길을 나도 가만히 따를 뿐이다.

사진을 사용하도록 허락해주신 분들
부탄 왕국: 실크로드 여행사(02-720-9200)
대흥사 일지암, 봉암사, 봉정암: 이창윤(ynolbu.bloge.me)
한남동 모스크: 조영균

정동채의 종교순례
# 봉정암에서 바티칸까지

2014년 5월 29일 초판 1쇄 발행
2014년 6월 5일 초판 2쇄 발행

지은이    정동채
펴낸이    김영호
펴낸곳    도서출판 동연

등 록    제1-1383호(1992. 6. 12)
주 소    서울시 마포구 월드컵로 163-3
전 화    (02) 335-2630
팩 스    (02) 335-2640
이메일    yh4321@gmail.com

Copyright ⓒ 정동채, 2014

이 책은 저작권법에 따라 보호받는 저작물이므로 무단 전재와 복제를 금합니다
잘못된 책은 바꾸어드립니다
책값은 뒤표지에 있습니다

ISBN 978-89-6447-249-1 03200